朝比奈大作 著
ASAHINA DAISAKU

図書館員のための
生涯学習概論

JLA図書館情報学
テキストシリーズⅢ

別巻

日本図書館協会

TEXTBOOK SERIES Ⅲ

Life-long Education for Librarians
(*JLA Textbook Series of Library and Information Science* Ⅲ)

図書館員のための生涯学習概論　／　朝比奈大作著．－　東京　：　日本図書館協会，2013．－　254p　：　26cm．－（JLA図書館情報学テキストシリーズⅢ　／　塩見昇［ほか］編集　：　別巻）．－　ISBN978-4-8204-1224-3

t1. トショカンイン　ノ　タメノ　ショウガイ　ガクシュウ　ガイロン　t2. ジェイエルエイ　トショカンジョウホウガク　テキストシリーズ　ベッカン　a1. アサヒナ，ダイサク　s1. 生涯学習　①379

テキストシリーズⅢ刊行にあたって

　情報と資料の専門機関として，地域社会の経済，教育，文化にかかわる多様な課題に応える図書館活動を創造するためには，それに携わる人材の育成が欠かせない。しかも，先人の叡智を尊重し，現代のニーズに対応し，将来の発展を見据える能力が求められる。また，世界規模での連携や協同をも視野に収めて行動する力量が期待される。こうした人材の要となる司書を養成する教育の基礎課程が，図書館法に謳われ，図書館法施行規則に明示された「図書館に関する科目」である。

　日本図書館協会は，1997年の図書館法施行規則改正に基づき，司書養成教育の充実に向け，本格的なテキストブックの刊行を開始した。当時の課程は，大学で開設される「図書館に関する科目」ではなく，司書講習のためのものであった。しかし，シリーズ編集者は，この改正を「図書館に関する科目」へと展開していく段階の一つであると認識して企画を進めた。テキストブックは順次刊行され11巻を揃えるに至り，扱う題材に応じた改訂や補訂を加えてきた。2007年からは図書館を巡る情勢の変化を反映させ，内容を刷新した「シリーズⅡ」に移行した。これにより，両シリーズを通じて予定した13巻を刊行し，多くの読者の好評を得てきた。

　「シリーズⅢ」は，2008年の図書館法改正に沿って「図書館に関する科目」が2012年度より適用されることを機に，これまでの構想と基調を踏まえながら，全面的な見直しを図ったものである。すなわち，現代および未来の司書養成教育として，日本図書館協会が少なくともこれだけはと考えている内容を取り上げ，教育実践の効果が高まるようUNIT方式を導入している。2単位科目を50UNIT，1単位科目を25UNITとし，スタンダードな内容を解説している。また，発展的に扱うことが望まれる内容をoptionに収めている。これにより，教員の取り組みとの協調が促されることを期待している。その上で，「シリーズⅢ」の新たな試みとして，各巻にUNIT0を設け，教育課程全体における当該科目の意義を記し，他の科目との関係を示すようにした。教育課程の体系を読者が意識できることが，学習成果を高めることにつながると確信するからである。さらに，養成教育と研修を一貫した過程ととらえ，構成と記述に配慮した。本シリーズが大学の授業教材となるとともに，図書館員のキャリア形成の素材として多面的に活用されることを願っている。

　お気づきの点，ご提言やご批判，ご叱正をいただければ，専門職の技能形成という日本図書館協会の基幹事業にも貢献する。各位のお力添えを賜れば幸甚である。

シリーズ編集者
塩見昇　　柴田正美　　小田光宏　　大谷康晴

は じ め に

　本書は図書館情報学のテキストシリーズの1冊であるが，大学司書課程の授業用教科書としてよりはむしろ，通読に耐える読み物として執筆してみた。その理由は大きく言って二つある。

　一つには「生涯学習」とは，既存のある制度や現実的な実態を指すものではなく，まだ実現されていないある理念・理想を指して言うべき言葉であると思われたからである。「生涯学習」とは私たちがこれから未来に向かって作り上げていかねばならない理念なのである。したがって，現実にある制度や組織について〈解説〉をしたり，その運用に関する知識や技術を〈教授〉するという，一般的な教科書のスタイルではなく，教育のあるべき姿について読者がそれぞれに考えてみるためのきっかけを提供するということを目的として，こういうスタイルを採用したのである。

　二つ目には筆者が，教育を〈私事〉であると考えている，という理由をあげておかなければならない。私たち日本人は明治以来，教育とは〈国家有為の人材育成〉のためのものであるという考え方に馴らされ続けてきた。世のため人のためになる，そういう人間に子どもたちを〈教化〉し〈善導〉することが教育の務めであると信じて疑わなかった。しかし，本当にそうだろうか。勉強するということ，学ぶということは本当に〈世のため人のため〉なのだろうか。そうではないはずである。私たちが教育を受けるのは，学習をするのは，あくまでも自分自身のためであろう。ひとりひとりの個人が自分のために学習をする，それを社会の全体が支え合って保障してやる，それが近代社会における公教育というものだと私は思っている。繰り返すが，近代民主主義社会における基本的人権とか，社会福祉とか，そしてもちろん教育の理念とか，それらはみな，個人の私事を社会が認め合っていくべきであるという考え方に基づいているのである。彼が，あるいは彼女が，〈社会のために〉なるかならないかは結果であって，目的ではない。とりわけ現代のように変化の激しい時代にあっては，おとなの考えた〈社会のためになる〉ことが，10年後，20年後にはまるっきり〈社会のためにならない〉ことになっていることさえ十分に考えられるはずである。最初から社会のためになることだけを学んでは真の意味での社会の役には立たないし，社会のためになる人だけを選別して基本的人権を認めるなどという考え方が，本質的に誤った考え方であるということについても改めて言うまでもあるまい。

　図書館学を学ぶみなさんには，この点をぜひ間違えないようにしてほしい。図書館は〈みんなのための〉機関である。図書館に働く職員は〈みんなのために〉働くのである。しかしながら，図書館を利用してくれる人々は，決して〈みんなのために〉図書館を利用しているのではない。利用者はすべて，ひとりひとりが〈自分のために〉図書館を利用するのである。図書館員とは，この〈自分のために図書館を利用するみんな〉のために働くことを，自らの使命と考えることのできる者でなけ

ればならないのである。

　教育が，あるいは個人の側から言えば学習が，私事であるということが，すなわち教育の自由ということであると私は思っている。自由ということは，言い換えれば個人の恣意（しい）が何物にも優先するということのはずである。何を目標にし，何を学び，いつ，どこで，どんなふうに学ぶのか，それらはすべて個人の恣意に任されている。それをみんなが認め合い，支え合う，それが近代民主主義の基盤をなすべき公教育の理念なのである。私たちはこうした意味での自由をすべての個人に全面的に認めていかなければならない。さもなければ，私たちは真の意味での近代化を成し遂げることができない。繰り返しておきたい。重度の障害を負った人々，完治の見込みのない病人，死を目前に控えた老人，そうした通常の意味では〈社会の役に立たない人々〉の自由と恣意をこそ，私たちはむしろ尊重していかねばならない。そういう人々の学習の自由を認め合っていこうということこそが生涯学習の基本理念であると私は信じて疑わない。

　私はそのように考えているので，現在の日本の教育理念が私の考えとは大きくずれていると判断せざるを得ない。特に，近年のパターナリスティック（父権的干渉主義）な立法を見ていると，国家による個人の生涯〈管理〉が目指されているようにさえ思えて寒心に堪えない。公教育という立場での〈みんなのため〉と，ひとりひとりの個人（自分のために生きていると言う意味では私人という言い方をしてもよい）の立場としての〈自分のため〉とを厳密に区別してほしい。みなさんは図書館利用者としては〈自由〉である。間違った学び方をし，間違ったことを学んでしまう危険性はあるが，それも自由である。もちろん学ばない（図書館を使わない）自由もある。それは危険なことではあるかもしれないが，あくまでもそのことはみなさんの恣意に任されている。一方，もしもみなさんが図書館職員（司書）としての仕事に従事することになれば，そこには市民ひとりひとりの学習の権利を護り，すべての人の自由と恣意とを保障していく〈責任〉が生じる。専門職者として，その図書館における選書を行い，コレクションを造り上げ，個々の利用者に対して，具体的に各種のサービスを行う〈権限〉が与えられているはずだからである。

　私はこういう考え方が，現在の日本の教育風土にあっては，いささか異端に属する考え方ではないかと自覚しているので，講義のテキストとしてというよりは，副読本的な読み物としての著述を心掛けたのである。いささか異端の考えかもしれないけれど，こういう考え方もあるのだと意識していただけたら，本書を世に問う価値はあったということになろう。図書館学を学ぼうとする者が，未来の教育を追求していく上で，本書がそのきっかけを与えることになれば幸いである。

2013 年 1 月
朝比奈　大作

目次

テキストシリーズⅢ刊行にあたって……………3
はじめに………4

 UNIT 0 図書館情報学と「生涯学習概論」……………………………………………… 10

●生涯学習の基礎
 UNIT 1 生涯学習と社会教育 …………………………………………………………… 12
 UNIT 2 〈社会〉と〈教育〉 …………………………………………………………… 16
 UNIT 3 〈社会教育〉の始まり ………………………………………………………… 20
 UNIT 4 誰のための教育か？ …………………………………………………………… 24
 UNIT 5 誰が〈教育する〉のか？ ……………………………………………………… 32
 UNIT 6 公教育とは何か？ ……………………………………………………………… 38
 UNIT 7 戦後日本の教育政策 …………………………………………………………… 42
 UNIT 8 教育の自由 ……………………………………………………………………… 46
  option A 〈教育目標〉とパターナリズム ……………………………………… 28
  option B 教育闘争の時代 ………………………………………………………… 36

●生涯学習理念の展開
 UNIT 9 ユネスコの生涯教育論 ………………………………………………………… 50
 UNIT 10 学校教育と生涯教育 …………………………………………………………… 54
 UNIT 11 社会教育と生涯教育 …………………………………………………………… 60
 UNIT 12 生涯教育理念の普及と変質 …………………………………………………… 64
 UNIT 13 わが国における生涯学習論の展開 …………………………………………… 72
 UNIT 14 わが国における生涯学習理念の普及と変質 ………………………………… 76
  option C リカレント教育機会の提供 …………………………………………… 58
  option D 多文化主義 ……………………………………………………………… 68

●生涯学習の必要性
 UNIT 15 職業・労働と生涯教育 ………………………………………………………… 80
 UNIT 16 わが国における雇用・労働問題 ……………………………………………… 84
 UNIT 17 余暇と生涯教育 ………………………………………………………………… 88
 UNIT 18 ライフスタイルとしての生涯教育 …………………………………………… 92
 UNIT 19 少子高齢化社会と生涯教育 …………………………………………………… 96
 UNIT 20 国際化社会における生涯教育 ……………………………………………… 100

●生涯発達という考え方
 UNIT 21 発達とはどういうことか ……………………………………………………… 104
 UNIT 22 幼少期における発達 …………………………………………………………… 108
 UNIT 23 小学校期における発達 ………………………………………………………… 112
 UNIT 24 中等教育期における発達 ……………………………………………………… 118

CONTENTS

UNIT 25	成人の発達	122
UNIT 26	リテラシーの発達とその教育	126
UNIT 27	現代社会におけるリテラシー	130
UNIT 28	サイエンティフィック・リテラシーとその教育	134
UNIT 29	メディア・リテラシーとその学習	138
UNIT 30	インターネット時代のリテラシー	142
option E	Pacific Way of Life	116
option F	科学のことばづかい（1）	146
option G	科学のことばづかい（2）──『国際動物命名規約』を例に	150
option H	科学のことばづかい（3）──『学術用語集』と科学教育	154

●生涯学習機会の提供

UNIT 31	生涯学習振興法の成立	158
UNIT 32	地方公共団体における生涯学習	162
UNIT 33	近年の生涯学習関連法規	168
UNIT 34	地域社会と生涯学習	176
UNIT 35	社会教育施設と専門職員	180
UNIT 36	体育・文化活動と生涯学習	184
UNIT 37	大学と生涯学習	188
UNIT 38	マスメディアと生涯学習	192
option I	日本の図書館予算	166
option J	〈ムラ〉社会の弱点	172

●生涯学習活動と情報

UNIT 39	学習情報の種類と範囲	196
UNIT 40	学習情報の収集と提供	200
UNIT 41	学習情報のネットワーク	204
UNIT 42	図書館のネットワーク化	208
UNIT 43	インターネット時代における生涯学習	212
UNIT 44	学校図書館と大学図書館	216
UNIT 45	生涯学習機関としての図書館ネットワーク	220
UNIT 46	生涯学習支援のための図書館サービス	224
option K	図書館ネットワークと「書誌ユーティリティ」	228

●学習者と図書館員
UNIT 47　学習者としての図書館利用者……………………………………………232
UNIT 48　学習技能としての図書館活用……………………………………………236
UNIT 49　生涯学習時代の図書館員の資質…………………………………………240
UNIT 50　生涯学習時代の図書館員の養成と研修…………………………………244

参考文献………………………249
索引……………………………251
執筆者紹介……………………254

TEXTBOOK
SERIES III

図書館員のための
生涯学習概論

UNIT 0 図書館情報学と「生涯学習概論」

　本書は「JLA図書館情報学テキストシリーズ」の〈別巻〉として刊行される。このシリーズは四年制大学の司書課程のためのテキストシリーズであるが，本書がその別巻として位置づけられているのには理由がある。みなさんが学ぼうとしている〈図書館学〉の科目と単位数は，法律上は，『社会教育法』において「社会教育の施設」であると規定された図書館，すなわち公共図書館の専門職として定められている〈司書〉の資格を取得するために，『図書館法施行規則』によって定められているものである。したがって，法律上〈司書〉は社会教育専門職員であるとされ，その職務を遂行するためには，最も基礎的な科目として「生涯学習概論」が必要であると考えられているのである。

　しかるに，私たち（日本図書館協会）は，〈図書館情報学〉を公共図書館の仕事に限ったものとは考えていない。〈司書〉という専門職は，国立図書館や大学図書館，あるいは専門図書館などに〈共通する〉職種でなければならないと考えているのである。日本では残念ながら，多くの公共図書館が〈小さな〉図書館で，しかもそれらが単なる〈読書施設〉としてしか考えられていない。あえて言うならば，こうした〈小さな〉図書館の経営に，専門的な図書館情報学の知識はそれほど必要ではない（だから多くの自治体が市町村立の図書館経営を，私たちの立場では容認できない〈民間委託〉という形にしてしまうことができる。公共図書館の経営に〈司書〉資格は必ずしも必要ない，というのが日本の教育行政を預かる文部科学省の言い分である）。図書館情報学の専門的知識は〈大きな〉図書館においてこそ必要になるのである。あるいは公共図書館に限って考えても，それが本当に生涯学習・社会教育に寄与するものであろうとすれば，単独でできることは限られる。いわゆる〈ネットワーク〉を形成し，相互協力によって資源の共有（resource sharing）を目指さなければならない。〈社会教育施設としての図書館〉だけを考えて，「生涯学習概論」を図書館情報学の基礎科目・必修科目とすることには一定の異論があるのである。〈図書館〉を公共図書館に限り，〈司書〉をその専門職員に限って規定することはできない，これが「生涯学習概論」をシリーズの別巻とした第一の理由である。つまり，みなさんが学習しようとする他の〈図書館情報学〉科目はすべて，「図書館情報学シリーズ」の〈中に〉含まれる科目であるのだが，この「生涯学習

概論」は「図書館情報学シリーズ」の〈外に〉位置づけられるべきだ，というのが私たちの考えなのである。

　もうひとつの理由は，私たち日本図書館協会の考える理由，というよりは筆者の個人的な理由であると言ったほうがよいかもしれない。「生涯学習概論」においては，教育に関する法制，自治体行財政，施設の管理運営等の〈実際〉について教授するよう求められているのだが，筆者は実は日本の教育行政の全般に強い批判を持っている。生涯学習の〈理念〉を掲げるならば，このような教育行政の〈実際〉は有害無益だ，とさえ思っているのである。だから，筆者は日本の生涯学習は「このようにあってほしい」という立場で本書を執筆した。その立場そのものについては「はじめに」で概略を紹介しておいたけれど，特に深刻に考えていることは，教育－学習に関する権限と責任とが非常に曖昧になってしまっている，ということについてである。教育基本法に明記されているように，「国民一人一人が…あらゆる機会に，あらゆる場所において学習することができ…る社会の実現」を目指そうとすることが生涯学習の理念である。とするならば，そこには「国民一人一人」の自由が何者にも優先されて考えられなければなるまい。ところが日本の〈教育〉においては，文部科学省と，都道府県・市町村と二重に設けられている教育委員会とが，すなわちいわゆる教育行政なるものが非常に大きな〈権限〉を有している。そしてこれらの行政組織は逆に教育－学習の現場に対しては，ほとんど一切の具体的な責任を負わない。責任を負わない者が権限を有するという非民主主義的な教育行政のあり方は生涯学習の理念に反する。あるいは生涯学習社会の実現という方向に逆行する。筆者はそう考えているので，文部科学省の求めているこの科目の〈ねらい〉をむしろ真っ向から否定するようなつもりで本書を執筆したのである。

　それゆえに，本シリーズの他の12巻はすべて，まさに〈テキストシリーズ〉の名にふさわしい客観的で標準的な記述内容になっているのに対して，本書はむしろ，相当に主観的な記述を意識している（その点で，他の巻と異なる視点に基づいた記述が含まれていることも承知しておいていただきたい）。また，他の巻の多くが複数の著者による分担執筆の形を取っているのに対して，本書は筆者の単独執筆である。こうした点で，このシリーズにおいては〈別巻〉の扱いにした方が据わりがよいであろうと考えた，これが第二の理由である。

　その意味では，本書に対して，独断と偏見に基づいているという批判があろうことは覚悟している。しかし，筆者は生涯教育論，生涯学習論の理念と，その発展・普及の様態については，これを是とする立場から，極力客観的な記述を心がけたつもりである。生涯学習社会の実現を目指すのであれば，現在の日本の教育行政のあり方を強く批判しておかなければならないと信じているのである。筆者の思いを酌んでもらえたら，望外の喜びである。

UNIT 1

●生涯学習の基礎
生涯学習と社会教育

●………**教育学と教育現象**

　生涯学習についての学習を始めようとするみなさんに対して，初めにまず，いくつかの基本的な用語（ことば）について解説をしておきたい。生涯学習論は当然のことながら，広義の教育学の1分野であり，教育学はまた広義の社会科学の1分野をなしている。社会科学は人間社会のしくみやなりたち，あるいはその将来のあるべき姿などを考究しようという学問であるが，社会の全体を一望のもとに見通す能力を私たちは持っていない。そこで私達は社会のある特定の現象を切り取って，そうした部分部分を分析し，考究しなければならないことになる。社会を法律や社会規範という側面から研究しようとすれば法学が，経済現象の側面を切り取れば経済学がそれぞれ成立するということになる。教育学とは人間社会を〈教育現象〉において捉えようとする学問である。

教育現象

　それでは教育現象と考えられるものにはどのようなものがあるか，考えてみてほしい。教育といえばすぐに〈学校〉が思い浮かぶだろうが，学校だけが教育ではもちろんない。家庭における〈しつけ〉も，職場での〈研修〉も教育であるし，もちろん図書館や博物館も重要な教育施設である。あるいはドベスという教育学者が，「路地の教育力・林の教育力」というようなことを言っているが，これはある年齢の子どもたちにとって，通学の行き帰りに通る路地で垣間みるおとなたちのふるまいや，逆におとなのいない空間（林）での子どもたちだけでの〈冒険〉が重要な教育的意味を持っているのだ，というほどのことである。あるいはもっと極端な例を考えてみることもできる。失敗は成功の母という言葉がある。反面教師という言い方もある。私達は失敗や挫折や失恋や，あるいは親しい者の死によってさえ，心の成長の糧を得ることができるし，悪い例を見てわが身を見返すこともできる。とすればそれはすべて，何らかの意味での〈教育現象〉であると言えるはずである。

　ということは，私たちが生まれてから死ぬまで，あらゆる人間関係・社会現象はすべて，広義の教育現象であると言えてしまうわけで，生涯学習とはそのすべてを含んでいるのだということになってしまう。が，そう言ってしまったのでは私たちはそのことについて考えることができない。先に述べたように，私たちは全知全能ではなく，ある一部分を切り取ってこなければ研究はできないのである。「学は自

己を限定することから始まる」とはそういうことなのである。そして私たちはその自己限定を〈ことば〉によってしか行い得ない。

●………生涯学習と生涯教育

　実はこのように，〈自然〉とか〈社会〉とかいった〈総体〉としての現象を小さな部分，もしくは要素に分解（還元）し，それぞれの部分に特定の名前（名辞）を与え（分節化するという），次いでその部分と他の部分との関係を分析していくことによって，ついには〈総体〉である世界を再構成することができるはずだ，というのが科学の考え方である。だから私たちがこの社会を科学的に捉えようとするならば，まずは何をおいても一つ一つの〈ことば〉の意味しているものを限定的に理解することから始めなければならない。そうしなければ，私の使う〈教育〉ということばと，あなたが使う〈教育〉ということばとが，それぞれ違った内容のものになってしまい，比較や考察も，議論や批判も不可能になってしまうからである。ところが，私たち日本人はこうした〈科学〉と〈ことば〉との関係について，どちらかと言えば無関心であり，科学的に厳密なことばづかいをすることが苦手である。それは多分，私たち自身が科学を造り上げてきたのではなく，出来合いの科学の成果だけを，（それも極めて熱心に）取り入れようとしてきたせいなのかも知れない。特に教育の世界にはその傾向が強いのではないかと私は感じている。そのもっとも顕著な例が生涯学習であろう。実は〈生涯学習（life-long learning）〉ということばは日本独特のことばだったのである（ただし，近年では life-long learning ということばはかなり世界的に通用することばになっている）。　　　　　　　　　　　　　　　　　生涯学習

　後に詳しく述べることになるが，1965 年にユネスコの成人教育推進委員会の事務局長をしていたポール・ラングラン（Paul Lengrend）という人が提唱したのが，〈生涯教育（life-long education）〉ということばの初めである（厳密にいえばこのときに提唱されたことばは〈継続教育（education permanente）〉であった）。この考え方は世界的に大きな反響を呼んだが，特にわが国の文部省（当時）はいち早くこの理念を取り入れようとしてきた。そして，1988 年，それまで社会教育局と呼ばれてきた部局を生涯学習局と改め，省内の筆頭局とすると同時に，それまで四つの課で構成されてきた局内に生涯学習振興課を新設したのである。これ以後，〈生涯学習〉ということばは〈公式の〉用語として制度的に確立されたことばになった。

　では生涯学習と生涯教育とはどう違うのか，あるいは違わないのか，多くの人がさまざまな提案や考察をしているのだが，実はそのことに対する大方の共通理解（コンセンサス）は得られていない。その結果，世界的には生涯教育と呼ばれているある考え方が，日本では生涯学習ということばで呼ばれており，両者が違うのか

（欄外注：生涯教育／継続教育）

違わないのか，違うとすれば何故その違いが生じたのか，といったことには確たる説明がない，という事態になってしまっているのである。

●········生涯学習と社会教育

社会教育　　先に，文部科学省生涯学習局の以前の名称が〈社会教育〉局であったと記した。文部科学省は省内の組織としては社会教育ということばの使用を減らして，生涯学習ということばに統一し，これにともなって諸々の事業・政策においても社会教育ということばをあまり使わなくなってきている。各地方の教育委員会においても，社会教育ということばは次第に生涯学習ということばに置き換えられている。司書の資格を得るための講習科目の「社会教育」（選択科目であった）が，1997年度から，必修の「生涯学習概論」に置き換えられたのはその典型的な例である。

教育基本法　　ところが，わが国の教育に関するもっとも基本的な法律である教育基本法には，2006年に改正されるまで，生涯学習ということばは使われていなかった。そこでは「第7条（社会教育）」として，「家庭教育及び勤労の場所その他社会において行われる教育は，国及び地方公共団体によって奨励されなければならない」とあり，

社会教育法　　これを受けて，1949年に『社会教育法』が制定されている。そしてこの社会教育法に「図書館及び博物館は，社会教育のための機関とする」と定められ，「図書館及び博物館に関し必要な事項は，別に法律をもって定める」（以上第9条）との条

図書館法
博物館法　　文を受けて，1950年の図書館法，1951年の博物館法が制定されている。

　　　　教育基本法改正後は，「第3条（生涯学習の理念）」として，「国民一人一人が，自己の人格を磨き，豊かな人生を送ることができるよう，その生涯にわたって，あらゆる機会に，あらゆる場所において学習することができ，その成果を適切に生かすことのできる社会の実現が図られなければならない」と明記されるに至ったが，これとは別に，「第12条（社会教育）」として「個人の要望や社会の要請にこたえ，社会において行われる教育は，国及び地方公共団体によって奨励されなければならない」との規定がある。そしてもちろん，社会教育法，図書館法などは現在でもなお有効であり，したがって法律上は図書館は社会教育の機関であり，司書は社会教育専門職員なのである。生涯学習と生涯教育とが不分明なばかりではなく，今度は生涯学習と社会教育とが不分明になってしまった。

　　　　繰り返すが，これが日本社会の欠点である。民主主義社会として，国民の選挙によって選ばれた議員たちによって制定された法律のことばが，選挙によって選ばれた訳ではない役所（官僚）によって無責任に変えられてしまう。ことばが変わるということはその内容が変わるということでもあるのだが，どう変わったのかははっきりしない。誰が変えたものかも良くわからない（図書館の立場からするならば，すべてのことばには発言者の名前が，すなわち著者名が必要なはずだが，役所のこ

とばには著者名が入っていない)。憲法や教育基本法のような，国家の基盤をなす法律についても，非常に曖昧にその〈解釈〉を変えてしまって平然としている。ことばとそのことばの内容とが厳密に対応していないのである。

　日常会話なら，ことばとそのことばの内容とが厳密に一致しないのはむしろ当たり前のことである。自分の口にすることばの内容をいちいち厳密に定義していたのでは私たちの会話は成り立たない。しかし，科学の世界ではそうはいかない。すでに見てきたように，ことばの指し示すものが限定されなければ，そもそも自分が何について考えようとしているのか，それさえも不分明になってしまう。生涯学習とはその意味で極めて不分明な概念なのである。

● ……… **社会教育とは何か**

　それではひとまず生涯学習ということばはおいて，社会教育という概念について考えてみるべきだろうか。ところがここでも重大な問題に突き当たる。社会教育（social education）ということばも，日本以外ではほとんど使われないことばなのである。生涯教育の提唱者であるラングランがユネスコの〈成人教育〉推進委員会の事務局長であったことは先に述べた。欧米各国，特にアメリカでは，この成人教育（adult education）ということばが日本の社会教育に当たることばとしてよく用いられている。成人教育とは当然に，学齢期を過ぎた成人に対して行われる教育，ないしは教育機会の提供ということを意味する。あるいはイギリスでは継続教育（further education, continuing education）ということばも用いられているが，これは学校を卒業してから後も継続して行われる教育，というほどの意味である。また，通俗教育（popular education, 戦前の日本でも公式に使われたことがある）とか，民衆教育（people's education）とかいったことばも時に用いられてきたが，これらも含めて，いずれも義務教育を終了したのちに，高校，大学などの高等教育機関に進学しない（することのできない）者への教育機会の提供という意味あいを強く含んだ概念であった。

〔欄外〕成人教育
〔欄外〕通俗教育
〔欄外〕民衆教育

　これに対して，社会教育とは実に曖昧な概念である。ごく一般的には広義の教育を，学校において行われる学校教育と，家庭において行われる家庭教育と，〈勤労の場所その他社会において行われる〉社会教育とに分ける，という説が有力であるが，考えてみればこれも実に奇妙な考え方である。つまり，この世から（ほかに何と言えばよいのだろう）学校と家庭とを除いた残りの部分が〈社会〉だという意味になってしまうからである。〈社会〉の構成単位は家庭である。家庭が有機的な関係を持って集合したものが社会なのである。だから，社会と家庭とを区分けしてしまうのは奇妙な発想なのである。生涯学習について考えるためには，まずはこうしたさまざまな概念を整理してみることから始めなければならない。

〔欄外〕家庭教育

UNIT 2 ●生涯学習の基礎

〈社会〉と〈教育〉

●………〈社会〉教育の本質

UNIT1 で述べたように，複数の家庭（家族）が有機的な関係を持って集合体を作ったときに〈社会〉が成立する。社会が成立すれば，そこに何らかの形の〈教育現象〉が現れることは当然のことで，これを〈社会教育〉と呼ぼうとすればそれは不可能なことではない。しかし，そういう意味での〈社会教育〉は民俗学や文化人類学においての研究対象ではあっても，ここで詳細な考察の対象とするには手に余る。ここでは，どんな社会にもさまざまな〈教育現象〉があり，そうしたさまざまな〈教育現象〉をなるべく統合的にとらえようとすることが生涯学習の理念であるということだけを指摘するにとどめておく。

ただしひとつだけ，重要な点を指摘しておきたい。それは〈社会〉の成り立ちに関する日本と西欧との考え方の違いについてである。私たち日本人が抱いている〈社会〉のイメージはかなり特殊なものであると思うからである。そしてこういう考え方が世界的な視野から見た場合には，少々特殊な，むしろ異常なとらえ方であるということに私たち日本人は気がついていない。特殊だから悪い，という意味ではない。しかし，それが特殊であることに気づかないままに，教育問題のような未来を見据えるべき問題について考えようとすると，さまざまな矛盾を抱え込まざるを得ないだろう。日本が持っているいくつかの特殊性をしっかりと認識し，その得失をふまえた上での議論が行われなければ，教育に関する国際比較も意味を持たないであろうし，ひいては未来を見据える生涯教育論を展開していくことも不可能であろう。今日の世界が近代西欧文明に基いてグローバル化されていることは否定しようもないことであるのだから，西欧的なものの見方と日本流のそれとの差をしっかりと認識しておくところからみなさんの学習を始めてほしいのである。

●………民族と国家

学者によって数え方が違うのではあるが，世界には3千とも6千ともいわれる言語がある。同じ言語を共有している集団を民族という。したがって，日本語を共有している集団が日本民族ということになる。現在の日本民族の数は約1億3千万人，いわゆるネイティブスピーカーの数としては世界有数である。そこで世界地図を思

い浮かべてみてほしい。〈日本社会〉が世界の中できわめて特殊であることに気がつくだろう。まず気がついてほしいのは，〈同じことばを話す〉という意味での民族集団の区切りと，いわゆる国境線とが一致しているという例はきわめて少ないということである。日本語と日本民族は日本という〈国〉の国境線によって隔離されている〈閉ざされた〉言語であり，孤立した民族なのである。

戦前の日本では〈単一民族国家〉ということばがよく用いられた。いささか夜郎自大の気味があったことは否めないが，日本の特殊性が意識されていたということは言えよう。特に20世紀までは，日本のこの特殊性は有利に働くことが多かったように思う。戦前の日本が軍事大国になり，戦後に日本が経済大国になることができたのは，この擬制的な〈単一民族国家〉の特徴を武器にしたところが大きい。それが21世紀の世界にあっては，逆に不利な条件になるのではないか，日本は世界に取り残されていくのではないかという危惧の念を私は押さえることができない。このことについてはUNIT25以下で，もう少し詳しく検討してみたい。

単一民族国家

アイスランドのような例外を除けば，ヨーロッパでは多くの民族がさまざまな形で入り組んでいる。国境線は曖昧で，歴史の中で複雑に変化し続けてきた。民族対立の根は深く，現在でもそれは時にテロや武装対立（内乱，戦争）の形をとって顕在化する。ここに宗教の問題が絡んでくる。日本ではいわゆる多神教が信じられてきたので，〈違う神様〉を比較的自由に受け入れることができるのだが，一神教を前提とするヨーロッパでは宗教は互いに排他的で〈違う宗教〉を認め合うことが難しい。違う宗教は敵対関係にならざるを得ないのである。こうした状況での〈社会〉の概念が日本のそれと異なったものになっているのは当然で，そうした西欧世界での考え方が今日の世界標準であるのだから，ここでもむしろ我々日本人が，日本社会の特殊性を意識し，その得失を判断し，守るべきものと改めるべきものとを考えていかねばなるまい。

●………学習（教育）する動物としてのヒト

改めて教育の問題を考えてみよう。言うまでもなく，ヒトは哺乳類の一員であり，母親からの〈哺育〉を受けなければ生きることができない。特にヒトの新生児は他の動物に比べて著しく未熟な状態で生まれる。多くの哺乳類は生まれるとすぐに自分の足で立ち，歩き，母親の乳を〈求める〉ことができる。これに対してヒトの新生児は自ら動き回ることはできない。母親の庇護なしに〈生きる〉ことは不可能なのである。したがって，その分だけ，ヒトには先天的な（本能的な，と言い換えることができる）行動様式が備わっていない。今日では，狼少年・狼少女の例は眉唾物であることが多いとされているが，「狼に育てられたとしたら，行動様式としてはヒトになるよりは狼になってしまいかねない」という想像が容易であったればこ

哺育

そ，そういう伝説が生まれ，そういう作り話が受け入れられ，信じられたとも言えるのである。ヒトは後天的にヒトの行動様式を学習しなければヒトにはなれない。とするならば，ヒトにとっては，子どもの側から見れば〈学習〉が，親の側から見れば〈教育〉が，他の動物とは際だって違うという意味でのその本質ということになろう。つまりヒトとは学習する（教育する）動物であると言うことができる。

　さらにヒトは社会的な動物である。単に群れを作って集団で生活してるというだけのことではない。あるいは1頭のボスが複数のメスとその子どもたちを統率するというような集団でもない（エンゲルスは，こうした乱婚形態の社会をヒト社会の原初的な形であると措定したが，最近の研究ではゴリラのような一夫一婦家族制であったという説が有力である）。複数の〈家族〉がある種の分業に基づいた社会を作るということがヒト社会の本質である。だから，間違えないでほしい。〈社会〉にとって〈家族〉はその構成単位である。UNIT1の最後に述べたように，〈家庭教育〉と〈社会教育〉とを切り離して考えてはいけない。子どもや専業主婦は〈社会人〉ではないといってはいけない。就職して〈会社人〉になることが〈社会に出る〉ことだと思い込んではいけない。少なくとも，〈家庭人〉であることが〈社会人〉であることの基礎なのである。

家族

家庭教育
社会人

家庭人

● ………ことばを話す動物としてのヒト

　ここにもうひとつ，ヒトはことばを話す動物であるという特質が加わる。ヒトは〈その集団〉で使われていることばを学習しなければならないのである。あることばを共有している集団を民族という，と先に述べたが，ある民族集団の一員として身につけていることばを母語（mother toungue）という。文字通りに母親の発することばをまね，覚えていくことばのことである。世界中のあらゆるヒトが，ある一定の時期までに，それぞれに異なるそれぞれの母語を確実に身につけることができる。考えてみればこれは不思議なことである。日本人の両親から生まれた子どもであっても，ある一定の年齢以前であれば，たとえばアメリカ人の家庭で育てれば確実に完璧な英語（米語）を使いこなすことができるようになるし，その逆もまたしかりである。これは人類共通の特性であり，そこには〈進んだ文化（ことば）〉とか，〈未開の文化〉とかいった差は一切ない。母語を身につけること，これがすべての人類にとって普遍的な〈教育現象〉の第一のものである。

母語

　余談ながら，日本語ではこの母語のことを〈母国語〉といい，それ以外のことばを〈外国語〉といったりするのだが，ここに〈国〉という文字を入れてしまうのが日本の特殊性である（日本語では母語ということばを使うことはできるけれど，外国語は国という文字を省いて使うことができない）。世界には自らの母語（民族語）が自らの属する国の〈国語〉とは一致していない人がたくさんいるのである。その

ことを私たち日本人はすぐ忘れる。21世紀における生涯学習論を考えていく上では重要なポイントとなるはずなので，肝に銘じておいてほしい。

ひとたび母語を身につけてしまえば，私たちはそのことばを使ってさまざまな情報のやりとりをすることができるようになる。そのことばを使って，先人たちの経験を自分の中に取り込み，〈蓄積する〉ことができるようになる。生物学の常識では，獲得形質（後天的に身につけた能力や形態）の遺伝は不可能であるのだが，ヒトはことばを用いることによって獲得形質の遺伝を可能にしたとさえ言い得るのである。先に生まれた者が後から生まれてきた者に対して，さまざまな知識や技術，生活習慣などを伝えていくこと，これが第二の〈教育現象〉ということになるだろう。

● ………家庭・社会・教育

以上述べてきたような第一，第二の〈教育現象〉の担い手は基本的にはその子の親である。もちろん，〈哺育〉ということについても，母語の習得ということについても，特に母親が第一義的にその子にとっての〈教育者〉となることは当然であろうが，いずれにしても最も基本的な部分では，家庭の教育力に支えられて一人一人の子どもたちはそれぞれの〈発達〉を遂げていく。教育の基礎は家庭において培われなくてはならない。ヒトはまず〈家庭人〉としてその発達を開始しなければならないのである。生涯学習を考える上では，現代社会において見過ごされがちな家庭教育の力について，改めて光を当てていくことが必要とされよう。

先に述べたように，複数の家庭が〈社会〉を作って生活していることが人類の特質である。であるならば，そこには当然よその家庭とのさまざまなコミュニケーションがあるわけで，そうしたコミュニケーションそのものにある種の〈教育現象〉が含まれていることもまた当然のことである。それらの教育現象のうち，ある社会が一定の〈組織的な〉教育活動を行う場合に，これを社会教育活動の始まりと定義しておくことにしよう。ヒトの社会は一定の分業を前提として成立しているから，どんな社会にも一定の〈特別な教育（学習）〉を必要とする〈職業〉がある。呪術師，司祭，医師などである。また，社会がある程度大きくなれば，その社会の統率者としてのエリート集団が必要になり，そのための〈学校〉ができたりもする。教育ということばは，『孟子』の中にある「天下ニ英才ヲ得テ之ヲ教育ス」という文言がはじめだといわれるが，文字ができる以前にもこうした教育活動は行われていたはずである。ただしこれらの教育活動は，社会全体として組織的に行われたものとは言えない。それでは社会教育といわれるものの始まりはどのようなものであろうか，そしてその際に，日本と西欧とでどのような違いがあるのだろうか。次にそのことを考えてみよう。

UNIT 3 ●生涯学習の基礎

〈社会教育〉の始まり

●⋯⋯⋯**教育の発生**

　UNIT2で述べたさまざまな教育現象は，いずれも曖昧で不定型なものである。それらは人間社会の特質にかかわるもので，その教育的側面だけを取り出して論じることができない。だからそれらの現象は，すでに述べたように，民俗学や文化人類学でのテーマとして考えられることが多く，狭義の教育学の対象にはなりにくい。〈教育〉という営みが他の社会現象から明確に区分できるようになるのは，文字が発明され，これを読んだり書いたりすることが必要になってからのことであると言える。

　ヒトがその母語を習得していく過程は，決して特別な〈教育〉現象ではない。もちろん，現代の多くの親たちがそうであるように，おとなの側が子どもに積極的に〈教える〉意識を持つことは少なくないけれど，少なくとも子どもの側が〈学ぶ〉意識を持っているわけではない。母語を習得し，基本的な生活習慣を身につけ，社会集団の一員としての一定の規範（社会道徳）を内面化していく過程は，その子の生活全体の中で〈自然に〉達成されるものであって，この過程から〈教育現象〉だけを取り出して論じることにはほとんど意味がない。

　実は私はこのことについて，日本の〈教育問題〉を憂慮している。道徳教育とか，性教育とか，あるいは情操教育とか，体育を含む健康教育とかいった分野についてさえ，それらを〈教育〉の問題として考えすぎると，かえって子どもの発達を妨げてしまうのではないか，少なくともそれらは〈学校〉という特殊な集団の中で子どもたちに〈教え込む〉ものではなく，家族を核とした血縁，地縁の〈自然な〉社会集団の中で，その社会生活全般を通して〈自然に〉獲得していくべきことではないのか，そういう思いをぬぐい去ることができない。家庭の教育力，地域の教育力が衰えているから，それらを〈学校〉が引き受けるべきだ，という考え方は本当に正しいのだろうか。それらは〈教えられる〉ものではなく，〈自然に身につける〉べきものではないのだろうか。このことについても後にもう一度詳しく検討してみることにしたいので，生涯学習論の重要なテーマとして心に留めておいてほしい。

● ………**若者宿・若者組**

　日々の日常生活の中で〈普通に〉行われている諸活動の中から，その教育的な機能を持つ部分だけを取り出し，教育活動に特化した活動が行われるとき，とりわけそうした教育活動を〈そのために〉特別に作られた組織や制度を通じて行おうとすると，それがいわゆる社会教育の始まりということになる。教育という営みが各家庭の日常生活から切り離されて独立するのである。

　このような意味で，日本の社会教育の原初的なものとしてよく記されるのがいわゆる若者宿である。これは時には若衆宿とも呼ばれ，女子を対象とする娘宿（女宿）の例もある。一定の年齢に達した村落共同体の若者を集め，いわゆる合宿形式で生活を共にさせ，村落共同体の一員として育てていこうとするもので，通常は年長のリーダーに統率される形で，地域の消防団，自警団としての役割を担い，またそれぞれの地域に特有の〈祭り〉の実行部隊となる。合宿所としての〈宿〉が作られないまでも，何らかの形で組織された若者組，娘組が作られることは日本の村落共同体の通例であり，多くの地方では青年団や消防団といった形で，今日までその伝統が継承されている。

　若者宿では一定の年齢に達した若者が，それぞれの家庭を離れ，年長のリーダーの指導の下で合宿生活を送る。共同生活を送る中で，彼らはムラ（村落共同体）の掟を学び，集団の中での自分の役割を確認し，とりわけ日常生活の中では体験し，学習することの困難な，年に一度の祭りの際の振る舞いとそれぞれの役割分担，火事や災害などのいわゆる非常時への対処の方法などを教育されるのである。また通常はこうした場を通じて男女の交際のあり方，新しい家庭を作っていく際の方法，冠婚葬祭等の儀礼なども教えられることになる。一種の性教育の場でもあったと言えるかもしれない。そして，結婚したり家督を継いだりして村落共同体の一員として〈一人前〉であると認められると，若者宿を〈卒業〉して〈一家を構える〉ということになるわけである。

　今日の日本の教育問題を考えるときに，こうした伝統的な意識があまりに色濃く継承されているように思えて私は心配である。若者組・若者宿はあくまでも〈そのムラ〉の一員として認められるための〈教育組織〉である。そこで自己確認すべきはあくまでもそのムラの中での役割分担である。近代以降の教育は，むしろ「ムラを出よ，都市へ行け，自由を求めよ」という方向を持つものではなかったのだろうか。日本の教育が現在に至るまで，〈ムラの一員としての一人前〉ばかりを強調しているように感じるのは私だけだろうか。

● ………**ギルドと大学**

　ひるがえって西洋社会における教育の原初形態を見てみよう。西洋教育史は古代

ギリシアや，さらにさかのぼって古代エジプト文明におけるものから語られることが多いが，これらは文字の読み書きを前提として，特別な者に特別に行われるものであって，ここで検討しているいわゆる社会教育の領域に属するものではない。人々の日常生活の中から〈教育〉にかかわる部分を切り取って独立させ，そのための組織・制度を作る，という意味での社会教育の始まりとしてしばしば指摘されるのはいわゆるギルド（guild）であろう。ギルドとは中世ヨーロッパにおける手工業者や商業者の〈同業者組合〉のことである。先に述べたように，ヨーロッパでは民族や国家（中世における封建領土）の〈境界〉は，歴史的に揺れ動き，複雑に入り組んでいる。こうした境界を越えて活動しなければならない職業（有名なフリーメーソン（freemasonry）の起源といわれる城塞建築の石工，金融，図書館学に引きつけていえば書籍の出版・販売など，村落共同体や封建領土の境界を越えて成立する職業は数多い）においては，そうした職業人はムラの一員としてよりは同業者組合の一員としての自覚を持ち，さまざまな〈規制〉からの〈自由〉を求めてこうした組合を作っていった。ギルドが中世ヨーロッパの自由都市の起源であるといわれるのはこのためである。

　したがって，ギルドは決して〈教育のために〉作られたものではない。しかしながらこうした職業にあっては，親から子へと〈自然に〉受け継がれていく知識や技術ではなく，経験豊かな親方の元で，いわゆる徒弟見習いの形で修行を積み，身につけていかなければならない知識や技術が必要であり，また組合の側からも，世襲という形を超えた継続的な後継者の養成が必要となることから，ギルドは必然的に大きな教育機能を持つことになるわけである。

　ギルドの成立に先立って，北イタリアではいくつかの大学が成立している。9世紀から10世紀頃に成立したといわれる北イタリアの大学は，今日でいう神学部，法学部，医学部であって，古代ローマ帝国において既に確立していた専門職（UNIT49参照）としての聖職者，弁護士，医師の養成機関である。これらの専門職者が組合を作り，後継者の養成を組織的に行うとともに，「これらの大学を卒業しなければその職に就くことはできない」という形で，組合員による職業の独占を目指したのである。もちろんこれらの職業が社会的に重要な職であり，社会からの〈信用〉に基づくものであるということが前提で，「信頼に足る後継者を責任を持って養成する代わりに，それ以外の者は専門職者として認めない」という社会的な合意が可能であったわけである。北イタリアの大学はギルドの先駆けであるとも言える。とりわけこの場合の大学は明らかに〈教育〉そのものを目的として作られた組織であり（狭義の社会教育の範疇で解説されることは少ないけれど），社会教育の始まりとして指摘しておく意味はあるだろう。

● ········〈内向きの〉教育と〈外向きの〉教育

　少々簡略すぎたかもしれないけれど，社会教育の始まりということに関して，日本とヨーロッパとの違いを強調して述べてみた。日本の社会教育は，あるいはむしろ日本の〈教育〉全体が，伝統的な共同体の一員として〈一人前にする〉ことを目指しているのに対して，ヨーロッパの教育はむしろ伝統的な共同体から〈自由になる〉ことを目指し，あるいは地域共同体の一員としてではなく，それぞれに異なる〈職業人〉として〈一人前にする〉ことを目標にしていると言えるのではないだろうか。

　現代においても日本の教育は，ひどく〈内向き〉であるように見える。特に近年，一方では国際化とか，グローバリズムとかというかけ声が大きくなっていながら，他方では愛国心教育だの中学校における武道の必修化だのといった政策が実施されている。多くの教育関係者がこのことに矛盾を感じていないように見えるのが，私には不思議でならない。国際化ということばにはさまざまな含意があるだろうが，ヒト，モノ，カネ，そして情報が，国境を越えて流動する時代であることは否定できない。世界中で若者たちが国境を越えて外国へ留学し，外国で就職することは今や当たり前という時代になっている。それなのにひとり日本だけが海外への留学生をむしろ大きく減少させており，外国に職を求めたり，外国からの就職者を受け入れたりすることに消極的である。20世紀，日本が世界の経済大国として振る舞っていた時代にはそれでよかったのかもしれないが，このままでは日本は世界から孤立してしまうのではないか，憲法前文にあるように〈名誉ある〉国際社会の一員であるためには，これまでのような〈内向きの〉教育を，自立と自由を目指す〈外向きの〉教育に変えていかなければならないのではないか，私はそう思っている。

> 国際化

　もうひとつ繰り返しておきたいことがある。日本の教育界では，家庭教育と学校教育との，あるいは社会教育と学校教育との違いがほとんど意識されていない。あるいは家庭や地域社会の中で〈自然に〉行われるべき教育（教育的な意味を持つ諸活動とでもいうべきかもしれない）と，〈学校〉という特別な組織で行われる教育活動との違いを意識していない。なぜ学校が必要なのか，近代社会はなぜ学校という〈特別な〉教育機関を作らねばならなかったか，学校が当たり前のものになってしまった今，もう一度根源的に考え直す必要があると思う。次章で詳しく述べることになるが，生涯教育論とは，こうしたさまざまな教育理念を，もう一度〈統合的に〉とらえ直し，未来へ向けて再構築していくべきだ，という提唱である。当たり前のことを当たり前のこととして前提にするのではなく，当たり前のことだからこそ，しっかりと根源的に問い直し，改善すべき問題を発見し，若い世代，まだ生まれていない世代のために，よりよい未来を目指していこうではないか，生涯教育論とはそういう考え方の提唱なのである。

UNIT 4

●生涯学習の基礎

誰のための教育か？

●……誰のための教育か？

　生涯学習論の本論に入る前におさえておいてほしいことがまだいくつか残っている。最も基本的な問いから取り上げよう。一体教育とは誰のためのいとなみなのか，誰が誰に対して行ういとなみを〈教育現象〉であると規定するのか，そういう問いである。決まっているではないか，という声が聞こえてきそうだが，そこをもう一度しっかりと考えてみてほしい。親が自分の子どもに対して行う〈教育活動〉と，現在の日本でいうならば文部科学省が〈国民に対して〉実施している〈教育施策〉とは方向が一致しているだろうか。あるいは教育の主体である親，教師（学校の教師ばかりではなく，家庭教師やスポーツのコーチ，さまざまなお稽古事の先生なども含めて考えてほしい），学校，教育委員会（地方自治体），文部科学省（国家）の目指しているものが互いに矛盾しあっているのではないのか，そのことを少し深刻に考え直してほしいのである。

　親は自分の子どもがより幸せな生活を送ることを願って（抽象的な言い方だが，それ以外に言いようがない，〈幸せ〉の内容がそれぞれに異なっていることは当然のことである）その子に対する教育活動を行っている（この〈教育活動〉が，家庭内の日常生活から切り離して考えるべきものではない，という点は忘れないでほしい）。そういう意味で，最も基本的には，教育とはあくまでも〈その子の〉将来を考え，〈その子のために〉行われるべきものである。それこそが当たり前のことで，そんなことに議論の余地があろうはずがない。広い意味での教育に携わる者は（社会教育専門職としての図書館員を目指しているみなさんも，当然のことながらそのひとりである），このことを肝に銘じておかなければならない。

●……集団のための教育

　そこで今一度，前節で述べたことを思い返してみよう。日本の若者宿は何のために作られた教育組織だっただろうか。中世ヨーロッパのギルドや大学は誰のための教育機関だっただろうか。それらが教育的な役割を持っていた，ということは当然にそこで〈学ぶ者のための〉いとなみが行われていたことを意味する。しかし，ここで気付くべきである。若者宿はひとりひとりの若者の〈ために〉ではなく，むし

教育施策

ろムラ社会を維持していくために必要なものであったということ，ギルドも大学もそれぞれの職業集団を維持していくために作られたものであったということを。

　日本の若者宿はあくまでも個々の村落共同体の内部に作られた組織である。年長のリーダーも含めて，互いに顔見知りの者だけで成り立っている集団である。したがってそこではひとりひとりに対するそれなりの配慮がなされ得る。これに対して，ギルドや大学は村落共同体の外に作られた機構である。一種の社会的信用を担保しながら効果的な後継者養成を行おうとする機構なのである。したがって，そこではひとりひとりの〈将来の幸せ〉を考慮する余裕はない。徒弟見習いの修行についてこれない者（大学においては成績不良の者）は〈落第〉させねばならないのである。教育の方向が明らかに違っている，と言わざるを得ないだろう。このことも現在の日本の教育界が見落としている深刻な問題であると思う。ひとりひとりの子どもの〈ために〉行われるべき教育と，何らかの社会集団の〈ために〉行われる教育とは方向が微妙に異なっているのである。その違いをいかに調整し，統合させていけばよいのか，これが生涯教育論が私たちに突きつけている最大の問題点である。それなのに，日本の教育関係者は（特に教育行政は）この論点を無視し続けている。

●……〈その子のため〉の教育

　教育の基盤が家庭にあることは疑いようのない事実である。親が自分の子どもを教育することは至って自然な行為であり，人類社会に普遍的な活動である。そしてヒトが社会的な動物であるということから，そうした〈自然な〉教育活動が家庭の〈外へ〉あふれ出すこともまた当然のことである。顔見知りの小さな社会集団にあっては，家族の枠を超えて助け合い，協力し合っていくことは，人間社会にとってはごく自然な成り行きであって，そこにある種の〈教育現象〉が生じてくるのもまたごく自然なことである。繰り返し述べたように，そこに現れる教育現象は，人々の日常生活の中に溶け込んでいて，その教育現象の面だけを取り出して論じることにはほとんど意味がない。そうした社会にあっては，〈この子のために〉という活動と〈私たちみんな（地域社会）のために〉という活動とはほぼぴったりと重なり合っている。特別に〈教育〉を意識する必要はないのである。

　ところが社会がある程度の発展を見せると，こうした日常生活から教育といういとなみを特別に取り出した活動が行われるようになる。特に日本では古くから庶民生活の中に文字が普及し，〈書く〉〈読む〉ということが普通に行われていた。〈話す〉〈聞く〉というレベルの母語の習得は，既に述べたように日常生活の中で〈自然に〉行われるものであるが，読んだり書いたりすることは〈自然に〉はできるようにならない。どうしてもある程度の特別な〈教育〉が必要になるのである。たとえば江戸時代の寺子屋を考えてみよう。いわゆる都市部においては読み書きのでき

寺子屋

る浪人などが，一定の授業料と引き換えに，読み書きそろばんを教える場を寺子屋と呼び習わしていたが，本来の寺子屋とはまさに〈寺子の屋〉であって，地方地方の寺の住職がその村の子どもたちに対して，基本的には無償で読み書きを教えたところから発生したものである。寺の住職ばかりではなく，名主をはじめとする村の有力者（名望家）たちがさまざまな形で子どもたちの教育に当たったのである。

　こうした地方の寺子屋が，あるいは町のいわゆる〈お稽古事〉の教室や剣術の道場なども含めて，若者宿やギルドの例とは異なり，明らかに〈その子のための〉教育の機会を提供しようとするものであったことは言うまでもないだろう。寺にとっては広い意味での布教の意味もあっただろうし，村の名望家たちには子どもたちの教育がその村全体のためになることだ，という意識もあったかもしれない。しかしながら，ここでの教育はあくまでも〈その子のための〉ものである。ましてや授業料と引き換えに行われる教育が，当の子どものためのものであることは言をまたない。〈村落共同体のため〉〈自分の属する職業集団のため〉という意識が，〈その子のため〉に優先することはないのである。

●……〈みんなのため〉の教育

　現代の日本の教育を真摯に見つめ直してほしい。私たちが〈子どものために〉と考えて行っている教育が，本当に〈その子のため〉になっているだろうか。ひとりひとりの子ども（生涯学習論を考える上では，その対象は子どもに限られないけれど，ここでは子どもと言っておく）のために，という意識の中に，社会のために，集団のためにという意識を紛れ込ませていないだろうか。自分の子どものことを考えるのと同じように，他人の子どもについても〈その子のために〉と思っているだろうか。とりわけ教育の〈現場〉から一定の距離を置いている教育委員会の方々や，教育行政の担当者にとっては，〈ひとりひとりの子どものための〉教育よりは〈みんなのため〉〈社会全体のため〉の教育を優先せざるを得ない，という事実をしっかり見つめてほしい。だとするならば，その〈みんなのため〉の教育が〈その子のため〉の教育と，ある面で大きな〈ずれ〉，ないしは〈ひずみ〉を生じるということに気がつかなければいけない。日本の教育界は全体としてこの〈ずれ〉に無自覚である。そして生涯教育論とはこのずれを少しでも修正していこうという理念を含んでいる。だから，生涯教育論を学ぶに当たっては，ここにずれが生じているのだ，ということを認識して，このずれをしっかり見つめてほしいのである。

　具体的な例を挙げてみよう。私はかつて横浜市立大学に勤務していた関係で，横浜市教育目標策定委員会なるものの委員をさせられたことがある（委員会の席上では私はその策定に反対意見を述べたのだが，他の委員に受け入れられることはなかった。主文は option A に掲載しておいたので参照されたい）。決定された目標の

教育目標

第1条には「(1) 健康な市民」として「健康でたくましく，感性豊かな市民」とある。これが「横浜市」の教育目標であるということは一体どういうことなのか，考えてほしい。私は委員会の席上で，おおよそ「健康な市民を作る，ということが目標になるならば，不治の病にかかって治る見込みのない子には教育する意味がない，ということですね。こういう教育目標を掲げることは不健康な人に対してはものすごく残酷なことだと思われませんか」というような疑問を提出したのだが，力足らずで，24人いた委員のうち，社会福祉協議会の代表として出席されていたお一人を除いては，賛同を得ることができなかった。他の方々は〈公の〉教育目標を策定するのに，なぜそのような〈私的で特殊な〉例を持ち出すのか，一体こいつは何を考えているのか，と怪訝そうな顔をしておられたのを覚えている。

　しつこいけれどしっかり考えてほしい。ひとりの子どもが〈健康になる〉ことは望ましいことである。〈健康な子どもを育てる〉ことは教育の目標としては妥当，適切であることは疑いがない。しかしそこからは〈すでに不健康になってしまった子どもたち〉が落ちこぼれていく。いや，落ちこぼされていく。不健康な子を持つ親が少しでも「より健康に」と願うことと，〈公の〉立場で「健康な子どもに育てよう」ということの間には埋めようのない溝がある。私はそう思うのである。

　もうひとつ重大な論点がある。横浜市にとっては，市民が健康であることは重要な意味がある。不健康な人が多ければ多いほど，福祉社会といわれる現代においては社会全体の負担が大きくなることは言うまでもない。ナチスドイツや戦前の日本を例に取り上げるまでもない。どんな社会にとっても不健康（とりわけ伝染病の流行）は社会の脅威になるのである。〈個人が健康であること〉が〈社会のために〉重要なのである。そこでは〈病気にかかってしまった者〉をむしろ社会から排除しようという力学が働いてしまう。インフルエンザにかかった者は「学校を欠席しなければならない」のである。病気にかかってしまった者のために，と考えることは〈公の〉立場では難しいのである。そこで無自覚に〈みんなのための〉教育が優先されると，〈その子のための〉教育はむしろ社会から否定されていく。かつてハンセン病の患者がそうであったように，あるいは最近でもエイズ（HIV）患者に対してそうであったように，〈健康でない人〉は社会から差別され，時には大きな〈迫害〉を受けることになる。これが〈私のための〉教育と〈みんなのための〉教育との〈ずれ〉である。何度でも繰り返しておく。生涯教育論とはこうしたさまざまな〈ずれ〉や〈ひずみ〉を是正し，すべての個人（私人）が生涯にわたって〈自分のための〉教育を継続していけることを可能にしようという理念である。だからこそ，今私たちが前提としている〈教育現象〉の中から，これから修正し，是正していかなければならない〈ずれ〉や〈ひずみ〉を見つけることからみなさんの学習をはじめる必要があるのである。

option A

〈教育目標〉とパターナリズム

　明治政府は国家をイエ（家）になぞらえる政策を採用した。天皇を家長（父）とし，国民は天皇の〈赤子〉であると規定したのである。これは儒教の考え方に基づくもので，儒教の最高徳目である〈孝〉の精神をそのまま天皇と国民との間に適用しようとしたものである。権力者を父親になぞらえ，国民をその子どもと見なし，「父親の言いつけを守れ」と指示・命令しようとする考え方をパターナリズム（paternalism）という。いわゆる家父長制の思想である。明治23年の『教育勅語』には「爾（なんじ）臣民，父母に孝に兄弟に友に，夫婦相和し朋友相信じ，恭倹己れを持し博愛衆に及ぼし，学を修め業を習い，以て知能を啓発し徳器を成就し，進んで公益を広め世務を開き，常に国憲を重んじ国法に遵い，一旦緩急あれば義勇公に奉じ，以て天壌無窮の皇運を扶翼すべし」（原文のカタカナを現代かなづかいのひらがなに直し，句読点を挿入）とある。これが典型的なパターナリズムの文章である。

　儒教では〈孝〉は最高の徳目である。したがって「忠ならんと欲すれば孝ならず，孝ならんと欲すれば忠ならず」などと悩むことはない。孝が忠に優先すると決まっているのである。しかし日本では上記の徳目はただ列挙されるだけで，優先順位がない。一応法律学の常識では先に書かれている文言の方が優先順位が高いとされるが，ここでは明らかに並列であって，優先順位は定められていない。だから先頭に「父母に孝」とあり，親より先に死ぬのは最大の親不孝（『孝経』にある「身体髪膚これを父母に受け，あえて毀傷せざるは孝の始めなり」などという文句が子どもたちに教え込まれていたはずである）であると言いながら，事が起これば一番最後の「一旦緩急あれば義勇公に奉じ」を最優先させて平気なのである。文章表現はさておき，内容は至って〈幼稚な〉ものであると感じてほしい。優先順位を決めずに〈よさそうな〉内容を列挙するだけなら子どもにでもできる。論理付けも理由付けもなく，ただ徳目を並べ立てる，これがわが国の教育目標なのである。

　戦後も事態はさっぱり変わっていない。いや，天皇が国民の父であるという擬制がなくなったので，実体のない家父長の命令が発せられる形になり，いっそう論理が混乱してしまっている。一体誰が誰に向かってこうした徳目を押しつけているのだろうか。選挙で選ばれた国民の代表が法律を作る任に当たっているはずなのだが，これらの法律条文の主語は誰であろうか。私にはそうした論理がまったく理解できない。「国語が日本文化の基盤である」から，「読む力及び書く力並びにこれらの力を基礎とする言語に関する能力の涵養に十分に配慮」すべきだ（いずれも『文字・活字文化振興法』）などというでたらめな日本語作文を書くのは誰なのだろうか。自分を「父親」と思い込んでいるのは誰なのだろうか。日本国民は彼の子どもであ

るらしいのだが，国民を〈子ども扱い〉しているのは誰なのだろうか。いかなる理由があって，私たちはこんないい加減な作文の指示に従わなければならないのだろうか。日本語（上記のように『文字・活字文化振興法』では「国語」は〈日本語〉と同義であるらしい。奇妙な言葉遣いである）では，主語のない文章が書けてしまう。だから，少なくとも本書を読まれるみなさんにはこれらの法律の条文やマスメディアのことばなどを読む際には，誰が誰に向かって発言しているのか，考えながら読む練習をしてほしいと私は思っている。

　2006（平成18）年教育基本法が改正され，改正前にはなかった〈教育の目標〉が第2条に5項目列挙された。誰も反対することができない美しい徳目が並んでいる。この〈作文〉をした国会議員や文部官僚たちの心には〈我が身を省みる〉という徳目はないものと思われる。自分は「幅広い知識と教養を身に付け，真理を求める態度を養い，豊かな情操と道徳心を求める態度を培って」きたのだと思い込んでいるらしい。幅広い教養を身に付けている人は，通常は他人に向かって「幅広い教養を身に付けよ」とは言わないものである。それは〈はしたない〉物言いである。傲慢なことばである。こういう物言いをパターナリズムというのである。

　2003年に制定された『国民健康法』という法律（大げさな名前だが，実際の内容はいわば嫌煙法）には「健康の維持増進に努めることは国民の義務である」と書かれている。ナチスドイツや戦前の日本にあったアナクロニズムな文言である。私たちは健康保険の制度によって病気になる権利を買った（保険であるから私たちの掛け金によって成り立っている。明らかに〈買った〉のである）のであって，私たちは病気になる権利がある。健康の維持増進に努める義務はない。こんなところに〈義務〉ということばを使って恥じない心根の人たちが法律を〈作る〉のである。さらに，2005年に制定された『食育基本法』には「近年における国民の食生活を巡る環境の変化に伴い，国民が生涯にわたって健全な心身を養い，豊かな人間性をはぐくむための食育を推進することが緊要な課題になっている」と述べられている。「余計なお世話だ」と思うのは私だけなのだろうか。行政による国民の管理統制はかくも些末なところにまで及んでいる。今少し大きな声で「余計なお世話だ」と言うべきではないだろうか。

　以下に本文（UNIT4）で紹介した『横浜市教育目標』の全文を掲げておく。私もこの文章についての責任者の一人である。忸怩たる思いは禁じ得ないのだが，私の反対意見は公式の記録には残されていない（少なくとも公表されてはいない）。少々の反対があってもこうしたパターナリスティックな法令は次から次へと制定されていく。法律が制定されてしまえば，誰もそのことに反対があったということには気付かないし，改めて反対を表明してもほとんど影響力を持たない。だからこそみなさんに改めて考えてほしい。このひとつひとつの文の主語は誰なのか，そしてこの全文は誰が誰に向かって発言しているのか，ということを。ア，イ，ウ…で示された小項目の主語は，明らかに「ひとりひとりの市民」であろう。これが「私の〈学習〉目標」であるならば話はわかりやすい（ただし，こんなにたくさんの目標

を平気で掲げる人はよほど浅はかな考えの持ち主であろう)。が，これは「横浜市」の〈教育〉目標なのである。誰が誰を〈教育する〉つもりなのだろうか。私にはよくわからないのである。

横浜市教育目標（1989年3月）
(1) 健康な市民
　　　健康でたくましく，感性豊かな市民
　ア　自然を愛し，美しいものに感動し，豊かな感性をはぐくみ，健康でたくましい生命力をもつ。
　イ　健康に必要な知識と生活習慣を身に付け，心身ともに調和のとれた健康の増進に努める。
　ウ　自由時間の有効な利用と充実に心がけ，自分の体力に応じて運動を生活の中に取り入れるなど，ゆとりある生活の実現に努める。
　エ　健康な生活のために必要な栄養の調和と生活リズムの確保に心がける。
　オ　健康診断等の機会を活用し，体調に気をつけ，生涯にわたって健康で気力ある生活が送れるように努める。
(2) 自立する市民
　　　自由・自立の精神を尊重し，自発的に学び主体的に生きる市民
　ア　自主的精神を尊重し，知性を伸ばし，望ましい価値観の確立を図る。
　イ　生活の中で直面する様々な事態に対し，的確かつ主体的に判断する。
　ウ　自己の言動をかえりみ，自らの責任で行動する。
　エ　自己の充実や向上のために，生涯を通して学び続ける意欲を持つ。
　オ　困難や失敗にくじけない強固な意志と耐性を身に付け，たくましく生きぬく。
(3) 社会に生きる市民
　　　個性を生かし，積極的に自己の役割を果たす市民
　ア　個性を生かし，自他の役割を認識し，職業や様々な社会参加を通して自己実現に努める。
　イ　基本的な生活習慣を身に付け，社会の一員としての役割を果たし，ともに生きることの大切さを自覚する。
　ウ　社会規範や法秩序を尊重し，社会的つながりを大切にして，安定した社会の維持・促進に努める。
　エ　伝統的行事や自主的活動に進んで参加し，生き生きとした社会の実現に努める。
　オ　横浜市のもつ自然・文化・歴史等について理解を深め，市民生活を豊かにする環境の保全・充実に努める。
(4) ふれあう市民
　　　思いやりの心をもち，互いに人権を尊重し，協力する市民
　ア　生命の尊厳を守るとともに，互いの人権や価値観を尊重し合い，人間相互の

ふれあいを大切にする。
　イ　自分を取り巻く自然や人々とふれあい，優しさと思いやりの心をはぐくむ。
　ウ　勤労を重んじ，楽しく働くとともに，奉仕の意義を理解し，連帯する社会の実現に努める。
　エ　すべての人々が安心して暮らせるように，相互扶助による福祉社会の実現に努める。
　オ　世代間の交流を図り，社会における人間関係の大切さを理解し，横浜らしい潤いのある風土づくりに努める。

(5) 創造する市民

　　　社会の変化に対応し，創造的に生きる市民
　ア　自分で考える力，表現する力を身に付け，社会の変化や価値観の多様化に対し，柔軟かつ創造的に対応する。
　イ　情報化の進展に対応し，情報を正しく活用するとともに人々に役立つ情報を提供する能力を身に付ける。
　ウ　進んだ科学技術の機能を活用し，豊かな市民生活の創造に努める。
　エ　社会の様々な活動に自発的に参加し，個性のある快適な生活や環境を創造する。
　オ　様々な文化を吸収する中で根づいた進取の気質を生かし，新しい横浜の文化を創造する。

(6) 国際性豊かな市民

　　　広い視野に立ち，世界の平和と人類の発展に貢献できる市民
　ア　民族や国籍にとらわれず，諸外国の人々と進んで交流し，ふれあいを深め，相互理解に努める。
　イ　日本の文化や伝統を深く理解し，誇りをもつとともに，異文化への関心を高め尊重する。
　ウ　日本人としての自覚を持ち，国際社会の一員として広く世界の人々と協調し，世界の平和と人類の福祉の向上に努める。
　エ　世界に開かれたヒューマン都市横浜を目指す市民であることを自覚し，広い視野に立ったものの見方やコミュニケーション能力を身に付ける。
　オ　国際的な交流活動の意義や国際機関の活動を理解し，互いに協力して世界平和の維持・促進に努める。

UNIT 5 ●生涯学習の基礎

誰が〈教育する〉のか？

●………二つの教育観

　UNIT4 では「誰のための教育か」という問題を指摘したので，次に「誰が教育するのか」という問題を取り上げてみよう。親が自分の子どもを教育する，これが最も基本的な教育であることは疑いがない。この意味での家庭教育は人類普遍の〈教育現象〉である。そして古い時代にあっては人々の平均寿命は短く，さまざまな災害に対して家庭は弱くもろいものでったから，社会集団を維持していくためには地縁・血縁の〈共同体〉が，集団として若い世代を保護し，教育していく役割を受け持つことが必要であった。親が自分の子どもを，だけではなく，共同体全体が〈私たちの〉子どもを教育するということである。これらが人類共通の，ごく自然ないとなみであることは既に繰り返し述べた。

　ただしここでも，日本と西欧との教育観には微妙な違いがあることは指摘しておきたい。日本のような農業社会においては，〈子宝（こだから）〉ということばがあるように，農業を継続していくための相続者がきわめて重要な意味を持つ。イエ（家）が継続していくことが大事なのである。特に日本では，狭い国土において熱帯性の植物であるイネを主食とする文化が定着したので，いわゆる集約農業が行われることになった。農地になるべく多くの労働力をつぎ込んで，さまざまな〈手入れ〉をし，それによって単位面積あたりの収穫量を増していこうとする農業である。したがって単純に言えば人手が多ければ多いほど収穫量が上がり，生活は豊かになる。その意味でも子どもは貴重な〈宝物〉であったわけである。

　ところが狩猟社会から発展した西欧社会には，元々こうした発想がなかった。狩猟に際しては子どもはむしろ邪魔者であったし，共同体の人口が増えることは狩りの分け前が減るということでもあった。子どもを宝物と考えることができなかったのである。フィリップ・アリエスの『子どもの誕生』という本にはそのような事情が説明されている。この本によれば，西欧社会において子どもの価値が見いだされ，子どもを大事に保護・養育しなければならないという社会的合意が形成されるのは近代以降のことであって，具体的には 18 世紀末，ジャン・ジャック・ルソーの登場を待たなければならないのだということである。こういう指摘をされるてみると，現代においてもこの違いは微妙に残っているように思われる。日本では教育は〈保

保護

32　生涯学習の基礎

護〉という感覚と密接につながっていて，教育とは子どもを守ることと同義に意識されているように見える。これに対して西欧では，教育とは文字通りに子どもにおとなの〈理性〉を教え込むこと，自立を促すことだと考えられているように見える。保護することと自立を促すこととは，よくよく考えてみれば，むしろまったく逆のベクトルをもつことではないだろうか。ここでも私たちは一体何を目指して教育をしているのか，しっかり考え直してみることが必要であろう。

自立

●………国家による教育

　少々横道にそれた感があるけれど，誰が誰を教育するのか，ということについて考えてみたいことは次のようなことである。現代社会においては教育をその子の親だけに任せておいてはいけない，社会全体が〈次の世代〉を〈私たちの子ども〉と見なして教育していかなければならない，こういう考え方に異論はないだろう。さてそこで，ここでいう〈私たち〉とは誰のことだろうか。

　先に私は日本社会は世界標準から見るときわめて特殊な社会である，ということを述べた。教育の世界に引きつけてみると，その最も顕著な例が文部科学省という〈国家の〉官庁の存在である。日本では国家が幼稚園から大学院に至るまでの〈学校〉の設置認可を行い，義務教育ばかりではなく高等学校までのカリキュラムを学習指導要領という形で具体的に定め，この学習指導要領に従って教科書の検定を行う。そして小・中・高校においてはこの検定済みの教科書を用いて教科教育を行わなければならないと定められている。これが当たり前のことだと思われているので，世界規模ではこれがむしろ異常だということに気がつかない。西欧諸国にももちろん，科学文化省とか，教育科学省とかいった官庁はあるけれど，それらは一般に科学技術や芸術文化の振興施策にかかわるものであり，教育文化の全般に対する大枠についての行政機関であって，具体的なカリキュラムを定めたり，ましてや個々の教科書の検定を行ったりすることは原則としてない。なぜかはすぐにわかることである。民主主義国家においては，政権交代ということが前提になっているからである。そもそも教育とは子どもたちを未来へ向かって導いていこうとするいとなみであるのだから，そういう未来へ向かってのいとなみが，政権交代のたびに方針変更されては困るのである。時の政権の政策によって教育目標が安易に変更されることを許しては〈いけない〉のである。その時その時の政権に都合のよい教育を行うことは〈許されない〉のである。

文部科学省

学習指導要領

教科書の検定

政権交代

●………国家権力からの自由

　だからこそ，民主主義を掲げる西欧諸国にあっては，教育行政には〈その時の政権〉から一定の距離を保つことが求められる。日本ではこのことを「教育は政治的

に中立でなければならない」と表現するが，これはあまり正確な言い方ではない。正しくは「教育は時の政権から自由でなければならない」というべきである。日本における〈中立〉は教育の現場に対する要請で，権力の側が国民に対して「中立を保て」と命令する形になってしまうが，〈自由〉とはむしろその逆の命令であって，国民の側から権力に対して，〈教育には手を出すな〉と命じる概念である。このことを私たちはきちんと教えられていない。日本国憲法をじっくりと読み直してみるべきである。憲法の前文を読めば，主語が「我々国民」であることは自明である。我々国民が，国家権力に対して，（国民の基本的人権を守るために）「～をしてはならない」「～をしなければならない」ということを定めているのである。他の一般的な法律がすべて国家権力が国民に対して定めるものであるのに対して，憲法は国家権力に対する定めである。

今更ここで民主主義の理念を基礎から解説するのは本意ではないが，民主主義とは何かについてはしっかりと考えておかなければならない。図書館学を学ぼうとする皆さんには，「図書館は民主主義の砦である」といわれるのはなぜなのか，「図書館の自由」とはどういうことなのか，考えてもらわなければならない。日本では第二次世界大戦後，アメリカにならって（というよりはアメリカに命じられて，というべきかも知れないが，それが不承不承のものではなく，むしろ自ら進んで従ったという事実は否定できない）アメリカ流の民主主義を導入した。それなのに長い間ほとんど政権交代が行われないという〈異常な〉民主主義体制が続けられてきたので，立法と行政と司法とがいつの間にか互いに絡み合って，三権分立という民主主義に不可欠な理念が見えなくなってしまっている。国民と国家権力との緊張関係が失われてしまっている。国民の権利と国家権力〈からの〉自由ということについて，もう一度しっかりと認識したうえで，生涯学習論の学習をはじめてほしいと私は思っている。

●……**教育権について**

たとえば〈教育権〉ということばがある。言うまでもなくこれは，ある人を〈教育する権利〉のことである。教育とはその人を成長させ発達させるということであるから，ある意味でその人を〈変えてしまう〉という行為でもある。悪意・欺瞞に基づくものばかりではなく，善意に基づくものであってさえ，その人を〈教化〉し，〈調教〉し，〈洗脳〉することと通じるのである。誰が誰に対して教育する権利を持っているのか，そのことをしっかりと考えておかなければ私たちの自由は決定的に失われる。自由なくして民主主義は成り立たない。

たとえばアメリカではこの教育権にまつわる裁判がしばしば話題になる。特に取り上げられることが多いのは，いわゆる聖書原理主義の立場から，「公立の学校に

おいて進化論を教えるのは信教の自由を侵すものである」という提訴である。聖書原理主義（天地創造，アダムとイブ，ノアの箱船など，聖書に書かれていることがすべて〈正しい事実〉であるという考え方）の立場からは，地球の歴史が数十億年にわたるとか，ヒトはある種のサルから進化したものだとかいう〈事実〉は受け入れがたいもので，「信教の自由を侵し，聖書原理主義の立場から自分の子どもを教育しようとしている親の教育権を奪うものである」というのが彼らの主張である。アメリカ・イギリスが典型的であるが，欧米の多くの国では，私立学校は日本に比べればはるかに〈自由〉であって，親がその学校の教育方針に賛同している，ということさえ前提にされれば，極端に言えばどんな教育が行われてもよい。したがってここで原理主義者の親から提訴されるのは〈公立学校〉であり，その地域の教育委員会である。公立学校はその地域に住む学齢期の子どもを〈誰でも〉受け入れなければならないからである。親と自治体との教育権が争われるのである。

　一方日本でも1960年代から70年代にかけては〈教育権裁判〉と呼ばれる裁判がたびたび提訴された。しかしそこで争われたのは〈国の〉教育権と〈教師（日本教職員組合＝日教組）の〉教育権との争いで，親の教育権が表に出ることは滅多にない。これは不思議な事態であると私には思われる。アメリカにある〈親の教育権〉が日本では問題にならず，日本にある〈国の教育権〉がアメリカには（他の多くの西欧諸国にも）ない。ここでも事の是非を論じることは控えておくけれど，彼我の考え方が違う，ということだけは確認しておくべきである。先に述べた横浜市の〈教育目標〉を見直してほしい。親が〈自分の子ども〉に対して「こういう子どもに育ってほしい」ということを教育目標というならば問題はないけれど，先に述べたように，不治の病にかかった不健康な子供を持つ親に対して「たくましい子に育てよう」という教育目標を〈公の〉立場で設定してよいのだろうか。親から虐待を受けた子も親に死に別れた子も〈いる〉のである。その子に対して「親孝行をしよう」などという道徳を強制することが〈その子にとっての〉よい教育になるのだろうか。生涯教育論は〈すべての子どもひとりひとりについて〉追求されるべき理念である。〈みんなをひとくくりにして〉考えるべきではない，ということだけは指摘しておきたい。

国の教育権
親の教育権

── option B

教育闘争の時代

　第二次世界大戦後，世界はいわゆる東西冷戦の時代を迎えた。それまでは旧ソ連（ソヴィエト社会主義共和国連邦）1国だった共産主義国が東ヨーロッパと東アジアとに次々に成立した。ソ連は〈世界革命〉を唱えて積極的にその勢力の拡大を図った。共産主義とはすなわちマルクス主義であり，マルクス，エンゲルスの思想に基づくものであるから，東西対立とはマルクス主義対自由主義といういわゆるイデオロギー闘争であった。が，東側の強く明確なイデオロギーに対して，西側のイデオロギーは〈自由主義〉といういかにも曖昧なものでしかなかった。だから結局対立軸は〈マルクス主義対反マルクス主義〉という形を取らざるを得なかった。ある思想を奉ずる者とこれに〈反対する〉者との対立抗争には，当然のことながら妥協の余地はない。

　日本国内にもこの対立の図式は持ち込まれた。特に教育界においては，日本教職員組合（日教組）が社会党（当時）・共産党の強力な支持母体となり，激しい〈政治闘争〉を展開した。政権与党であった自民党は当然官僚組織を支配していたから，文部省（当時）を通じて反社会主義的な施策を次々に打ち出すこととなった。教育が政治の道具にされてしまったのである。自らの立場を守るためには思想，すなわち教育を支配する必要があると考えてしまったのである。国家権力の維持を目指す教育政策は，これまた当然に戦前の国家主義的な色彩を帯びることになり，〈民主主義〉に目覚めた学生，知識人の反発を呼び起こし，社会主義へのシンパシーを広げる結果にもなった。教育の世界が文部省対日教組（およびこれにシンパシーを持つ知識人）という対立構図の中に取り込まれてしまったのである。

　日本の教育の不幸はここにあると私は思っている。〈国家の教育権〉を死守しようとした文部省に対して，民主主義を掲げたはずの教育学者たちが〈教師の教育権〉ばかりを訴え，〈親の教育権〉をも〈子どもの学習権〉をも真摯に取り上げてこなかったことが問題であると思うのである。憲法や（旧）教育基本法に謳われた理想はあくまでも〈個人の〉（私のことばでは私人の）自由なのであって，国家の自由でも学校の自由でも，もちろん教員組合の自由でもない。東西冷戦を背景とした政治的イデオロギーが対立する中で，教育が政争の具とされてしまったことが今日まで尾を引いていると言わざるを得ないのである。

　現在では世界的に，マルクス主義はその力を失ってしまった。国内でも左翼社会主義政党は少数政党になり，日教組の組織率も著しく低下した。〈文部省対日教組〉の対立図式のうち，片方が衰え，片方だけが生き残った形になってしまった。反対者のいなくなった〈権力〉が腐敗するのは理の当然である。ましてイデオロギー（理念）のない側だけが残ったのであるから，その後の日本の教育が〈場あたり〉

〈その場しのぎ〉になっていくことは，これまた理の当然である。文部科学省の教育政策に対して，有効な〈反対意見〉を形成することが必要であろう。

　この間の事情については本来ならばもっと詳細な分析が必要であろうが，本書でそうした歴史的な経緯を解説することは趣旨に沿わないであろう。指摘しておかなければならないことは次の一点である。UNIT5 で述べた〈教育権〉という概念を思い出してほしい。日本では〈国家の教育権〉が優先され，あるいは国家にのみ教育権が認められて，それ以外の者の教育権は認められていなかった。このことは，私たちが「国家の意思に反した教育を，自分の子どもに対してさえ，行う権利を持っていない」ということにほかならないのだが，そんな馬鹿なことがあり得るのだろうか。民主主義とは，そもそも〈国家の意思〉を国民が作り上げていく，という原理のはずである。〈国民の意思〉が〈国家の意思〉に優先すべきであると考えなければ民主主義は成り立たないのである。ところが私たちの民主主義はどうもそう考えられてはいないように思われる。現在に至るまで，〈親の教育権〉が議論の争点になることはほとんどない。

　何度でも繰り返して強調しておきたい。日本の教育は，少なくとも欧米の民主主義国と比べてみた場合には，明らかに〈異常〉である。具体的な教育の内容を時の権力が指定する，ということを民主主義は認めない。政権交代を前提とする民主主義国家において，政権交代のたびに「これが民意だ」という大義名分で教育内容が変えられたのではたまったものではない。それなのに私たちはそのことに無頓着である。「愛国教育をすべきだ」「いや社会主義教育をすべきだ」と平気で公約に掲げ，それを争点にした選挙が行われてきた。そういう主張をする人々は，それぞれに「自分が正しい」と思っているのだろうが，民主主義のルールでは，どちらかが絶対的に正しくて，相手が絶対的に間違っているなどということはあり得ない。それはあくまでも選挙民の選択肢に過ぎないのである。だから，民主主義を標榜するのであれば，時の権力は常に〈次の権力への交代〉を前提にしなければならない。自らに取って代わるべき政権を否定したら，それは〈独裁政治〉と言わなければならないのである。だから次の選挙において自分たちに都合のよいように，未来の選挙民を〈教育する〉ことは許されない。この意味では日本は決して民主主義的ではない，と私は断じておきたい。

UNIT 6

●生涯学習の基礎

公教育とは何か？

●………公教育の始まり

　日本の教育の特殊性を考えるためには，やはり少々その歴史を振り返ってみなければなるまい。日本の近代公教育は明治5（1872）年の「学制」に始まる。公教育とは文字通りに社会によって公式に〈制度化〉されている教育のことである。近代社会においては，〈制度化〉とは〈法制化〉とほとんど同義であるから，公教育とは，法の定めの元に，一定の行政行為を伴う教育活動のことであると言ってよい。この意味では，1763年にプロシアで発令された「一般地方学事通則」（義務教育令）が公教育のはじめとされている（これに先立つ1717年に同じプロシアで義務教育令が出されているが，これは地域限定の上，ほとんど実効力を持たなかったようである）。当時のプロシアはヨーロッパの中では比較的〈遅れた〉国であって，当時の先進国，イギリスやフランスに「追いつけ，追い越せ」という〈国家目標〉をもっていた。明治時代の日本とこの点ではよく似ている。

　これに対して当時の最先進国であったイギリスで義務教育制度（初等教育令）が始まるのは1870年，日本に先立つことわずか2年である。余計なことかも知れないが注釈を加えておきたい。イギリスでは1850年に公共図書館の設立に関する図書館法（Library Act）が制定されている。税金で学校を建てるより先に税金で図書館を作る（義務設置ではない）ことが制度化されているのである。公教育としては図書館の方が学校よりも先に制度化された，ということは，社会教育が学校教育に優先していたと考えることもできる。生涯学習論においては意外に重要な事実である。このように，イギリスではすでにさまざまな社会教育活動，民間教育活動が盛んに行われていた。教会などがいわゆる慈善学校（charity school）を運営し，救貧法（the Poor Law）や工場法（the Factory Law）によって児童を労働者として雇用する場合の教育義務が定められ，そのほかにもいわゆる労働者教育であるとか，市民啓発活動とかいうたぐいのものも盛んであった。イギリスではこうしたさまざまな民間教育活動，社会教育活動の〈上に〉義務教育制度が作られたのである。この〈義務〉教育という概念が，イギリスにおいては市民の〈教育を受ける権利〉を保証するために，地方自治体に対して「学校を作らなければならない」という〈義務〉を課すものであるということは重要である。日本では，国家が個人に対し

公教育
学制

義務教育

図書館法

慈善学校

て「教育を受けなければならない」，あるいは子どもの保護者に対して「子どもには学校教育を受けさせなければならない」という〈義務〉であると考えられることが多いのだが，ここでも考え方の向きが逆であるということには注意が必要であろう。

● ……… 明治期の公教育

イギリスの例とは逆に，日本では公教育が成立すると同時に，おそらくは欧米諸国よりはむしろはるかに多様で盛んであった民間教育活動，さまざまな社会教育活動が禁止され，弾圧されてゆく。明治政府は「文明開化」の旗印を掲げ，「富国強兵，殖産興業」を〈国策〉とした。そしてこの国家目標を達成するためには教育の力が必要であるとして，教育立国という方針を採用したのである。この場合の教育とは，ひとりひとりの個人の発達を社会全体で支えていくという，今日の生涯学習・生涯教育の理念に基づくものではない。それはあくまでも国策遂行のために有用な〈人材〉の育成を目指したもので，西欧近代の民主主義の理想とは相容れない。帝国主義による植民地獲得競争が熾烈に行われていた時代である。一歩間違えば，日本は欧米諸国の植民地にされかねなかったという当時の世界情勢を考えれば，やむを得ない政策であったということは事実であろう。しかしながらこの政策が，現代においては，少なくとも世界標準としては通用しない考え方だということに気がついてほしい。教育とはあくまでもひとりひとりの個人の〈ために〉行われるべきものであって，〈国家有為の人材〉を育成しようとするものではない。〈国家有為の人材〉の育成が目標だとすれば，先に述べたような，不健康で社会の役に立ちそうもない人や，反社会的な人（犯罪者という意味だけではない，たとえば引きこもりのような社会的コミュニケーションを拒絶しようとする人もいれば，外国人で日本という社会とは相容れない価値観をもつ人もいる）に対しては，〈その人のための〉教育は行えないことになってしまう。〈社会にとって有用な人間〉を〈作る〉ことを教育の目標にしてはならない，少なくともいかなる人間が社会に有用であるか否かを，時の政権が恣意的に定めてはいけない。これが近代民主主義社会の教育理念である。そのことを日本の教育関係者は気付いていない。あるいは気付いていないふりをしている。〈その子のための教育〉と〈社会のための教育〉とが〈同じ〉ことだと思い込んでいる。それは違うのだ。両者は時に決定的に矛盾するのだ。この矛盾に目をつぶってはいけない。

余白: 国策 / 教育立国 / 国家有為の人材

● ……… 国策としての教育

初代の文部卿（文部大臣）森有礼（もり・ありのり，1847-1889）は，「学制の目的」と題する当時の文部官僚向けの演説において，「国家が公費を支出して国民を

余白: 学制の目的

教育するのは，あくまでも〈国家のため〉なのであるから，〈個人のため〉や〈学問研究のため〉と，〈国家のため〉のどちらを優先するかといえば，明らかに〈国家のため〉を優先しなければならない。この点で最も重要なのは実際に教育に携わる〈教育者〉の思想である。〈個人のため〉〈学問研究のため〉を優先するような教育者を採用してはならない」（著者による大意要約）と述べ，西欧民主主義思想を真っ向から否定している。森はアメリカに留学し，時にはその〈アメリカかぶれ〉を揶揄されるほどであったから，それなりにアメリカにおける民主主義思想をも知っていたはずで，この発言が本心であったのか，それとも緊急避難的に「現時点では仕方がないが，いずれは西欧流の〈個人のため，学問研究のため〉の教育に変えていくべきだ」と思っていたのかはよくわからない（これも余談になるが，森は「英語を国語にすべきだ」という考えをもっていたことでも知られる。）。

　しっかり考えてほしい。「お国のため」といわれると少々抵抗があるかもしれないけれど，〈国家のため〉ということばを〈社会のため〉とか〈みんなのため〉とかのことばに置き換えて，「教育は社会有為の人材を育成するという目標を持つべきだ」「教育はみんなのために行われるべきだ」という言い方をするならば，多くの人がごく自然に「それは当然だ」と思ってしまうのではないだろうか。〈社会のため〉〈みんなのため〉と言われれば，その中に〈自分〉を含めて考えてしまう。〈みんなのため〉は，普通に考えれば〈自分のため〉でもあるのだから，国家が〈みんなのため〉の教育目標を設定することはおかしなことではない，と思い込んでしまう。しかし上記のように「学問研究のためとか，真理の探究のためなどと考えてはいけない。国家のためにならない研究をしてはならない」と言われれば，さすがに「それはおかしい」と納得できるはずである。「それはおかしい」と気付いてほしい。西欧民主主義社会においては，具体的な教育目標を国家が定めることはない。個人に対して国家が教育目標を設定するのは，必ずや独裁国家（個人による独裁ばかりでなく，一党独裁，特定の宗教による独裁の場合も含む）である。日本という国はこの点でも，グローバルな視野から見れば異端・異常である。そしてその異常であるという自覚がないことが，より異常で深刻なのだと私は思っている。

公共図書館宣言

ユネスコ学校図書館宣言

図書館に関する権利宣言

　図書館学に引きつけて述べるならば，たとえばユネスコの『公共図書館宣言』や『ユネスコ学校図書館宣言』を読んでみよう。あるいはアメリカ図書館協会の『図書館に関する権利宣言』でもよい。そこには日本では当たり前と考えられる「個人に対する具体的な教育目標」は一切書かれていない。「知識の獲得」「情報の普及」「識字」などという至って抽象的な〈目標〉だけが掲げられている。「子どもたちの読書習慣を育成する」とか「青少年の想像力と創造性に刺激を与える」とかという多少なりとも具体的な文言はあっても（いずれも「公共図書館宣言」），それがなぜ必要なのかは書かれていない。獲得した知識や情報を，あるいは識字力や創造性を

どのように使っていくべきかということについては，ひとりひとりの恣意（勝手）に委ねられているのである。それを〈民主主義〉というのである。

●………民主主義と教育

　学制が一応の完成を見たと思われる1895年，政府は教育に関する基本的な法律として「教育令」を発布するが，その第1条には「全国ノ教育事務ハ文部卿（文部大臣）之ヲ統摂ス故ニ学校幼稚園書籍館（図書館）等ハ公立私立ノ別ナク皆文部卿ノ監督内ニアルヘシ」（第1条，かっこ内は著者注記）とある。つまり，国民の自由で主体的な，国の側からみれば〈勝手な〉教育・学習は認めない，文部省の監督下にある国家のための，具体的に言うならば，富国強兵・殖産興業という国家目標の達成に向けて有効であると，国が認めたものだけが教育と呼ぶべきものであって，それ以外の教育はあってはならないということになったのである。そしてそれから終戦までのおおよそ百年の間，日本人はこうした考えに馴らされてきた。教育はお国のため，社会のために行われることであって，自由勝手に，あるいは自主的・主体的に行うべきものではないと思い込まされてきたのである。〈親の教育権〉はほとんど完全に無視され（というよりも親の教育権などという概念自体が存在していなかった，と言うべきであろう）〈国家の教育権〉のみが一方的に強調された。さらにつけ加えるならば，教育という概念の中から，本来はその基盤にあるべき自由とか恣意性とか，あるいは私事性とかいった部分が決定的に失われたのである。

　考えてみてほしい。特に西洋的な文化の中では，〈十分に〉教育を受けてきた人々，思想家だとか芸術家だとか文学者だとか，あるいは政治家や宗教家だとか，要するに知性的・理性的と考えられる人々が，決して単純に〈国家有為の人材〉とは言えないということを。教育を受ける，学習をするということは，知性的になるということであろう。そして豊かな知性はむしろ懐疑的になり，不安定になり，したがって社会の現実の姿や〈常識〉というものに対して批判的になり，時にははっきりと反社会的にさえなるものではないだろうか。そしてそういう〈反社会的な知性〉をこそ，社会の中に抱え込む形で次の世代へのバトンタッチをしていかなければ，私たちの社会は〈進歩〉していくことができないのだという合意が，西欧近代の教育制度を造り上げてきたのではないだろうか。民主主義とはごく簡単に言えば，政権に対する反対勢力（野党）の存在を前提とした社会のことである。北朝鮮がいかに朝鮮〈民主主義〉人民共和国と自称しようとも，野党の存在を認めない政権が民主主義と呼べようはずはない。つまり，民主主義を標榜するならば，その社会の中に健全な〈反対勢力〉を必ず育てておかなければいけないはずである。時の政権を否定し，その時の社会常識を批判し，その時代のあり方に反対する人々をこそ，私たちは大切に育てていかなければならないのである。

教育令

UNIT 7 ●生涯学習の基礎
戦後日本の教育政策

● ……〈敵を知る〉教育

　明治政府による〈教育立国〉政策は，結果的にはうまくいったと言うべきであろう。日本はその後着々と経済大国，軍事大国への道を進んでいくことになった。本来であれば，日本は世界列強の一員となったときにこそ，ある種の〈教育改革〉を行うべきであったろう。〈国家のための教育〉から，〈ひとりひとりの子どものための〉本来の教育に代えていくべきであったろう。〈その時の社会情勢〉に対して，未来を見据えて批判できる〈反社会的な〉人々を育て，うちに抱え込んでいくことをむしろ〈国策〉と考えることが必要であったであろう。ところが私たちはそれをしなかった。そういう人を〈非国民〉と呼び，社会から排除することばかりを考えてきた。そして，そのことが日本に敗戦をもたらしたのである。

　日本が日露戦争に一応の勝利を収めたとき，アメリカは日本が将来の〈敵国〉になり得ることを想定して，日本研究，日本語通訳の養成を奨励しはじめる。日本との開戦が避けられないという事態になると，さらに日本文化の研究に力を入れ，日本の情報収集に必死になる。終戦後，優れた日本文化論として我が国でもベストセラーになったルース・ベネディクトの『菊と刀』は，こうした〈敵国研究〉のひとつの成果である。「敵を知り己を知らば百戦危うからず」とはよく言われることである。敵とは戦争相手のことばかりを指すのではない。あらゆることについて，自分と違う意見，違う価値観，違う考え方，私たちはそれらをこそ知らねばならないはずである。私たちが日常生活の中で〈自然に〉身に付けていくことができることを，あえて特別に〈教育する〉必要はあまりないとさえ言い得る。特別な教育が必要なのは，むしろ日常生活の中では学ぶことのできない〈非常識な〉ことのはずなのである。それは自分の価値観とは違う価値観，という意味では〈不道徳な〉ことであり，敵国の情報という意味では〈反社会的な〉ことであるかもしれない。しかし，だからこそ私たちはそうしたことについて〈知らされて〉いなければならない。ことが起こってからでは間に合わないのである。

［敵国研究］

● ……図書館の自由

　ついでにもうひとつ，図書館に関するアメリカの実例を挙げておこう。第二次大

戦が終了すると，アメリカを中心とするいわゆる資本主義陣営と，ソ連を中心とする社会主義・共産主義陣営との間での厳しい東西対立の時代に突入する。アメリカ国内でも反共産主義を標榜する市民運動が勢いを増し，社会主義・共産主義に同調的な思想を持つ者を公職から追放せよ，社会主義・共産主義にかかわる書物は公共図書館から排除せよ，という声が大きくなる。歴史上悪名高いマッカーシズムと言われる運動である。これに対して当時のアメリカの図書館界，出版界，ジャーナリズム，大学，そしてついには大統領までもが「敵性であるからといってそうした情報を排除してはならない。そうした敵性の情報こそ保持し続けなければならない」と主張するに至る。特にアメリカ図書館協会は改めて「知的自由に関する宣言」を発表し，「図書館の自由」を再確認するのである。あえて単純化して言ってしまえば，世論がどうあろうとも，我々図書館員は専門職者の自覚のもとに，必要な情報をそれを必要とする市民に提供する，思想の自由・言論の自由とは〈世論に反対する〉自由でもあるのだ，ということであろう。

　これに対して日本はどうであったか。戦争やむなしという事態になってなお，あるいはそういう事態になればなるほど，〈敵国〉の文化を拒絶し，否定し，情報を遮断して〈内向き〉になっていく。英語は〈敵性語〉であるといい，西欧文化に通じた者を非国民として排除しようとする。敵国のことを学ぶ者は〈お国のためにならない〉という浅薄極まりない〈教育〉が，国を挙げて（「国家総動員法」という法律の下に）行われたのである。アメリカと逆だ，ということに気付いてほしい。アメリカでは市民の声（世論）に対して，むしろ権力を持つ側（権限を持つ側，というべきであろうか）が「情報を遮断してはいけない」と〈教育した〉のである。日本では権力が国民を「情報を遮断せよ」と〈洗脳した〉のである。それが〈お国のため〉だとみんなが思い込まされたのである。教育とは何か，社会のためになるとはどういうことか，根本から考え直す練習を私たちはしなければならない。

　毎年8月になると「あのときの悲惨を忘れないように」というようなキャンペーンが各地で展開される。「悲惨な記憶を忘れない」ことも重要であろうが，それよりも，あのときに小学生（国民学校生）であった人々の声を聞いておいてほしい。終戦直後，当時の子どもたちは，それまで「お国のために立派に戦って死ね」と，あるいは「日本は神国であり，負けるはずがない」と，言われ続けてきたその同じ政府から，同じ新聞から，そして同じ先生から，「今日からは日本は民主主義の国になるのだ」と言われたのである。それまで使っていた教科書に「この部分は間違いだから墨を塗って読めなくするように」と指示されたのである。心ある子どもたちははっきりと「政府の言うことを信じてはいけない。新聞の言っていることは嘘ばかりだった。先生の言うことも教科書に書いてあることも間違いだらけだった。」ということに気がついたはずである。それまで日本が行ってきた教育は全面的に

［欄外］知的自由に関する宣言
図書館の自由

〈間違っていた〉のである。

教育改革

● ········ **戦後教育改革**

　日本は戦争に負け，アメリカに占領されることになった。占領軍であるアメリカは「日本に民主主義を教える」ことをひとつの大きな目標として掲げた。ここでも当時の歴史的な推移を詳述し，事の是非を論じる余裕はないけれど，日本がむしろ進んでそれを受け入れた，ということだけは確認しておかなければならない。占領軍は日本がファシズムに染まってしまったのは中央集権的な教育制度のためであると結論づけて，日本人に民主主義を〈教える〉ためには全面的な教育改革が必要であるとの立場をとった。（第二次大戦では同じ連合国であったソ連とのいわゆる東西対立が顕在化し，特に朝鮮戦争が勃発して以降，占領政策は大きく転換されるのだが，そのことについてもここではふれない。）

教育使節団報告書

　この教育改革の前提となったものが『教育使節団報告書』である。アメリカから来た〈教育使節団〉は二次にわたるのだが，特にその『第一次教育使節団報告書』に基づいて，占領下の〈教育改革〉は実施された。そして，現在に至るまで，日本の〈教育政策〉はすべて，原則としてこの報告書に基づいて行われているはずなのである。この報告書は全訳されて今でも容易に入手できる。短いものであるから，是非一読してほしい。もちろん，これは半世紀以上前の文書である。テレビもコンピュータもない時代のものである。現在では明らかに時代遅れになり，時勢に合わなくなってしまった内容が多く含まれているのは当然である。時代遅れの内容を〈時勢に合わせて〉変えていく作業は適切に行われなければならない。しかし，民主主義社会においては，少なくともこれまでの方針の転換を図る際には，きちんとした〈公開討議〉をふまえ，適正な手続きを踏んで政策の転換が図られる必要がある。それまでの政策のどこが〈間違っていた〉のかを原理的に考え直さなければならないはずである。それなのに，日本の教育政策はその作業をほとんど無視し続けているように見える。戦前の教育政策の〈誤り〉に対する総括がなされていないのである。そしていつの間にか，日本の教育行政は戦前の〈誤った〉あり方に戻ってしまっているのではないか，そんな思いがぬぐえないのである。

国語改革

● ········ **戦後国語改革**

　例を挙げてみよう。この報告書には，「子どもたちにこんなにたくさんの漢字を教えるべきではない。漢字を廃止して，仮名文字なりローマ字なりの表音文字だけにすべきだ」という主張が含まれている。現在ではこういう主張はすっかり影を潜めてしまい，コンピュータの普及とともにむしろ「使える漢字の数を増やせ」という声の方が大きくなってきている。しかしまた，それだからこそ，しっかりとこの

報告書を熟読して考えてみてほしい。日本はこれを〈原則として全面的に〉受け入れたのである。漢字を廃止することをいったんは〈決めた〉はずなのである。当時は日本ばかりではなく，台湾を除くすべての漢字文化圏で表音文字化が考えられていた。ベトナム，モンゴル，北朝鮮は完全に漢字を廃止したし，韓国でも〈漢字を教えない〉教育に転換した。中国におけるピンイン（拼音，ひとつひとつの漢字を定められたローマ字で表記すること）の制定といわゆる簡略字体の採用とは，いずれ漢字を表音化するという前提ではじめられたことである。日本でも漢字廃止の〈方向性〉は決定された。当用漢字（現在では常用漢字と言われている）・教育漢字の選定と字体の簡略化，現代かなづかいの制定はこの方針の下で行われたのである。

では，いつどこでこの漢字廃止の決定がなされたのか，そしていつどこで，誰によってこの方針が撤回されたのか，それが実は〈わからない〉のである。あるいは未だに正式には撤回されていないのである。（文部科学省に言わせれば，「漢字廃止を〈正式に〉決定したことはない」というかもしれない。少なくとも漢字廃止が〈法律で〉決められたことはないという事実はある。）

漢字の廃止については一例に過ぎない。ほかにもさまざまなことが，「この方針で決められたはずのことが，現在の実情とはむしろ正反対だ」と感じられるのではないかと思う。〈いつの間にか〉〈何となく〉，基本的な考え方，原則を〈社会の実態に合わせて〉変えていく，それを恥ずかしいこと，卑怯なことだと思わない，そしてそれを平気で子どもたちに〈教育〉する，このことが日本人の一番〈いけない〉ことだと私は思っている。憲法に「軍備を持たない」と明記し（すでに述べたように，憲法では国民が権力に対して「軍隊を保持してはいけない」と命じている），世界に向かって宣言しておきながら，「自衛隊は軍隊ではない」という〈おとなの理屈〉を子どもたちに教え込み，その一方で「嘘をついてはいけない」という〈道徳〉を平気で口にする。日本が世界から孤立していてもよい，と言うのならばそれでよいのだが，こと世界に向かっては，「これは軍隊ではありません」という理屈は通用しない。一事が万事，日本の教育政策は（本当は教育のことだけではないのだが）その場しのぎの対策ばかりとってきた。子どもたちの〈未来〉を考えることよりは，おとなたちの〈今〉の都合で教育政策を変えてきた。「これまでの方針は間違いだった」のであれば，そのことについてきちんと総括をし，間違いを正す努力をすべきである。それをせずになし崩しに方針を変えていくことは，世界に対して恥ずべきことであると私は思っている。子どもたちに「恥を恥と思わない」教育をしてはならない，ということだけは言っておきたい。

UNIT 8 ●生涯学習の基礎
教育の自由

●………〈教育の自由〉の原理

　生涯学習論の本論に入る前にもう一点だけ，戦後教育改革における重要な論点を改めて紹介しておきたい。それはいわゆる〈教育の自由〉という論点である。戦後教育改革の最大の論点であったと言ってもよい，生涯教育を考える上ではかなり深刻な問題である。UNIT4，UNIT5 で〈誰が誰を教育する〉のか，という論点を解説したが，戦前の日本の教育は〈国家が国民を教育する〉という考え方に貫かれていた。〈国家の意思〉に基づいて，その意にかなうような国民を育成する，ということが当たり前だと考えられていたのである。明治政府は近代的な学制を造り上げていく過程で，教育を国家事業であると位置づけ，教育を〈国家のために〉行われるものでなければならないと定めてしまった。逆に言えば，〈国家のために〉行われるものでない教育は〈教育〉の名に価するものではないとしてしまったのである。これは少なくともアメリカ流の民主主義とは相容れない発想である。民主主義とは〈国民の意思によって国家を作っていく〉という，まったく逆の考え方によるものだからである。

　こうしたアメリカ流民主主義の考え方に基づいて，日本の教育制度は全面的に改革され，教育は〈自由〉になったはずであった。教育基本法によれば，教育は〈国家のため〉，〈社会のため〉ではなく，ひとりひとりの市民の「人格の完成を目的として」行われるものに変えられたはずであった。明治政府が国家のための人材育成を目指して教育立国を図ったのに対して，「民主的で文化的な国家を建設」するために，「この理想の実現は，根本において教育の力にまつべきものである」（旧教育基本法前文）ということばによって，新たな教育立国を図ったはずであった。が，本当にそうなっているだろうか。戦前の古い，間違った教育に対する考え方を私たちは本当に考え直し，考え方を改めているのだろうか。どうもそうは思えない。その後一貫して日本の教育行政は〈教育の自由〉を否定する方向へと進められてきているように見える。

●………憲法における教育の自由

　このことを如実に示す実例がある。最近ではあまり議論されることがなくなって

しまったが，日本国憲法第89条の次の条文を読み返してほしい。「公金その他の公の財産は，宗教上の組織若しくは団体の使用，便益若しくは維持のため，又は公の支配に属しない慈善，教育若しくは博愛の事業に対し，これを支出し，又はその利用に供してはならない」。前段はいわゆる信教の自由を，後段は教育の自由を定めた条文である。なぜこれらの自由が「公金を支出してはならない」という文言で定められているのか，考えてほしい。アメリカでは「自由とは税金による補助を受けないこと」だと考えられているのだが，その理由をしっかりと考えてほしい。そして日本では憲法にはっきりとこの原理が謳われているのに，なぜかこのことは見過ごされてしまっている。理念を高らかに謳っておきながら，実態はそれに反して平気だ，という日本の悪い癖がここにも露わに出ていると言わざるを得ない。

　さてそこで，教育に関する部分だけを抜き出すと，「公の支配に属しない教育の事業に対しては公金を支出してはならない」ということになる。公の支配に属しない教育の事業とは，本来はたとえば私立の学校や幼稚園を指しているはずであった。あるいは自由に，自発的自律的に行われるべき社会教育の諸団体，具体的な例をあげるならば，体育団体やPTAなどの社会教育団体と呼ばれるものを指しているはずであった。それらへは「補助金を出してはいけない」はずなのである。ところが今日では，私立学校への補助金は私学の経営に欠かせないまでになってしまっている。日本体育協会やPTA連合会などへの補助金も莫大な金額に上る。どうしてそうなってしまったのだろうか。

●………社会教育法の改正

　たとえば1949年に制定された社会教育法には，憲法のこの条文を受ける形で，民間の社会教育団体には補助金を支出してはならないと定められていた。その補助金禁止の条文が1963年の社会教育法改定の際に削除されたのである。つまり，それまで禁止されていた補助金の交付が合法化されたのである。一方，憲法の条文はこれまでに一言一句たりとも改定されていない。つまり，これまで禁止されていたものを合法化するため，条文の解釈でつじつまを合わせる必要が生じたのである。

　このつじつま合わせの解釈の一つに「公の支配に属しない」という文言について，たとえば私立学校も学校教育法という「公の支配」に属しているのだから，そこへ公金を支出しても憲法違反ではないとする説があるが，ここではその議論には立ち入らない（その解釈によれば「公の支配に属しない教育」とは何を指すことになるのだろうか，法の支配を受けない活動があり得るのだろうか）。問題は社会教育団体への補助金の交付を違法ではないとする以下の解釈である。要は「教育の事業」への補助金支出を禁じているのだから，教育の事業以外の事業には補助をしても構わないという解釈なのである。そこで，教育とは何かということになるのだが，そ

れをなるべく狭く解釈しようとして，教育とは「教育をする者と教育を受ける者とが区別され，教育をする者が教育を受ける者に対して，意図的・計画的に，かつ一定の継続性をもって組織的に行うもの」であるとするのである。そうすれば，体育協会やPTAなどは，教育をする者と教育を受ける者とが明確に区分されていない自主的・自発的な団体であるから，そこに補助金を支出することは違法ではないということになる。特に全国大会への役員の派遣とか，会報の印刷とかいった〈事業〉は教育の事業とは考えられないから問題はまったくないはずである。

　こういう解釈自体の是非についてはともかく，ここでは二つの大きな問題が提起されねばならない。第一には，それまでは違法とされてきたことが，憲法の文言には一切の変更が加えられないままに，突然合法化されるということには論理一貫性がみられないということである。第二には，この時以降，ちょうど戦前において〈お国のため〉のものだけが教育とされ，それ以外のものが教育と認められなかったということと符節を合わせるように，「教育をする者が教育を受ける者に対して，意図的・計画的・組織的・継続的に行うもの」以外が〈教育〉ではなくなってしまい，広義の社会教育の範囲においては重要な考え方であった〈自己教育〉とか〈相互教育〉とかいう概念が使えなくなってしまったということである。

<small>自己教育
相互教育</small>

　学は自己限定から始まる，と先に述べたけれども，これでは限定のし過ぎである。社会教育とは本来，自主的・自発的な教育活動を基盤にしていたはずだから，「教育する者と教育を受ける者」とが明確に区別されないことの方がむしろ普通なのである。それなのに，上記のような解釈をしてしまえば，従来社会教育と呼ばれていたもののほとんどが社会〈教育〉の範疇からもれ落ちてしまうことになる。つまり，文部省は，1963年当時に一旦もれ落とすことにした多くの〈教育活動〉を，生涯〈学習〉ということばを使うことによって再度すくい取ろうとしたのだと言える。狡猾で非論理的なことばづかいと言うべきではないだろうか。

● ……… **統合された教育**

　前置きが長くなってしまったが，留意しておくべきことは，これまでに述べてきたようなさまざまな概念上の混乱がある，ということであって，生涯教育・生涯学習という理念は，将来に向けてこうした混乱を整理し，統合して，市民ひとりひとりの学習活動を，その生涯を通じて全体として捉えなおしていこうとする考え方を示したものなのである。教育とは何か，学習とは何か，あるいは社会教育は，学校教育はいかにあるべきか，それらをどのような形で統合的に捉えていくべきかということは，広い意味での教育に関わるすべての人々が，自ら考えていくべきことであろう。

　具体的な生涯教育・生涯学習の理念についてはUNIT9以下で詳述する。キー

ワードは〈自由〉と〈統合〉である。学習を国家のため，社会のため，というような個人の〈外にある〉目的に奉仕すべきものと考えてはならない，学習はあくまでもひとりひとりが自分のために行う活動であって，その目的は個人の〈内に〉ある，これが〈自由〉ということの意味である。教育は常に未来に向かっての営為である。ところが，私たちは残念ながら未来を見通す能力を持っていない。だから国家のため，社会のため，というような個人の〈外にある〉目標が安易に設定されてしまうと，教育・学習のいとなみは見通すことのできないはずの未来を規定してしまうことになる。お国のための教育が，一度は日本という国家の破滅をもたらしたことを私たちは経験してきたのである。それだからこそ，私たちは見通すことのできない未来に向かって，個人の内にある自由をこそお互いに尊重していかなければならないのである。

　自由な個人の集合である社会において，個人ひとりひとりの自由が尊重されるということが〈統合〉ということばの意味である。私に保障される自由はあなたにも保障されなければならない。あなたに保障される自由はほかの誰にも保障されなければならない。男にも女にも，病人や障害者にも，国籍や使う言語の異なる人々にも，思想・宗教・信条が違っている人々にも，この自由は保障されなければならない。そしてもちろん，おとなにも子どもにも，死を迎える直前の老人にさえ，この自由は保障されなければならない。ということはひとりの個人を取り上げるならば，生まれてから死ぬまで，生涯を通じて人は学習の自由を保障され続けなければならないということでもある。ひとりの人間の一生を通じて統合されてある学習，そしてある社会においてすべての人々に平等に提供される機会として統合されてある教育，これが生涯学習という理念である。この理念をいかにすれば実現させることができるか，それを考えてみようということが本書の課題である。

> 自由

> 統合

UNIT 9 ●生涯学習理念の展開
ユネスコの生涯教育論

● ────生涯教育論の始まり

生涯教育

　さて、ここからは具体的に生涯教育論の理念を紹介していくことにしよう。生涯教育（Life-long Education）ということばが初めて使われたのは、1965年、パリで開かれたユネスコの成人教育推進委員会の席に、その事務局長の職にあったポール・ラングラン（Paul Lengrend）が提出したワーキングペーパー（討議資料）においてのことである。この新しい〈教育理念〉は出席していた委員の面々に大きな感動と興奮を呼び起こすことになった。そして、単なる成人教育分野の問題としてばかりでなく、「ユネスコのすべての活動が包括できる、グランド・デザインとして」（波多野『続・生涯教育論』p.199）提案され、1968年の総会で可決されてユネスコの総意として世界中に議論を巻き起こすべきテーマとされた。

ポール・ラングラン

　ユネスコではその事業計画を2年単位で策定することになっているが、「生涯教育という新しい理念に関する議論を巻き起こす」事業を1968・69の両年にわたって展開した後、1970年を「国際教育年」と設定した。この年を記念して、その後の生涯教育に関する議論をもふまえ、ラングランは改めて『生涯教育入門』という書物を出版した。1965年の提唱以来5年の間に〈生涯教育〉は、世界中の教育関係者で知らぬ者のない概念として定着することになったと言ってよい。

国際教育年

　ここで一つだけ留意しておいてほしいことがある。それは、生涯教育という〈新しい理念〉は、ユネスコという国際機関の活動における最重要のテーマとして設定されたものであり、当然のことながら、それぞれの国々における具体的な教育現象のありようを強制的に規定しようとするものではないということ、あるいはそれはあくまでも〈新しい理念〉であって、実際の生涯教育はそれぞれの国において個別具体的に展開・実施されるべきものであるということである。

　私たちはついこのことを失念しがちである。ユネスコはその性格上、世界の生涯教育について論じなければならない。世界には、義務教育機関としての学校さえ未だ十分に普及させることができずにいる国々がたくさんある。たとえばラングランの後任者であるジェルピ（Ettore Gelpi）は、こうしたいわゆる第三世界の人々の立場に立って、抑圧され、疎外された人々の要求に応えることが生涯教育の理念であると説いている。一方では日本のように、ほぼ100パーセントの就学率、90パー

ジェルピ

セントを大きく越える高校進学率，さらには過半数を超える大学進学率を誇ると同時に，いわゆる受験戦争とか学歴至上主義とかいったその弊害に悩む国もある。生涯教育という理念は，このように多種多様な，世界中の国々に向けた教育改革の呼びかけなのである。決して〈生涯教育〉という，世界共通の規範があるのではない。それぞれの国がそれぞれの国情に合わせて，それぞれに固有の教育改革を行い，社会改革を図っていくべきである，ユネスコはそう提唱したのである。だから私たちは日本の生涯教育（生涯学習）の理念を追求していかなければならない。生涯教育とはこういうものであるという模範回答があるわけではないのである。

●………継続される教育

　かくして生涯教育は世界各国で大きな教育テーマとなっていったが，議論の内容としては大きく2点に整理することができる。一つは教育を〈学校〉に代表される社会制度の枠内でだけ捉えるのではなく，一生を通じて継続さるべきものとして捉えようとする論点である。具体的に例示するならば，ある学校の卒業証書（つまりはいわゆる学歴）だとか，何かの資格だとかを取得するための，あるいはそれらによってある種の社会的な地位や一定の収入をを手にいれたりするための，そういうものとして教育を捉えようとすると，それらが手に入ったときにその人にとっての教育は終わってしまうことになる。そうではなく，つまり何かを手に入れるため・持つため（to have）ではなく，人として生きるため・人間らしくあるため（to be）に教育というものを捉えようとするならば（〈Learning to Be〉とは，ユネスコの教育開発国際委員会が1972年に提出した報告書－フォール報告書－の題名），人は生きている限り，生涯を通じて教育・学習のいとなみを継続していかねばならないことになる。またこれを社会の側から言えば，市民の一人一人に対して，年齢や職業や，社会的地位や収入や，そうした諸々の条件にかかわらず，一生を通じていつでも，教育の機会を提供していかねばならないということになろう。

　　　　　　　　　　　　　　　　　　　　　　　　　　　　フォール報告書

　こういう考え方自体はいわゆる生涯学習論以前からある考え方である。further education, continuing education, permanent education といったことばは以前からしばしば用いられている。ただしこれらはいずれも，学校を卒業した後も〈継続して〉行われる教育といった意味で用いられ，したがって，学校教育と社会教育というように，それぞれが別のものとして考えられるのが通例であったと言える。生涯学習とはそれらを，序章で述べたことばを用いるならば，家庭教育と学校教育と社会教育とを，一つに統合しようとする理念であるといってよい。言い換えれば，教育・学習の活動は，職業生活ばかりではなく，家庭や地域での日常的な生活とも，遊びやスポーツ・レクリエーションの活動とも，人生のすべてのステージにおけるあらゆる活動と統合されてあらねばならないということである。その意味では

OECDの提唱するリカレント教育（Recurrent Education）ということばも同種のものである。

リカレント教育

●………**統合された教育**

　生涯教育という概念に関する二つ目の論点は上記の〈統合〉ということばに込められている問題である。ユネスコではこれを「人の一生を通じて追求さるべき垂直方向への統合と，社会的なレベルにおける水平方向への統合」と表現している。二つ目の論点となるのは後者の「水平方向への統合」である。

　これは，人は生きている限り社会的な意味での成長・成熟を継続させていかねばならないという理念なのであるから，学歴とか資格とかというような形で，人生のある時点における教育の〈結果として〉その人の残りの人生が決定されてしまってはならないということを意味している。あるいはより具体的にいうならば，すべての人々に一生，成長し，教育・学習する機会が与え続けなければならないということは，すなわちすべての人々に平等な教育機会が提供されるべきであって，人種，性別，門地などによる一切の差別ばかりでなく，従来は当然のことと考えられていた年齢，学歴，職業，現在の社会的地位などによっても，少なくとも〈教育の機会〉という点においてはいかなる差別もあってはならないということを意味するのである。ある社会を構成する人々が，教育の機会という見地からは一切の差別なく平等に統合されている社会，それが生涯教育論が目指す社会なのである。

教育の機会

　わが国の教育制度は，一見きわめて平等な仕組みになっているように見える。女性の進学率も非常に高いし，受験戦争とか学歴社会の弊害とかが取り沙汰されるのも，裏を返せばほぼ全国民が受験戦争に参加し得る状況ができあがっているということであるし，あるいは生まれや家柄がほとんど意味を持たず，偏差値と学歴以外にその人を計る物差しがなくなってしまったということでもあろう。識字率，高校進学率，大学進学率，そのどれを取ってみても，日本の教育は世界一平等なシステムであると誇り得るものであるのかもしれない。

　ところが，少し視点を変えてやると，これは大いなる錯覚であるということに気がつく。私たちの教育システムには，たとえば日本語を知らない人々を含み込む余裕がない。どんなに天才的な知能の持ち主であっても，日本語以外のことばを母語とする人がこの〈平等な〉受験システムの中で高い偏差値を獲得することは不可能である。外国人ばかりでなく，外国育ちの人も，目や耳の不自由な人も，体に障害があって通学に不便な人も，その他何らかの理由で〈みんなと同じように〉学校へ通うことのできない人々はすべて，私たちの教育システムの中からははみ出てしまっているのである。生涯教育とはこうした人々をこそ，我々のシステムの中へ取り戻そうという理念である。それが社会的な統合ということの意味なのであって，

日本の教育水準は世界一だといってすませていてはいけないのである。

●………教育改革を目指して

　ユネスコの提唱した生涯教育の概念は，世界中の国々がそれぞれの国情に合わせて教育システムの改革を行い，〈継続と統合〉という理念の実現を図ることによって，結果として未来社会へ向けての社会全体の改革と進歩とを促していくべきであるという点にある。今から1世紀あまり前に，アメリカの著名な教育学者ジョン・デューイ（John Dewey, 1859-1952）は，学校を改革し，次代を担う子どもたちを新しい未来社会への牽引車として育てることによって社会改革を図るべきであると主張したが，ラングランも同様の主張を『生涯教育入門』の中で展開している。

　ただし彼は，デューイが〈学校改革による社会改革〉には失敗してしまったことをもふまえ，学校における教育は常に保守的であり，後ろ向きのものとならざるを得ない性質を持っているので，学校による教育改革（それは自己改革という性格を持たざるを得ない）は不可能であり，生涯教育という新しい改革理念の実現には，むしろまず，いわゆる社会教育の改革によって，社会全体に〈継続と統合〉の理念を浸透させ，外からの強制によって学校教育の改革を図らなければならないと主張する。つまり生涯教育とは，近代社会においてはすでにある特殊な形にまで完成させられてしまっている壮大な教育システムについて，その全面的な改革を図ろうという，いわば教育革命とでもいうべき理念の提唱なのである。

　近代社会が成立するためには，国家を支えるひとりひとりの国民に対して，個人的な努力をしさえすれば社会において〈成功〉を収めるチャンスがあるのだ，という希望を持たせることが必要であった。そのために近代国家は〈学校〉という機構を創り出し，これを中心にすえたいわゆる公教育の制度を造り上げてきた。それは古い身分制度を破壊し，社会に流動性をもたらし，進歩と改革の可能性を開くものであった。学校を中心とする公教育のシステムこそが，近代社会の合い言葉である〈自由〉を具現することのできる装置であったのである。

　ところが，いわゆる先進諸国においてはうまく機能したこの社会装置が，開発途上にあって近代化を目指している発展途上の国々ではなかなかうまく機能していない。教育の普及と経済の発展とが同時並行に進展せず，教育が〈成功〉を保障することができないからである。そしてまた一方では，学校教育制度が十分に普及しおおせた先進諸国においては，教育システムの全体がいわゆる制度疲労の状態に陥り，人々の自由を保障し，社会の変革を促すよりはむしろ，個人の自由を奪い，社会の変革を妨げる要因になってしまっている。これがラングランとユネスコの深刻な問題意識であり，生涯教育という概念が熱烈に支持されたのは，これこそが問題の解決に向けての唯一の現実的な道筋であると考えられたからにほかならないのである。

※ジョン・デューイ

UNIT 10 学校教育と生涯教育

●生涯学習理念の展開

● ……… 学校改革の理念

　ラングランは社会を未来に向けて不断に改革し続けていくためには，まず教育システムの改革が行われなければならないと考えたが，一方では学校制度が十分に発達してしまった国々では，その普及した学校制度が教育改革の第一の妨げになるとも考えていた。その理由は大きく言って次の2点にまとめることができる。

　第一には，学校は本質的に，次代を担う子どもたちに〈過去の〉人類の知的遺産を伝達する機能を期待されるシステムであるということがあげられる。学校が子どもたちに教えようとするものは，過去の人々によって既に造り上げられ，おとなたちによって濾過され，すくい取られた〈価値〉の体系なのである。学校では社会において支配的な，多数によって公認された価値の体系のみが選択的に教授される。したがってそこでは支配的な多数者の価値の体系に対する批判や疑問が提起され，現状に対する異議の申し立てが行われ，未来に向かっての改革を志向した真剣な議論が展開されることは，むしろ稀である。ラングランのことばを借りれば，学校は常に過去の方を向いており，未来に向き合うことはほとんどないのである。

　教育に携わる人々は，一定以上の学歴を有する一種の知的エリートであり，自分たちが過去に受けてきた教育内容を積極的に肯定しようとする心性に傾きやすい。それを否定し，既存の価値体系に疑義を提出することは，自分の受けてきた教育を否定することであり，つまりは現実の自己自身を否定することになりかねないからである。この点も教育界が自己改革を行うことが困難な大きな理由である。

　第二には，学校教育はすべて何らかの強制力に依拠して行われることになり，教育を受ける者の自由を制限することになるという理由を挙げておかなければならない。義務教育とはまさに強制教育ということなのでもあって，少なくともすべての学校制度は，学校という社会から隔離され閉ざされた空間に，ある特定の時間を指定して，子どもたちを〈幽閉〉しなくては成り立たないのである。

強制教育

● ……… 一斉授業の限界

　このことは，17世紀の中葉，チェコの宗教家であり教育学者でもあったJ. A. コメニウス（Johann Amos Comenius, 1592-1670）が開発したとされる一斉授業と

コメニウス
一斉授業

いう教授の方法が，本質的に有せざるを得ない欠陥である。一斉授業とは，教師と生徒とが同時に同じ教科書を読む，という形態の授業のことであり，〈同時一斉〉であるがために能率的な教育が可能なのである。したがってすべての国民に教育を与えようという近代の理念に際して，いわゆる大量教育を実現させる手段としてこれに代わるものは考えられなかったといってよい。

 しかしながら，それが〈同時一斉〉でなければならないということが逆の結果をもたらすこともまた避けられない。それはまず一人の教師と多数の生徒とが共通の時間と空間を共有していなければならないという制限を持つことになる。すでに述べたように，そのことは学校と教師とに生徒を一定の時間教室内に閉じこめておく強制力を付与することを意味する。また多数の生徒が〈同じ〉教科書を同時に読み進めるためには，教室内の生徒が〈同じ〉水準を維持していなければならないということであり，必然的に〈学年〉という形での教育を受ける者の選別を行わなければならないということをも意味している。このことは，日本のように義務教育段階での飛び級や落第が原則的には認められていない制度の中では，いわゆる〈落ちこぼれ〉の問題や，逆によくできる子を一定の水準以下のレベルに抑え込むという問題を引き起こすことになるし，飛び級や落第を認めるシステムの中ではそれにともなう差別や不公平の問題を引き起こすことになる。

 一冊の教科書にあらゆる知識を詰め込むことはできないから，学ばなければならない知識の量が増大すれば，教科書をいわゆる分冊の形式にしなければならなくなる。つまり，国語・算数・理科・社会といった〈教科〉分けが必要になり，学級・学年・教科という枠組みが作られればどうしても〈時間割〉を作らざるを得ない。本来私たちが子どもたちに教え，学んでほしいことはこうしたぶつ切りの知識ではなく，一人一人の人間の中で全体として統合されたまさに〈生きる力〉としか言いようのない知識や技術の総体であるはずなのに，一斉授業という形式の中ではそのことが見失われてしまいがちなのである。

●………デューイの学校教育批判

 さらにはより本質的に，一斉授業という〈教科書を読む〉授業形態の中で教えることができるものは，その教科書に書かれている〈ことば〉でしかないという限界が指摘されなければならない。教科書の発明者であるコメニウスが教育というものを，「白紙状態にある子どもの心に，印刷技師である教師があらゆる知識を印刷してやること」であると考えていたということが，このことをよく示している。が，教育が子どもに〈生きる力〉を与えようとするものであるならば，知識としてのことばを教えるだけではなく，その知識を使ってさまざまな活動をする能力，つまりは判断力であるとか，選択力であるとか，あるいはそれらを総合した広い意味での

実行力であるとかといったものを子どもたちの身につけさせることが必要なはずである。ところがそれは学校における一斉授業の手には負えないことなのである。

結局人が生きていく上で，一斉授業によって覚えた知識は，少なくともそのままでは役に立たない。ところが，一旦できあがった学校という社会制度は，それが役に立たないものであるということを認めない。そこで試験だとか卒業証書だとかといった，本来は教育を進めていくための手段であったはずのものを目的にすり替え，試験に良い成績を収めるために，卒業証書を無事手に入れるために，といった形で子どもたちに〈勉強〉を強いるようになる。

学校は子どもたちを一人前の社会人に成長させ，生きる力を身につけさせるための道具であるはずである。ところが実際には学校はそのためには役に立たないものとなってしまっている。そこで学校は，学校の中だけでしか役に立たない知識を子どもたちに強制し，自らの存在理由を正当化しようとする。学校も教育も，それ自体が目的ではなく，成長するため，生きていくための手段に過ぎないのに，自己目的化して本来の機能を果たせなくなってしまっている。これが今から1世紀あまり前に，先にふれたジョン・デューイが学校改革を志した理由なのである。そしてそれから百年後の今日，たとえば日本の教育システムにおいて，彼の批判がいかによく適合するかということを考え直してみれば，生涯教育の理念とそれに基づく教育改革とが，現代日本にとって緊急の課題であることが見て取れよう。

●………イリッチの脱学校論

デューイと同様の学校教育批判をより過激な形で展開した人に，オーストリア生まれの社会学者イヴァン・イリッチ（Ivan Illich）がいる。彼はそれまでにも教会や病院などの〈社会制度〉が発達すると，〈信仰心〉や〈健康〉といった本来個人にのみ属すべきである大切な事柄が，社会的にスポイルされてしまい，個人の手から奪われていくという視点から，『脱教会論』『脱病院論』等の著作を著して，個人に属すべきものは制度から個人に奪い返すべきであると主張していたが，1971年に『脱学校の社会（Deschooling Society）』を発表し，制度としての学校を廃して，教育・学習を一人一人の個人の手に取り戻すことを説いた。

彼の主張はジェルピの主張にも通じるところがあり，メキシコで貧民救済事業に従事している立場からも，いわゆる〈学歴〉が制度として個人を抑圧していることを強く批判した。教育とは個人の生きる力を育てていこうとするいとなみであるのだから，むしろ子どもにこそ社会的な経験を積ませるべきであり，いつでも好きなときに好きなことを自由に学ぶことのできる，いわば公開された図書館を作るべきで，学歴信仰の温床となる〈制度としての〉学校は廃止すべきであるというのである。彼の主張はいかにも非現実的であるとしてしりぞけられることが多いが，個人

イヴァン・イリッチ

の自由と自発性とを重視し，一生を通じた自由な教育機会を保障すべきであるとした点では生涯教育の論議につながるもので，世界の教育関係者に大きな影響を与えることになった。

●………学び方の学習（learning how to learn）

同じ時期にもう一冊，その後の生涯教育論に強い影響を与えた著作が出版されている。アルビン・トフラー（Alvin Toffler）の『未来の衝撃（Future Shock）』である。この本の中では近未来を含む現代社会が，未来からの絶えざる衝撃を受け続ける激動の時代にあることが主張されている。科学技術は文字どおりに日進月歩の急速な進歩を見せ，経済発展と国際関係との変化は安易な予想を許さない急速な展開を見せるであろうという彼の予言は，その後のたとえばベルリンの壁の崩壊やコンピュータ・テクノロジーの発展などを見通していたかのようにさえ思われる。

アルビン・トフラー

トフラーはジャーナリストであり，社会評論家ではあっても教育の専門家ではないのだが，こうした激動の時代にあっては旧来の教育システムは崩壊せざるを得ないと述べている。つまり，人生のある時期までに学校において一定の知識を習得し，その知識に基づいてその後のキャリアを作り上げていくという方法では，超産業社会ともいうべきこの激動の時代に，絶えず襲ってくる未来からの衝撃に人々は耐えきれないというのである。「知識が急速に陳腐化し，人間の寿命が延びたので，若いときに学んだ技術で年をとってからも役だつものが少なくなっていることは，否定すべくもない。それゆえ，超産業社会の時代における教育は，年齢にかかわらず，一生を通じて必要に応じて受ける教育というふうにならなければならないのである。もし，学ぶことが一生を通じて行われるならば，子どもを全日制の学校に義務的に通わせる理由は少なくなる」（中公文庫版 p.490）というわけである。来るべき社会において人々に要求される能力は，既存の知識を理解しおぼえこむ能力ではなく，新しい知識が必要になったときにそれを主体的に判断し，選択する能力であり，社会的な変化に適応していく能力である。とするならば，若いときに学校で学ぶべきことは，すぐに陳腐化する個々の既存の知識ではなく，どうすれば新しい知識を習得することができるかという〈学び方（how to learn）〉の技術であろう。

学び方（how to learn）

イリッチとトフラーとはまったく異なる立場に立っている。イリッチは反体制的であり，トフラーはむしろ体制に順応していくべきという立場である。にもかかわらずこの両者が，既存の学校教育に否定的であり，〈一生を通じて必要に応じて〉受けることのできる教育機会の創造を主張していることは注目すべきであろう。この〈一生を通じて必要に応じて〉の学習機会の提供ということこそが生涯教育という理念の中核でなければならない。そしてその実現のためには，既存の学校教育制度の根本的な変革が必要であるということが，多くの論者に共通する認識である。

● ── option C

リカレント教育機会の提供

　学歴主義の補正という生涯教育理念の展開に際して，広義の社会教育分野におけるもう一つの目標はいわば教育のやり直しの機会を提供するということである。公教育制度が一応の完成を見た先進諸国においては，比較的に若いある一定の時期までに〈学歴〉を取得し，その学歴によってその後のキャリアが形成されることが普通である。ところがすでに述べたように，この学歴が親の社会的地位や経済状態などによって大きな制約を受けており，必ずしも個人の能力や努力の結果とは言えないということが明らかになり，社会的公正の実現のためには，教育のやり直し，学歴の取り直しの機会が提供されなければならないということが認識されるに至った。

　このことは人々の平均寿命が延び，いわゆる〈老後〉の時間が拡大すればするほど深刻な問題となる。平均寿命が80歳を超えるような社会において，20歳前後という若い時期に，その後の長い人生がすべて決定されてしまうのだとすれば，これはあまりにも酷であると言わざるを得まい。ここでも日本の具体的な問題は後回しにするが，終身雇用・年功序列を前提にした日本の〈学歴社会〉の最大の問題はこのやり直しのきかない教育制度にあると言っても過言ではない。

　もっと具体的・現実的な問題も指摘し得る。多くの職業上の資格や免許等が，若年時における学歴によって規定されてしまっていると，そのことによる弊害が大きくなり，社会全体が流動性を失って硬直化し，活力のない社会になってしまうということである。トフラーを引いて述べたように，社会の変化，科学技術の進展はこれまでの歴史にはない激しさがみられる。何十年も前に取得した免許状がいつまでたってもそのまま有効であるとは考えられない時代になってきたのである。特定の専門的な職業であればあるほど，経験を積み，技術に熟練し，あるいは新しい知識を不断に身につけていくということが求められるであろうし，さらには実際の職業的な経験を積んでいく過程において，新たな問題意識に目覚め，教育・学習の機会を切望するようになるかもしれない。あるいは逆に，さまざまな問題にぶつかり，転職や進路の変更を考えるに至るかもしれない。女性にとっての結婚や出産が人生の大きな岐路になってしまっていることも問題にされなければならない。

　人は社会の中で成長していくにつれて，それぞれに具体的な〈問題〉に直面する。その問題をどう乗り越えていくかということが常に問われ続けなければならないのである。問題を乗り越えることが人間にとっての，社会的な意味での成長であるとするならば，その成長の機会が青少年期にのみ〈学校教育〉という形でしか与えられないということは，どう考えても不自然極まりない。それよりはむしろ，ある問題に直面した〈社会人〉が，それぞれに直面している問題に関する強い意識と，学習への動機と意欲をもって学習する方がより効果的であることは言うまでもあるま

い。そして，その学習の成果が社会的に認知され，その後の人生に生かせるとするならば，その人個人にとってもより学習意欲は高められるであろうし，社会全体にとってもより大きな活力を生じることになるであろう。

　こうした意味で，職業と教育，あるいは職業と家庭生活，さらには職業とそれからの引退とを，特定の年齢によって切り離すのではなく，効率的に循環させ，人生の各時期に応じてやり直しのチャンスを提供していこうという考え方をリカレント教育という（この理念は，もともとはOECD（経済協力開発機構）の提唱したものである）。ある職業に従事しながら，いわゆる研修の形で教育・学習の機会を得，キャリアアップを図ることをOJT（On the Job Training）というが，リカレント教育の理念はむしろ，一旦仕事を中断する形で，たとえば有給休暇をとって大学へ入学しなおしたり，さまざまな社会教育の機会を通じて新たな資格を獲得したうえでこれまでとは別の就職の機会を求めるなどといった，いわゆるOff-JTに主眼が置かれていると言える。この分野においては，従来の社会教育の枠組みを超えて，企業・労働組合などの職場と，大学を初めとする高等教育・職業教育の機関とが緊密な連携をとっていくことが必要とされる。

UNIT 11 社会教育と生涯教育

●生涯学習理念の展開

● ……〈身分社会〉の否定

　生涯教育の理念が，まずは〈学校〉を基盤にした教育制度そのものの改革を志向するものであるという点を確認した上で，今度は少し視点を変えて，いわゆる社会教育と生涯教育理念との関係を述べてみよう。

　まずは国際的な観点からの問題点の整理をしておきたい。現代においては，いわゆる〈国際化〉の潮流はもはや押し止めることはできまい。政治や経済の分野においてのみならず教育の分野においても，世界的な視野を持つことが求められる時代になるだろうし，国際的な視野を持たずには，特殊日本的な問題の分析・考察もできないことになるだろうと思われるからである。

　非常に単純化して考えるならば，問題は大きく二つに分けてみることができる。一つは学校制度がほぼ確立されて，いわゆる〈学歴〉が個人の一生を左右するほどの力を持つに至った社会における問題であり，今一つは学校制度が十分に確立されておらず，国民一般への教育の普及度が低い，いわゆる開発途上の社会における問題である。繰り返しておきたい。問題は二つであるが，生涯教育の理念としての目指すものは一つである。すなわちそれは〈社会的なレベルでの統合〉であり，その達成のために解決すべき問題ということなのである。

　20世紀の合い言葉は〈近代化〉であった。先行した西欧社会の後を追って，世界中の国々が近代化を目指したのだと言うことができる。方法はさまざまであったが，目指す地点は共通していた。それはすなわち前近代の社会がほぼ共通に抱えていた〈身分〉制度の打破ということである。人々の〈成功〉が，個人の努力や才能にではなく，生まれや家柄によって決定される社会においては，産業の発展も文化の発展もありえないからである。忘れられてはならない。〈学歴主義〉とはそもそもは身分制を打破するためのキーワードであったはずなのである。身分や家柄ではなく，その人自身の，個人としての才能と努力とが，すなわちその人が生まれる前に決まってしまっている条件の善し悪しではなく，生まれ落ちてからの教育の如何によってこそ，その人自身の運命が決定されること，それが〈学歴主義〉の本質であったはずなのである。資本主義社会も社会主義の社会も，それぞれのやり方で身分主義から学歴主義社会への転換を図ったと言い得るのである。

学歴主義

身分制

●………学歴──新しい社会階層

　ところが，いつの間にか，我々の〈学歴主義〉はあらぬ方向へ迷い込んでしまったように見える。確かに，あるひとりの人間の一生を決定づけるのはその人の学歴であり，身分や家柄ではないように思える。だが，実際のところは，その〈学歴〉自体が，身分や階級や，民族や宗教や，あるいはそれらの総合的な結果としての親の経済状態という，本人の才能とも努力とも直接には関係のない〈生まれ〉によってすでに決定されてしまっているのではないだろうか。

　世界中どこの国でも，気がついてみれば学歴には明らかな格差がある。女は男よりも明らかに高学歴の者の割合が少ない。裕福な家庭に育った者と貧困家庭に育った者，都市の住民と地方農村の出身者などの間には明らかな進学率の格差が生じている。とりわけ，世界の多くの国々においては，民族や宗教などの点での少数者，いわゆるマイノリティーの人々が深刻な差別に苦しんでいる。障害者や難民を含む外国人の問題もある。そうした差別的な格差が個人の能力や努力の結果であるならばそれは致し方のないことでもあろうが，実はそうではない。さまざまな社会的な制約を受けている人々が，その制約故に貧困の生活を余儀なくされ，貧困の故に子どもを学校へやることができず，学歴を手に入れられないがためにその子がまた貧困な生活を余儀なくされる，そうした悪循環が世界中のいたるところで普遍的にみられるようになってしまったのである。身分制度を打破するはずであった学歴主義が，従来とは異なった形での社会階層を作り出し，作り出された階層構造が学歴主義を補強し，補強された学歴主義がこの社会階層を固定化する，これが現在の〈学歴主義〉が抱え込んでしまった最大の問題である。

　個人を〈身分〉から解放し，〈自由〉を保障してくれるはずであった近代の学校制度は〈学歴〉というとんでもない階層構造を社会の中に作り出してしまった。しかも，この新しい階層構造は，少なくとも表面上は個人の才能や努力によって形成されているかのように見える。したがって，この新しい階層構造の底辺を占める人々にはこの構造自体に抵抗する術がない。それは身分や家柄によって決定されたものではなく，その人個人の学歴によって決められた社会的地位なのだからである。

　生涯教育の理念は，このような既存の社会的な枠組みを破壊し，個人の自由を回復しようとするところにある。個人の人権を保障し自由を回復するためには，この新しい〈学歴〉という枠組みを取り壊していかなければならないのである。誤解のないように念を押しておかなければならない。ここで否定されなければならないのは，学歴主義そのものではない。否定さるべきなのはある特定の人々がその人個人の学歴を身につける機会が与えられていないということであり，言い換えれば親の学歴によって子どもの学歴が決まってしまうような，そういう社会の枠組みなのであり，個々の人間の能力によってではなく，その人の生まれによって学歴が決定さ

れてしまう差別的な教育システムなのである。

●……学歴社会と社会教育

近代学校制度ができあがってからの西欧社会における社会教育（社会教育ということばは日本独特のものであるということは思い出しておいてほしい）は，こうした差別的な〈学歴〉のシステムを緩和・抑制しようとする意味を持っていたと言ってよい。通俗教育（popular education）とか民衆教育（people's education）とかといった概念は，高等教育を受ける機会のない下層階級の人々に教育の機会を与えようとするものであったし，イギリスにおける継続教育（further education）ということばは，義務教育を終えて後，高等教育機関へ進学しなかった者たちへの教育機会の提供を意味して用いられてきた。またアメリカの成人教育は，新しくアメリカ国民となった移民たちに英語を含む教育を提供することによって，彼らを〈アメリカ人化（Americanization）〉することに主眼が置かれていたと言ってよい。したがって，いずれの場合にも社会教育の対象となる者は，基本的にはすでにある種の〈学歴〉を手に入れた（というよりはむしろ，十分な学歴を手に入れ損なってしまった）成人大衆であり，その教育内容は趣味や教養といったものではなく，彼らの職業に直結し，その後のキャリアの形成に資することのできる実利的なものでなければならなかった。社会教育は学校が独占している学歴を補正し，ともすれば固定されてしまいがちな学歴による社会階層をシャッフルし直す役割を当初から期待されていたのであった。日本の社会教育には，この学歴主義の補正という役割が与えられてこなかったのだが，その点については後に述べる。

●……社会教育機会の拡充

したがって，生涯教育理念における二つの柱のうち，人間の一生を通じて行われる個人的レベルでの教育の統合が学校改革によって達成されるべきものであるのに対して，社会的レベルでの教育の統合は社会教育の拡大という方向性をもって達成されなければならないことになる。初めに述べたように現実には二つの方向が模索されねばならない。一つには，さまざまな理由によって十分な教育機会を得ることのできなかったおとなたちに改めて教育のチャンスを与えていこうとする方向である。これは要するに教育の機会に関する差別の解消ということであり，社会的公正（fairness）の実現ということなのである。

学校制度の十分に整備されていない国々においては，そもそも教育の機会がすべての人に保障されているわけではない。だから，社会的に下層にある人々に学習のチャンスがなく，教育・学習の機会が与えられない人々には〈成功〉のチャンスがなく，そうした人々は貧困にあえぐことにならざるを得ない。国内ではこうして社

会階層の固定化が進み，貧困家庭に生まれた子どもたちはついにその貧困状態から抜け出すことができず，貧富の差はさらに拡大していく。このような状態では国内経済は発展することができないから，社会的・政治的な近代化・民主化は不可能であり，国際的にもいわゆる先進諸国との格差は開く一方でしかない。この状態を打開するには子どもたちへの教育機会の提供，すなわち学校の普及という方法だけに頼っていたのでは間に合わない。現在貧困状態におかれているおとなたちに十分な教育と就業の機会を与えていかねばならない。貧困こそは自由の最大の敵であり，自由がなければ政治的にも経済的にも近代化は果たし得ない。そして自由と社会的公正という概念とはメダルの表裏である。恵まれた階層の，すでに何らかの学歴を手に入れた人々の自由だけではなく，むしろこれまで学歴を手に入れるチャンスを与えられてこなかった人々の自由をこそ社会的に保障していかなければならないのである。

　もちろん，いわゆる先進国と称される国々にもさまざまな社会的差別が厳然として存在している。学歴が生活のレベルを規定してしまうような社会においては，学歴を手に入れる機会が均等に与えられているということが社会的公正ということの実質的な内容となろう。ところが学歴を得るための機会は決して平等に与えられているわけではない。そのうちでもっとも深刻でかつ世界共通の問題はいわゆる少数民族の問題であろう。世界の民族問題を一口に論じるのはいささか乱暴ではあるが，移民，難民，出稼ぎ労働者などの問題をも含め，ある国家社会の共通語・公用語とは異なる言語を母語とする人々は，当然のことながらその国における学校制度の枠組みからはもれ落ちやすく，学歴の取得においては大きなハンディキャップを背負わされていることになる。宗教や文化的な背景の異なりがこのハンディをさらに増幅させる。市民のすべてに基本的人権の一つとして〈学習権〉を保障していこうとする立場からも，これらマイノリティの人々への十分な機会を提供することは生涯教育理念の展開に際しての最大の課題の一つである。

> 学習権

UNIT 12 生涯教育理念の普及と変質

●生涯学習理念の展開

●………差別の解消を目指して

　生涯教育という理念が提唱されてから，すでに半世紀が過ぎようとしている。今日では生涯教育ということば自体が表立って議論されることは少なくなったが，そのことは逆に，この理念が世界的に受け入れられ，普及していったということも意味している。これまでに述べてきたように，生涯教育の理念とは壮大な社会改革の理念であり，〈教育界〉内部にとどまる問題ではないのだが，日本ではそのことが十分に理解されていない。UNIT13で述べるように，わが国はむしろ世界に先立ってこの理念を取り入れたのに，それは今日に至るまで〈教育界〉のうちにとどまる概念としてしか理解されていない。そこで，日本における生涯教育理念の展開を解説する前に，世界的な視野から生涯教育理念の普及と変質の様相を概観しておくことにしたい。

差別の解消

　生涯教育理念の提唱は，まず第一に，あらゆる意味での〈差別の解消〉という主張でもあった。当時の世界情勢を考えるならば，厳しい東西対立（アメリカを中心とする資本主義ブロックとソ連を中心とした社会主義・共産主義ブロックとのイデオロギー対立）に加えて，いわゆる南北対立（近代化を果たし，経済発展を遂げた北の，つまり欧米や日本などの諸国と，経済的に立ち後れてしまった南の，つまりアジア，アフリカ，南米などの諸国との対立。南の国々の資源を北の国々が利用して，北は発展し，南は取り残されていく，という不満はいわゆる発展途上国において深刻であった）が激化しつつあった。また，特に発展途上といわれる諸国においてはいわゆる民族差別の問題は深刻であり，それはしばしば内乱を，時には隣国との戦争を引き起こすことになった。内乱・戦争が起これば当然に治安は悪化し，産業は壊滅し，多くの難民が生じる。それがまた新たな紛争を惹起する。世界のあちこちでそうした悪循環が繰り返されていたのである。

　民族差別の問題は発展途上国ばかりではなく，アメリカやヨーロッパでも深刻であった。アメリカではもちろん，いわゆる黒人（今日ではアフリカ系アメリカ人という呼称が一般的であるが，当時はこのことばが使われていた。彼ら自身がたとえば〈Black is beautiful〉などというスローガンを掲げたりしていた）差別の問題が大きかったし，イギリスやフランスではいわゆる植民地出身者や国外からの出稼ぎ

労働者の問題を抱えていた。そしてこれらの問題はほとんど常に，それぞれの民族が信仰する宗教の対立とも連動していく。

●……… 多様性の共存を目指して

　性差別や障害者差別の問題をも含めて，こうした差別の存在が貧富の差に直結していくことは言うまでもない。差別する側は富み，差別される側は貧窮する。貧困は世代を超えて貧困の連鎖を生み，新たな〈身分制〉が出来する。今日では〈格差社会〉ということばがしばしば用いられているが，これはひとつの国の中に新たな身分制ができつつあることへの危機感を表していることばだとも言えよう。そして前記の南北問題とは，国家間の差別構造を意味している。植民地主義の時代は終わりを告げたはずなのに，相変わらず北の〈帝国主義〉が南の国々を植民地扱いしているではないか，南の国々の資源を搾取して北が富み栄え，南は貧困なままに差別され続けているではないか，という問題の指摘である。

格差社会

　生涯教育の理念は，これらの差別の解消に〈教育の力〉を生かすことができるはずだ，という考え方の提案であった。国内においても，国家間においても，〈政治の力〉は明らかにこの格差を拡大する方向に働かざるを得ない。政治を動かすものは〈権力〉であり，権力とはすなわち差別する側の，言葉を換えれば富める者の持つ力のことだからである。したがって，こうした貧富格差の解消には，政治権力から一定の距離を保った〈教育の力〉を使っていくべきだ，教育の力が政治を動かす動力となるべきだ，と考えられたのである。ユネスコは非政治組織（non political organization；NPO）である。非政治的であることによって，東西，南北でそれぞれに対立を続ける世界中の国々に向けて，「一切の差別をなくしていこう」という強力なメッセージを発信することができたのである。

非政治組織
NPO

　「一切の差別をなくしていこう」というメッセージは，すなわち，「さまざまな〈違い〉のある人たちが，ひとつの社会の中で共存・共生していこう」という意味を含んでいる。ひとつの国家，ひとつの社会の中で，さまざまな〈違い〉を相互に認め合い，排除し合うことなく共存している状態は〈多様性（diversity）〉ということばで表現される。社会は多様性を有していなければならない，あるいは多様性を持つ社会を目指していかなければならない，生涯教育論が掲げた理念の行き着く先にはこうした目標が見えていたと言わなければならないのである。

●……… 多文化主義を目指して

　ひとつの社会の中で多様な文化を共存させていくべきだ，という考え方を多文化主義（multiculturism）と言う。文化とは基本的に言語によって支えられているものなので，多文化主義とはすなわち多言語主義と言い換えることができる。あるい

多文化主義

多言語主義

多民族主義　はさらに，ある特定の言語を共有している集団を民族というのだから，これを多民族主義と言い換えることもできよう。個人同士であっても，国家間，民族間であっても，優劣を競い合えば，そこに必ず差別の構造が出来する。優劣・強弱を競うのではなく，多様性を認め合い，共存・共生を目指していくべきだというこの多文化主義という考え方は，実は近代世界における価値観の大転換なのであるが，この点については option に譲ることにしたい。ここで指摘しておかなければならないことは，教育学的見地から見た場合に，多文化主義という理念にはどのような意味が込められているのか，という問題である。

　ひとつの社会，あるいはひとつの国家の中に相異なる複数の文化，すなわち複数の言語が共存している，ということは，これまでの私たちのコミュニケーションのあり方を変えていかねばならないということではないだろうか。これまで私たちは，あえてこういう言い方をしてしまうけれど，いわゆる〈単一民族国家〉を目指してきたと言える。ひとつの国が単一の言語で〈統一〉され，そのことによって〈強い〉国家を作り，国家間の競争に勝ち抜く，ということを近代国家は目指してきた。したがって，教育は常に競争主義であって，〈優勝劣敗〉の競争こそが進歩の原動力であると考えられてきたと言えよう。しかし，多文化・多言語の共存という理想を掲げれば，そこでは単一の言語による〈統一〉という目標を掲げることは許されなくなる。目指すものは〈統一〉ではなく，多文化・多言語の〈統合〉である。一方が他方を支配し，差別するのではなく，相互の〈違い〉を認め合いながら共存し，〈多様性〉を保持しながら全体としてひとつの社会として統合されている，そういう社会を作り上げていくためにはどのようなコミュニケーションの回路が必要なのか，そういうコミュニケーションを可能にするような教育システムとはどのようなものなのか，それを模索し，追求していかなければならない。ここでも私は，日本の教育システムが世界的な潮流から取り残されつつあるという強い危機感をおさえることができないでいる。

●………情報化の進展

情報化　情報化社会とか，情報革命とかいうことばがさかんに使われ始めてから久しい。鶏と卵のたとえのように，どちらが原因でどちらが結果なのか，私には指し示すことができないけれど，多文化主義という考え方と情報化の進展とは軌を一にしたもの，もしくは車の両輪といったものに見える。多文化主義は必然的に，異なる言語間での〈確かな〉コミュニケーションを前提としてしか成り立たない。コミュニケーションとはすなわち情報の流通であるのだから，少なくとも多文化主義という理想の実現に向かって，コンピュータ・テクノロジーの進展とそれによってもたらされたいわゆる〈ネット社会〉の実現は大きな武器になることだけは間違いがなか

ネット社会

ろう。いや，そもそもネット社会といわれるものこそが，多様性を共存させているという意味では多文化主義の社会そのものかもしれないとさえ言える。ユネスコの『公共図書館宣言1994年』や『学校図書館宣言』などには，この〈情報化の進展〉と，〈多様な文化の共存〉あるいは〈異文化間でのコミュニケーション〉との両方をふまえた内容が盛り込まれていることからもそのことをうかがい知ることができる。

　生涯教育論のキーワードは〈自由〉と〈統合〉である，と先に述べた。そしてこの二つのキーワードに対して，多文化主義ということばはその実体を示すものであり，情報テクノロジーはその実現のための手段であるということができるかもしれない。とするならば，多文化主義の実現のためにいかなる教育（学習）が求められるのか，そうした教育（学習）のために，いかに最新の情報テクノロジーを活用していけばよいのか，そういう見地からの検討が必要であろう。図書館学という学問が生涯教育論にとって重要であるゆえんである。

　一般的な生涯学習論の範囲を超えて，やや大風呂敷を広げてしまった感はあるけれど，グローバルな視野で見た場合に，特に『図書館員のための生涯学習概論』という本書の趣旨からいって重要と思われる視点を提示してみた。言うまでもなく，理想への道はまだ半ばにも達していない。このUNITの冒頭で述べた差別の構造を少しずつ解消しつつある国もあるけれど，かえって差別的な統制を強めている国も少なくない。いわゆる南北問題は深刻さを減じていて，世界全体としては経済的に豊かになりつつあると言えるかも知れないけれど，地域的に見れば貧困も飢餓も，戦争も内乱もなくなりそうではない。イスラム原理主義というような立場で，多様性の共存を認めようとしない国家も決して少なくなったとは言えない。けれどもそこで諦めるのではなく，かつて〈教育の力〉が強い国，豊かな国を作り上げたことができたように，これからは〈教育の力〉で自由で統合されてある国際社会を作り上げていく，図書館がその力を支えていく，そういう自覚を持って学習を進めていってほしいと願ってやまない。

● option D

多文化主義

　私たち日本人は，日本という国の〈国語〉が〈日本語〉であるということをごく当たり前のことだと思っている。文部科学省のことばでは「国語」とは〈日本語〉のことなのである。〈国語〉を英語に訳せば，多分 national language ということになるのだろうが，この英語はあまり一般的に使われることばではない。〈国〉と〈民族（同じことばを共有する人々）〉とをイコールで結ぶことができない例の方が多いからである。native language が national language であるとは言えないのが普通なのである。だから，世界的に見れば，「国語」という単語を当たり前に使える国は例外であって，文部科学省が学校の教科名に「国語」という名称を使うのは，私などにはどうしても違和感がある。少々夜郎自大な感じがぬぐえないのである。
　たとえばイギリスを例に取ってみよう。イギリスの〈国語〉はいうまでもなく〈英語（English）〉である。English とは England のことば，という意味である。しかし，イギリスの国号はイングランドではない。UK，すなわち United Kingdom of Great Britain and Northern Ireland，これがイギリスの正式国名である。サッカーのワールドカップにはこの国は参加していない。参加するのはイングランド，ウェールズ，スコットランド，そしてアイルランド（独立国であるアイルランドと英領北アイルランドの合同チーム）である。この四つの〈邦〉が連合した（united）〈連邦国〉がイギリスという〈国家〉である。一つの国の中に四つの異なる民族，四つの異なる言語があるということになる。英語（English）はイギリスという〈国家の〉単なる公用語であって，単純に national language であるとは言えないのである。
　一方ドイツの公用語はドイツ語である。が，ドイツ語はまたオーストリアの公用語でもある。北朝鮮の公用語である〈朝鮮語〉と韓国の公用語である〈韓国語〉とは同じ言語である。あるいは中南米諸国の多くで公用語となっているスペイン語はもちろんスペインの公用語でもある。ブラジルの公用語はポルトガル語であるし，アフリカでは植民地時代の旧宗主国のことばを公用語としている例が多い。ここでもそれらの〈公用語〉を〈国語〉と呼ぶことは適切ではない，ということは理解できるだろう。いずれにしても，世界の多くの国では〈国語〉という概念自体が一般的なものではないということは理解しておくべきである。
　また，一つの国の中に複数の公用語を持つ例も少なくない。インドの公用語は19もある。フィリピンの公用語はフィリピノ語（ピリピノ語）と英語である。シンガポールでは行政用語は英語であるが，マレー語，中国語，タミール語も公用語として認められている。もちろんこれらの国々は多民族国家であり，複数の公用語が〈共存〉しているという意味では明らかに多文化主義の国であると言える。（公

用語とは一般に，役所の窓口などの〈公式の場〉で使用されていることばという意味であるが，厳密に定義のある用語ではない。紙幣，切手，交通標識などに表示されていることば，義務教育において必修に指定されていることば，もしくは選択必修に指定されていることばを公用語と称している例などもある。）

　世界的に見れば日本のような〈単一民族国家〉を自認できる国は例外で，ほとんどすべての国が多民族国家である，といった方がよいくらいである。ただしその多くが，その国の〈多数民族〉のことばを公用語（この場合は国語という方がわかりやすいかも知れない）と定めており，〈その民族〉を中核とした統一国家の形成を目指してきた。いわゆる〈民族国家〉である。この場合には当然，本文で述べたように，そのことばを母語としない少数民族は大きな差別の対象となってしまう。これに対して，ある民族の国家内での優越を認めず，それぞれの言語・文化を共存させたままで国家経営をしようとすれば，ある民族のことばを〈国語〉とするのではなく，何らかの〈共通語〉を指定するという形にせざるを得ない。インドやシンガポールの英語，インドネシアのインドネシア語（実体はマレー語，インドネシアではマレー語を母語とする人々はどちらかといえば少ない）がこれに当たる。フィリピンのフィリピノ語は首都のあるルソン島の多数民族のことばであるタガログ語をもとにして作られたことばであり，他の民族からは批判・不満の声が大きく，実質的には英語が共通語となっている。サハラ以南のアフリカ諸国などでは，一つの国の中に非常に多くの民族が混住しており，多数民族（支配民族）が存在しない例も多い。こうした国ではいやでも共通語が必要になり，仕方なしに旧宗主国のことばが共通語・公用語とされることになる。

　多文化主義ということばも特に定義のない曖昧な用語ではあるが，一般的には，いわゆる〈民族国家〉を否定する考え方を指して言う。特にアジア，アフリカにおいて多く見られる〈成立当初からの多民族国家〉ではなく，これまで〈民族国家〉を志向していた国が，それまでの方針を転換させて，多民族・多文化・多言語の〈国づくり〉を志向するに至ったとき，これを多文化主義ということが多い。

　カナダは英連邦の一員として，英語国民による国家経営を志向してきたが，ケベック州ではフランス語を母語とする人々が多数を占めており，この国家方針に異議を唱えて独立運動を展開してきた。カナダ政府はこの独立運動を抑圧しようとしてきたが，この方針を転換して，フランス語を公用語として認め，両民族の融和を図り，英連邦から離脱した。また，1988年には『カナダ多文化主義法』を制定し，先住民族であるイヌイット（カナダエスキモー）に対しても，従来の〈同化政策〉を改め，それぞれの固有の文化・言語を尊重する方針を採用するに至った。

　同様に英連邦の一員であったオーストラリアにおいても，従来の〈白豪主義（オーストラリアは「白人だけで作る国」であるという考え方）〉を改め，先住民（アボリジニー）の文化を尊重するとともに，積極的に移民・難民を受け入れ，これらの人々に〈同化〉を求めるのではなく，それぞれに固有の言語・文化を認め合い，政府としてこれを支援していく，という多文化主義の政策を採用している。広

大な国土に少ない人口というこの国が経済発展をしていくためには，特にアジア太平洋地域におけるプレゼンスを高め，移民や外国人労働者を積極的に受け入れるなど，各国との連携を強化する必要があり，従来の白豪主義を保てなくなったという一面はあるにせよ，大きな決断であったというべきであろう（カナダの例でも多文化主義は移民等を積極的に受け入れるという政策が根底にはある）。また，ニュージーランドにおいても，先住民マオリ族の言語・文化を尊重する方針が採用されており，ニュージーランドはマオリ文化と英語文化の共存する国であるという前提の下，小学校でのマオリ語の必修化など，多文化主義の政策が採用されている。

　もうひとつ例を挙げてみたい。アメリカ，カリフォルニア州では中南米出身の住民（スペイン語を母語とする人々であるため，ヒスパニックと総称される）が激増している（ここはもともとメキシコ領であった）。アメリカは従来移民を歓迎する方針をとってきたが，「アメリカへ移民してきた者はアメリカ人である，アメリカ人とは英語を話す人のことである」という方針で，移民に対していわゆる〈アメリカ人化（Americanization）政策をとってきた。これまでのアメリカへの移民は，多く「アメリカで一旗揚げよう」「アメリカへ行けば就職口が見つかる」というような期待を持って，言うなればアメリカン・ドリームを夢見てやってきた者が多かった。したがって彼らは，しかるべきチャンス（具体的に言えば情報収集・学習の場としての図書館）がありさえすれば，進んで英語を身に付け，アメリカ人になりきろうと努力したのである。

　ところがヒスパニックの人たちにはこうした〈勤勉・努力〉が美徳であるという発想に乏しい（この点については option E を参照）。そして中南米，カリブ海諸国の多くが同じスペイン語を母語としている。アメリカの公用語は英語であり，学校では英語を学ばなければならないのだが，ある程度の数のヒスパニックの人々がまとまって住んでいれば，スペイン語だけで暮らしていくことが可能なので，おとなにも子どもにも「英語を学ばなければ暮らしていけない」という思いが生じないのである。その対応策をいかにすべきか，昨今の大きな問題になっている。「従来の方針通り，アメリカに住む以上英語を学ぶべきだ，学校では英語は必修ですべての子どもに必ず英語を教えるべきだ」という考え方を〈English Only〉といい，「現実にヒスパニックの人がこれほど多く居住しているのだから，英語が話せないからといって差別していたのでは事態は改善されない。役所の窓口ではスペイン語でも用が足せるようにすべきだ。学校では英語かスペイン語かの選択必修にしてもよいのではないか」という考え方を〈English Plus〉という。現在のところは English Only の主張の方が優勢で，従来の政策が改まるに至ってはいないけれど，English Plus の考え方は明らかに多文化主義の方向に沿ったものであろう。

　ひるがえって考えてみてみるべきであろう。21世紀，日本はどのような政策をとるべきなのだろうか。今後日本の労働人口は急速に減少していく。それなのにしばらくの間は高齢者人口は増え続ける。経済は不況状態が続いていて，今はむしろ失業対策，就職対策の必要性が叫ばれているが，いわゆる3K（キツイ，キタナイ，

キケン）職場や介護・看護などの分野では人手不足という現実もある。いつまでも「日本は日本民族の国だ，日本の住民であるなら日本語を使え」と言い続けることができるだろうか。すでに外資系の会社等では〈Japanese Only〉では立ち行かなくなっている例も少なくない。本文でも述べたように，日本から海外へ留学する学生の数は減少の一途をたどっている。海外からの留学生にとっても，日本の魅力は急速に薄れているように見える。多分そこには〈日本語の壁〉という大きな理由もあるのではないかと思われる。〈Japanese Plus〉への発想転換が必要な時期が早晩訪れるのではないかと私は思っている。

　さらにもうひとつ，これとは別の例を挙げてみたい。南太平洋にバヌアツという国がある。1980年に独立した新しい国である。独立前の名称はニューヘブリデス諸島，世界で唯一，英仏共同統治という不思議な植民地であった。共同統治とはいっても，実際にはすべて二本立てであって，たとえば切手を発行する際には英語の国名表示にペニー単位の切手と，フランス語の国名表示にフラン単位の切手が同じ図柄で同時に発行されていた。英語の先生が英語の教科書を使って英語を教える学校と，フランス語の先生がフランス語の教科書を使ってフランス語を教える学校とが別々にある，そういう国だったのである。イギリスの植民地統治は役人を派遣する形が取られたが，フランスはフランス人が入植・定住してしまう例が多かった。したがってバヌアツにもフランス人が少なからず定住しており，街中ではフランス語の方が優勢である。ただし，現在の政府は英語での国家統一を目指しており，独立後は〈国語〉は英語とされている。

　また，この国は80ほどの島からなるが，その中に100を超える民族がいるという。そこで自然発生的に生まれた会話専用のピジン英語（英語が元になってはいるが，文法などが極端に簡略化されたもので，慣れない者には英語とは思えない）である〈ビスラマ語〉が共通語となっている。観光が基幹産業であるから，街には免税のブランドショップが並び，「日本語話せます」というような看板が目につく。レストランに入ると，ウェイターが流ちょうなフランス語で注文を取りに来て，「フランス語はわからない」と言うとすぐに英語で言い直してくれる。小学校の就学率が80％に達していないこの国で，多くの人が自分の出身民族のことばと，ビスラマ語と英語とフランス語との四つのことばを自在に操るのである。（ドイツ人の経営するレストランのボーイは，加えて片言のドイツ語を操り，「中国人経営の中華料理屋に転職したい」と中国語会話の練習をしていた。）

　国際化とはどういうことだろうか。多文化主義とは何だろうか。そういう現実の中で教育はどこを目指していけばよいのだろうか。日本の学校教育はいかにあるべきだろうか。子どもたちがどんな〈おとな〉に〈なる〉ことが望ましいのだろうか。私たちがかたくなに，〈よいもの〉だと信じ込んでいる（ように見える）日本の教育は，21世紀にも通用するものなのだろうか。日本人が〈教育〉に対して持っている常識を疑ってみる，世界の〈現実〉を直視して考え直してみることが必要だと私は思っている。

UNIT 13 ●生涯学習理念の展開
わが国における生涯学習論の展開

●………生涯教育理念の導入

　話が先に進みすぎてしまったので、少し時代を戻して、わが国における生涯教育理念の展開を追ってみることにしたい。先に述べたユネスコの成人教育推進委員会には心理学者の波多野完治（はたの・かんじ、1905-2001）が出席しており、彼はラングランの提案した生涯教育論に強い感銘を受け、むしろ世界に先駆けて日本にこの理念を紹介し、積極的に各方面に働きかけを行った。いわゆる高度経済成長の時代を通じて、ある面では世界最高水準に達する教育制度を普及させ、典型的な学歴社会を作りあげてきた日本では、一面、この最高水準の学歴社会の弊害にも気がつき始めていた。60年安保闘争以来の教育闘争、学園紛争を通じて、教育問題は常に政治闘争のテーマとなり、いわゆる五五年体制の元で、文部省（当時）と日教組の対立は激しく、ともすれば教育の理念は見失われ、この先鋭な対立抗争の中に埋没しがちであった。こうした状況の中で提案された生涯教育の理念が、ある意味での新鮮さをもって受け止められたことは否定できない。激化する一方の受験戦争の中で、いわば一種の閉塞状況にあった教育界に、生涯教育という新しい考え方が何らかの特効薬となるのではないか、そういう期待を持たせる力がこの理念には含まれていたのである。

　前述のようにユネスコは1970年を国際教育年と定めているが、翌1971年の4月には社会教育審議会の答申『急激な社会構造の変化に対応する社会教育のあり方』が、6月には中央教育審議会の答申『今後における学校教育の総合的な拡充整備のための基本施策について』が相次いで出された。前者には「生涯教育の徹底をもって今後の社会教育の基本方向とする」ことがうたわれており、戦後社会教育の一つの転回点になるものと思われたが、それよりも注目されるのは後者の中教審答申で、『学校教育の拡充整備』をうたった答申であるにもかかわらず、「生涯教育の観点から全教育体系を総合的に整備すること」を提唱する文言が含まれており、生涯教育の理念を基本にすえて日本の戦後教育体制を根本的に見直すべきであるとされているのである。さらにそれから10年後の中央教育審議会答申は、その名も『生涯教育について』と題され、生涯教育を「国民の一人ひとりが充実した人生を送ることを目指した生涯にわたって行う学習を助けるために、教育制度全体がその上に打ち

立てられるべき基本的な理念」であるとし，さらに一層明確に教育改革の必要性を説くものになっている。また，1984年に発足した臨時教育審議会は，1987年4月の第3次答申・同年7月の最終答申において，「生涯学習体系への移行」を教育政策の中心課題として提唱した。こうした一連の動きの中で，文部省は生涯教育という理念を教育行政の中心課題として位置づけることを宣言し，1988年にはそれまで社会教育局と呼ばれてきた部局を生涯学習局と改めて省内の筆頭局とし，さらにそれまで四つの課で構成されてきた局内に第5の課として生涯学習振興課を設け，これを局内の筆頭に置いた。文部省（当時）は生涯教育という武器を手にいれたことによって，これを中心とした〈政策官庁〉への脱皮を図ったのである。

> 臨時教育審議会

> 生涯学習局

●………日本の教育制度と官僚制

すでに述べたように，日本の教育制度には，西欧諸国のそれと較べて際だった特徴がある。それは文部省（当時）という官僚システムによって中央集権的に作られ，維持されてきた制度であるということである。明治期以降の近代化の過程においてこの方法が大きな力となり，殖産興業・富国強兵という国家目標が達成され，日本が近代国家の仲間入りをすることができたということは否定すべくもない事実であるが，近代産業社会への転換がなされおおせた後には，この官僚主導による教育制度が致命的な欠陥を露呈するに至ったこともまた否定できない。わが国に近代化をもたらした教育制度が，また同時にファシズムの温床となったことは我々の歴史認識として銘記されるべきである。この反省のもとに（アメリカ占領軍の指導による）いわゆる戦後教育改革が行われ，国家のための教育から個人の人格の完成のための教育への転換が図られたはずであったのに，先に少しふれたように，諸般の事情からこの改革は不十分なままに終わってしまい，文部省を頂点とする教育官僚組織はそのまま温存されることになった。この間の事情を解説することは本書の目的ではないが，生涯学習論との関係において次の諸点は重要かと思われるので，心に留めておいてほしい。

まず第一に，もともと教育といういとなみと官僚制とは馴染まない面が多々あり，文部科学省などという国家の組織が直接的に国民一人一人の教育に責任を負うというシステムは西欧先進諸国には珍しいということを再確認しておいてほしい。〈国の教育権〉が前面に出て〈親の教育権〉が無視されていることが，世界的な視野から見れば異常な例であるということについてはすでに述べた。少なくとも学習指導要領だとか，教科書の検定だとかというように，国の役所が直接的に教育内容を管理する例は少なく，多くの場合には教育は地方自治の範囲内において行われる。したがって，生涯教育という新しい理念の中には国家と地方（コミュニティ），官と民（公立学校と企業，教育行政と教育産業など），社会と個人，などといったさま

> 地方自治

ざまな関係を統合的に捉えなおしていこうという考えが込められているのである。日本の場合には，国家の官僚組織がいち早く生涯教育概念を行政的に取り入れてしまったので，かえってその理念が見失われる結果になっているのではないかと思われる。

　特に，日本の教育はこれまで殖産興業・富国強兵という国家目標を達成するための手段として考えられてきたので，他の近代諸国に例のない教育官庁を作り上げながら，日本の文部省（当時，以下同様）は常に他の経済官庁，政策官庁の下風に立たされてきた。教育は国家の根本という建て前において，中央官庁としては唯一戦前から現在まで一貫して，官僚組織の中での主要な地位にありながら，文部省は常に国家の経済政策に奉仕する立場を余儀なくされてきたのである。経済政策のためにではなく，独立した教育政策を立案し中央官庁の中で主導的な立場をとることが，文部官僚の悲願とも言える目標であった。生涯教育の理念は，高齢化，国際化，情報化などということばで象徴される激動の時代において，文部省が政策官庁に脱皮する絶好のスローガンであると考えられたのであった。

人材育成

　教育，特に教育行政が産業界・経済界のための〈人材育成〉〈リクルート〉の事業であるという前提で，文部省主導の教育政策の転換が図られたために，日本の生涯学習論は官と民との，学校と社会との，国家と地方との，それぞれの関係を再検討する機会を失ってしまった。本来再検討しなければならないことをなおざりにして，いささか憎まれ口をたたくならば文部省が自らの縄張りの拡大を意図したこと，これが日本の生涯学習論の最初のつまずきであったと私は思っている。

●………教育の統合と管理教育

　日本の教育制度が国家の官僚組織の中に位置づけられてしまったために，ともすれば官僚組織の理論からは逸脱しがちなさまざまな教育現象が時には無視され，時には抑圧されて，日本の教育は著しく学校教育に偏したものになってしまっているということについても意識しておいてほしい。学校という組織を通じての教育管理は比較的に容易であるが，自然発生的で無定型なさまざまな社会教育活動は〈管理〉が困難である。何とか社会教育的諸活動にも官僚による管理を徹底させていきたい，この点も長年にわたる文部省の願いであった。生涯教育論は市民の社会教育活動を官僚統制のもとにおく絶好の理論であると考えられたのである。ここでも官と民との，あるいは個人の私事としての教育学習活動と，官僚統制のもとで行われる〈社会有為の人材の育成〉との関係を真摯に見直す機会が失われてしまった。生涯教育とは，すでに述べたように，本来学校教育と社会教育とを統合的に見直し，教育制度全般の改革を目指そうという理念であったのにもかかわらず，そして波多野や中教審答申の文言の中にはそうした主張も少なからず込められていたにもかか

わらず，文部省の生涯学習論は旧来の社会教育を超えることができていない。未来に向かっての理念の検討において，この点が忘れられてはなるまい。

　さらに，こうした官僚主導による管理的教育が志向された結果，従来の日本の社会教育は団体主義ないしは動員主義の色彩を色濃く帯びていたということも指摘しておきたい。図書館を中心とする西欧近代の社会教育が，個人としての成人市民への教育機会の提供を目指すものであったのに対して，日本のそれは青年団や婦人会などといったいわゆる社会教育団体の育成を主眼とし，あるいは各種の会合や行事を主催してはそれへの動員を図ることこそが行政の仕事であると考えられてきた。〈いつでも，どこでも〉〈誰でも，好きなように〉利用できる図書館や博物館などの個人利用施設を充実しても，それを通じて個人の〈管理統制〉を図ることは困難である。現在に至るまでなお，文部科学省の考える社会教育行政は社会教育団体やスポーツ・体育関係の団体の育成であり，学級・講座・講演会などの主催・後援であり，スポーツ・文化関連のイベントの開催である。

［団体主義　動員主義］

　そしてこうした集会行事的な事業に際しては，それが公費を投入して行われるものである以上，その集客動員数が問題とされる。公金の投入に対しては，それによる〈受益者〉が多ければ多いほど〈成功〉なのである。ところが生涯教育の理念は多数者に対してよりもむしろ，社会的な少数者への教育機会の提供を考えなければならないという理念である。動員された人の数が問題になるのではない。多くの人を〈共通の〉問題によって集団にまとめあげ，組織化していくことによって管理統制を図ることを教育の目的にしてはならない。一人ひとり異なる問題を抱えたそれぞれに異なる立場の個人個人が，自由に自発的にそれぞれの問題を解決していけるよう，その〈機会〉を提供していくことこそが生涯教育の理念であったはずなのである。どんなに受益者の数が少なかろうと，それを求める人が存在する限り，その機会は提供されなければならないし，その数が少なければそうした事業は商業ベースでの採算がとれないのだから，それは公的な支出によって支えられなければならない。文部省の主導した生涯学習論はこの観点をも十分に把握していない。それは社会的不公正を正すという理念を欠いていると言わざるを得ないのである。

［少数者の教育機会］

UNIT 14 ●生涯学習理念の展開

わが国における生涯学習理念の普及と変質

●⋯⋯⋯生涯教育から生涯学習へ

　文部省（当時）が生涯教育ということばを生涯学習という用語に置き換えたのは，以上述べてきたような文脈の中で，従来文部省の管理統制が十分に貫徹しなかった社会教育，スポーツ，文化などの諸活動を，さらには大学や労働組合や市民のボランティア活動など，文部省とはある面で対立関係にあったさまざまな組織や団体を，官僚統制の枠の中に取り込んでいこうとする意図があったのではないかと私は解釈している。UNIT8で述べたように，昭和38年，社会教育法の改正によって，教育ということばを非常に限定的に解釈して使うことにしてしまったために，教育からもれ落ちてしまった市民の諸活動を，再度官僚統制のもとに取り返そうとしたのだと言ってもよいかもしれない。そしてその結果，日本の生涯学習論は日本の教育制度に含まれている弊害を抱え込んだまま，社会システム全体の再検討と改革とを目指すのではなく，むしろ古いシステムを維持しつつ小手先の改革を志向するものに矮小化されてしまったように思われる。

　1984年，当時の中曽根首相の私的諮問機関として召集され，1987年に4次にわたる答申を提出して解散した臨時教育審議会は，当初，「教育の自由化」を唱えて教育を文部官僚の統制から解放しようという姿勢を見せていたし，最終答申となった第4次答申では，「生涯学習体系への移行」という観点から教育学習活動の全般を再構成しようという意識を示してはいたが，結局はこれも十分な改革案とはなり得ていない。しかもこの当時から，いわゆる行政改革・財政改革が声高に叫ばれるようになり，〈受益者負担〉のスローガンと生涯学習論とが安易に混ぜ合わされてしまったように見えることも重大な問題である。その後文部省は，前述のように1988年に生涯学習局を新設したが，これが社会教育局の改組というべきものであったがために，学校教育と社会教育との統合的な改革の機会が失われたことはあらためて強調しておかなければならない。

　さらに，1990年に中央教育審議会答申『生涯学習の基盤整備について』が出されるとともに，『生涯学習振興法（生涯学習の振興のための施策の推進体制等の整備に関する法律）』が施行された。この法律については後に述べるが，関連省庁として協力連携の期待された厚生省や自治省（省の名称はいずれも当時，以下同様）

受益者負担

生涯学習振興法

はこの法律に直接かかわることはなく，文部省と通産省とが主管する法律となってしまった（たとえば戦前の「青年団に関する訓令」が内務・文部両省の共同訓令であったことなどが想起される）。ここでは，やはり教育行政が〈経済政策の下請け〉的な役割を担わされていることが指摘されよう。

● ……… **文部省（文部科学省）の特質**

　この明治以来の〈経済政策の下請け〉としての教育行政が，これ以降の日本の教育を破壊していく。右肩上がりに経済が成長を続けていた時代には表面化することのなかった経済政策と教育政策の矛盾が，低成長の，さらにはマイナス成長の時代に入るといやでも表面に露出せざるを得なくなるのである。繰り返し述べてきたように，日本では教育は〈国家の事業〉として文部科学省の管轄下にある。失業対策を含む雇用・労働については厚生労働省が主管する。国の経済政策そのものを立案し，主導するのは経済産業省である。そして何よりも厄介なことは，実際には〈経済政策の下請け〉であるのにもかかわらず，少なくともタテマエ上は，文部科学省は他の省庁とは一線を画した，独自性の強い役所なのである。とりわけ，アメリカ占領軍によるいわゆる戦後教育改革において，戦前の〈国策としての教育〉が強く批判され，否定された（占領軍が文部省を廃止しようとする意向を持っていたことは事実である）ことが，一種のトラウマとして残ってしまっているのかもしれない。だから現在も文部科学省は他の省庁と連携を取ることがどうしても苦手である。

　欧米の民主主義を標榜する諸国においては，そもそも日本の文部科学省に相当する役所は存在していない。これもすでに述べたことだが，公教育は一般に地方自治の範囲で行われており，多くの場合には国家権力からの〈教育の自由〉が謳われている。したがってそこでは中央官庁による経済政策は，いわゆる教育行政と直接のかかわりを持たない。たとえば経済発展のために，科学技術の振興，科学教育の充実という〈政策〉を打ち出したとしよう。この政策の実行のために国の政府ができることは限られている。簡単に言えば科学教育を実施している〈現場〉に国家予算を手厚く配分する，ということだけである。あるいはそれらの〈現場〉に対する国家的な〈規制〉をできるだけ緩めて，自由な教育活動を活性化させるということを含めて考えてもよいだろう。これに対してわが国では，教育政策を直接的に担っている文部科学省という中央官庁があるために，改革的な経済政策，労働政策を打ち出そうとすれば，ほとんど必ず文部科学省の管轄下にある何らかの〈規制〉に引っかかってしまうことになる。官僚が自らの〈縄張り〉を手放そうとしないのは洋の東西を問わず世の常であるが，とりわけ日本では官僚が最高のエリート集団と見なされてきたこともあって，あらゆる面での〈管理規制〉が複雑に絡み合っている。かくして一旦不況になれば，経済改革も教育改革も，すべて〈改革〉と名のつくも

のは遅々として進むことができない，ということになるのである。

●………失業対策としての社会教育

産業革命を最初に成し遂げたイギリスにおいては，いわゆる〈囲い込み（enclosure）〉によって，住んでいた土地から追い出された人々，すなわち浮浪者となった人々が都市に流れ込み，これを労働者として使うことによって近代化を成し遂げた。したがって不況が失業者を生むと，大量の失業者はすなわちホームレスとなるわけで，都市には浮浪者があふれ，犯罪が多発する。つまり不景気は直ちに治安の悪化につながり，大きな社会不安を呼び起こし，政権を揺さぶることになる。待ったなしの失業対策が求められるのである。この〈失業対策〉こそがイギリスにおける成人教育の根本である。失業者に職を与え，治安を維持し，社会不安を抑える〈ために〉日本でいう社会教育が必要とされたのである。1850年の「図書館法」制定に当たって「公共図書館は最も安上がりの警察である」という提案理由が述べられたことはよく知られている。あるいは世界大恐慌の後に，ヨーロッパから大量の難民同然の移民（家財一切を売り払い，職を求めてアメリカへやってきた人々，the Poor Whiteと呼ばれた）を受け入れざるを得なかったアメリカでも同様に，都市対策，失業対策としての〈社会教育政策〉が，不況時における最も重要で緊急を要する政策課題であった。もちろん現代においても，世界中の多くの国々で，故郷を失って都会に流入してきた人々は，失業即ホームレスという状況にあることが多く，失業対策はいかなる政権にとっても，一旦ことが起これば緊急を要するという意味で，重要かつ深刻な課題なのである。

ところがここでも，これまでの日本は特異な国であった。明治維新後の日本の近代化過程を支えた〈労働者〉たちは，その多くが地方出身者ではあったが，彼らは決して故郷を失って都会へ流入してきたのではない。ごく一般的に言えば，農家の次三男が〈故郷に錦を飾る〉べく立身出世を夢見，都市労働者（サラリーマン）を目指してやってきたのである。しかも，日本の〈産業革命〉は国家官僚の主導によるものであったから，鉄道や製鉄をはじめとする基幹産業は国営であったし，後に財閥を形成するような大企業も，いわば半官半民の〈会社〉が多く，政府官庁とつかず離れずの関係にあった。欧米のようにいわゆる資本家が産業革命の主役を務めたのではなく，高級官僚をはじめとする高学歴のエリートサラリーマンが主役の経済発展が行われたのである。このことが日本独特の〈終身雇用〉という労働形態を生み出すことになる。この問題については後に改めて検討するが，ここでは都市労働者が〈故郷を失った〉人々ではなかった，という点が重要である。日本では不景気になっても直ちに町に失業者があふれる，という事態にはなりにくかった。もちろん，下層労働者の首切りは行われたが，そうした失業者は都市で浮浪者となるの

ではなく，その多くが〈帰郷〉したのである。

●………農村対策としての社会教育

だから日本の場合には不景気は地方農村を直撃することになった。都会へ働きに出ていた次三男が失業して，家族連れで帰村してくるのである。先に挙げた英米の例では，不景気になれば間をおかず，一斉に都市に貧民があふれ出すのに対して，日本では多少のタイムラグをおいて，じわじわと農村が疲弊していくのである。農村が疲弊しきってから，ようやく遅ればせな社会教育政策が農村対策，農民教育として実施されることになる。しかもそれは緊急の経済政策として考えられているわけではない。不況になれば当然に国の財政は苦しくなっており，予算は限られたものにならざるを得ない。大都市に集中して予算をつぎ込むのではなく，全国の農村を対象としなければならないのだから，結局限られた予算を広く薄くばらまくことしかできないということになる。このことも官僚主導の政策が本質的に抱える弱点である。敗戦の原因が軍部官僚による〈兵力の逐次投入〉にあるのではないか，という指摘は多くなされてきた。わが国最高のエリート集団とされる中央官僚の政策は，いわゆる〈右上がり〉の時代には大いにその実力を発揮するのだが，〈右下がり〉の時代にはどうしても後手に回る。根本的な変革を行うことができず，その場しのぎの目先の改革を〈少しずつ，満遍なく〉行う以外に打つ手が見つけられないのである。

> 農村対策

少々余計なことまで述べてしまったかもしれない。これ以上の具体的な指摘は後のUNITに譲ることにしたい。以上述べてきたように，生涯教育ないしは生涯学習という理念は，本来，教育全般を根本的に見直し，そのシステム全体の改革を図るべきであるという理念であったのに，わが国における生涯学習の議論にはそうした深刻な問題意識が希薄であり，旧来の社会教育担当部局と通産省，自治省（都道府県）などが，それぞれの〈縄張り争い〉に終始した側面は否めない。その点を含め，日本の教育がおしなべて官僚主導であり，〈改革〉に対して消極的であること，とりわけ学校教育と社会教育との統合的な改革が志向されていないこと，経済的な意味での〈人材の育成〉に主眼があり，私人としての〈人格の完成〉を目指したものとは言い難い面があること，そして受益者負担の原則に基づく施策が中心で，少数者の学習権を保障し，社会的不公正の是正を図ろうとする理念に乏しいこと，それらの点を指摘した上で，以下の各UNITにおいてはいくつかの見地から，わが国における生涯学習の必要性を順次解説してみることにする。

UNIT 15 ●生涯学習の必要性
職業・労働と生涯教育

●………**職業観の変化**

　生涯教育がユネスコの理念としてとりあげられるに至った最大の理由はやはり職業・労働と教育との関係が硬直化し，いわゆる〈学歴主義〉への批判が高まったことであろう。わが国における生涯学習の議論においても職業・労働との関係は最大の論点でもある。まずはこの点から考えてみることにしよう。

　日本における労働と教育の関係を論じる際に欠かせない視点は，〈終身雇用・年功序列〉という雇用形態が日本独特のものであるということであり，これが個々の労働者の学歴と不可分の関係にあるということである。終身雇用のシステムは雇用者としての会社組織が個人としての労働者をいわば〈丸抱え〉してしまうシステムである。いったん就職したら，労働者は〈会社員〉として会社に忠誠を誓い，〈会社のために〉全力をあげて仕事をする。その代わりに大企業では社員の福利厚生に十分な手当をするとともに，退職後の生活までを含めて，社員の面倒を見る。こうした雇用形態は安定した経済成長が見込めた社会状態においては，会社組織の安定と労働者の高い生産モラルを期待し得るシステムとして機能した。労働者は生活の将来にわたる保障を得る代わりに，その〈仕事〉を自らの〈生きがい〉とするまでに，いわば全身全霊をかけて励むのである。

　ところが，国民の平均寿命が急速に延びてくると，かつてのように50歳前後で定年を迎え，退職後は〈隠退〉という形で老後を送ることが難しくなってくる。たとえ，再就職をする必要がなかったとしても，老後の30年，40年を無為に過ごすことはできない。それなのに，仕事を生きがいとしてしまった〈会社人間〉は，主体的な老後の人生設計を描くことができなくなってしまっていることが多いのである。会社組織の中で，〈その仕事〉のために覚えた知識や技術は，会社をいったん離れてしまったら何の役にも立たない。仕事が生きがいであるということは，退職後は生きがいがなくなってしまうということでもある。仕事を生きがいとし，それに全力を注いだ人ほど，家庭における生活，地域における生活の具体的な知識や技術を身につけてはいない。職場の人間関係以外には，ほとんど友人知人のない者さえ少なくないのである。

　このような〈会社人間〉〈仕事人間〉が，退職後も心豊かな老後を送ることがで

生きがい

きるためには，まずは老後の経済的な面での生活設計が十分に図られなければならない。50で定年，その後は退職金と年金とで10年程度の老後の生活を送り，それ以上の不測の事態には子どもたちに面倒を見てもらう，というようなかつての生活設計では十分ではない時代になってしまったのである。再就職の機会を得たり，ボランティア活動やサークル活動に参加したりというような形で，いわゆる社会参加の機会を得ることも重要であろうし，趣味や社交などの形で新しい生きがいを発見するチャンスをも求めていかなければなるまい。病気になったり，伴侶を失ったりというような不測の事態への備えも必要である。職場の中での〈仕事に役立つ〉学習ばかりではなく，退職後の生活に備えた学習機会と，すでに退職してしまった高齢者への学習機会との提供が，これからの社会には強く求められる。

●………労働と学校教育

一方社会の側からみてみると，終身雇用・年功序列という日本独特のシステムが，会社組織と社員個人との一体化を図ることによって，高い生産性と日本独特の〈和〉の精神性に基づいた社会的な安定性とをもたらしたことは繰り返し強調しておかなければならない。しかしながら，教育という観点からは，このシステムが大きな問題を抱えていることも否定できない。まず，年功序列の昇進・昇給体系は，社外における教育学習の必要性を限りなく小さくしてしまうということがあげられる。仕事に必要な知識や技術はその仕事をしながら，いわば徒弟見習いの形で学ぶ方が効率的であり，実際的である。社員は会社に全人格的に従属しているのだから，余計なことを学ぶ必要はないし，抽象的・理念的な学習を省略して，現実的・実際的な，仕事の遂行に役に立つ知識だけを身につけることができるのである。そして，そうした役に立つ知識を身につけていきさえすれば，それは確実に自分の出世と昇給につながるのである。

このことは当然，学校（教育機関）と会社（就職先）とが，あるいは学校で学んだ知識と会社で実際に必要とされる知識とが，有機的な関係を失ってしまうということを意味している。仕事に必要な知識はその仕事を通じて習得していくのであるから，そして転勤と昇進とを重ねながらその都度新しい知識や技術を身につけていけばよいのであるから，就職前に余計な知識を身につけておくことは必要がないばかりか，かえって仕事の邪魔にさえなりかねない。会社が新入社員に求めるものはそれまでに学んだ教育の内容ではなくて，形式としての，あるいはその新入社員がどれほどの潜在能力をもっているかという客観的な判断材料としての〈学歴〉ないしは〈偏差値〉なのである。さまざまな資格や免許等をも含めて，仕事の上で必要な教育内容（情報）はすべて会社組織が独占してしまうことになり，教育機関は学歴の発行機関として雇用組織に従属することになってしまう。個人が就職後は全人

> 終身雇用
> 年功序列

格的に雇用組織に従属し，その中で必要な知識を授けられるのだからである。

　そのことはシステム的にも深刻な事態を招くことになる。ある特定の企業組織の中でその時その時の業務を遂行していくために必要な知識や技術は，学校のような教育機関で学ぶ原理・原則，あるいは普遍的・抽象的な知識ではなく，その場その時の〈状況〉に応じた現実的・実践的な知識であり，その時々の状況に適切に対処することのできる適応能力であるから，原理原則にこだわる〈学問的〉な態度や立場は企業社会からはむしろ拒絶されることになる。企業社会が必要とする情報は状況から切り離された抽象的なものではなく，個々の会社のおかれた状況の中で，ある種の〈人脈〉の中でこそ特定の機能（役割）を果たし得るものでなければならない。企業組織に従属した人間が学ばなければならないことは〈どこででも〉役に立つ普遍的・抽象的な知識なのではなく，〈その会社の中で〉役に立つ人間関係，あるいは同業他社や監督官庁などをも含めた〈関係各方面〉との連絡調整の具体的方法などを含み込んだ具体的な知識であるから，いわゆるOJT（On the Job Training，社内研修）によって得た知識が多くなればなるほど，それらはいったんその職場を離れてしまうとほとんど役に立たないものになりかねないのである。つまり，日本的社会風土にあっては，望むと望まざるとにかかわらず，転職や転業は非常に困難になってしまうということであり，教育・学習と実践とが乖離（かいり）してしまうということである。

●………産業構造の転換を目指して

　社会全体としてみたときには，これは実に深刻な問題となる。個々の企業や諸団体などが，たとえば先進諸国のそれをモデルとして具体的な目標を定めることができ，その目標に向かって業績の拡大と組織の維持とを図っていけばよかった時代には，このシステムは日本社会の全体に安定と経済的な成長とをもたらすことができた。ところが，日本がある面で世界の経済大国となり，自ら新しい目標を理念的に設定していかなければならない立場に立ち，国内での業績の拡大や組織の維持発展を図るだけではなく，国際的な立場でのシェアの拡大や，発言権の確保を図り，激動と革新の時代における新しい業務の発見・発明をしていかなければならない立場に立たされるに至ったとき，原理的・抽象的な知識を役に立たないものとして無視してきた日本の〈社内研修システム〉は無惨にも崩壊せざるを得ないことになるのである。

　これまでならば，会社はその業務の遂行のために，ある種の専門的な情報や技術が必要になれば，その都度社員に業務命令を発してそのための教育を授け，資格をとらせ，研修の機会を与えてやればよかった。いわば必要な情報や技術は不断に会社の，あるいは業界の人脈の中に取り込まれて有効に機能していったのである。が，

情報化・国際化の進展するこれからの産業界においては，こうした終身雇用・年功序列のシステムには限界が見え始めていると言わざるを得ないであろう。経験と人脈ではなく，普遍的な知識と判断力とが企業の人材に求められるようになるであろう。特に近年ではこの〈社内研修システム〉によって〈人脈づくり〉をしてきた人たちが〈経営陣〉を形成し，その結果，ある種の行き詰まりを見せているように思える。生涯教育の理念とそれに基づく教育改革は産業界にとっても焦眉の急務であるはずである。

●………職業生活と家庭生活

　終身雇用・年功序列の雇用形態は今一つの深刻な問題をはらんでいる。それはいわゆるキャリアアップという意味での，職業を通じた自己実現の過程において，〈途中参加〉や〈やり直し〉のチャンスがほとんど与えられないという差別的な構造を抱えたシステムであるということである。職場における勤続年数と社内研修という就業現場での教育経験とが，キャリアアップ（収入の増加と社会的地位の上昇）の絶対的な条件となるのだから，たとえば出産と育児とによって一時職場を離れざるを得ない女性にとっては，初めから大きなハンディキャップを負わされたシステムであることは言うまでもないであろう。わが国の労働環境は〈男は仕事・女は家庭〉という前近代的な男女分業を前提として成り立ってきたのである。

　このことは逆に〈職場人間〉である男性にとっても，家庭や地域での豊かな人間関係に支えられた〈生活〉を犠牲にしなければならないということを意味している。子どもの教育も病人や老人の看護・介護も，地域活動への参加や自分自身の教養を高める文化活動も，〈職場人間〉には許されていないのである。すでに述べたように，高齢化の進む今後の社会においては，仕事を生きがいとし，家庭生活や地域での活動を犠牲にするような生き方は，誰からも賞賛されなくなるのではないだろうか。とするならば，日本の企業も〈働き中毒の会社人間〉ばかりを養成してしまう終身雇用のシステムを再考していく必要に迫られることになるだろう。それは単に不景気だからといって社員数を削減したり，必要に応じて派遣社員の活用を図ったりというようなことではなく，来るべき社会における労働環境の改善を，経営者や幹部社員をも含めての自分たち自身の生き方の問題として捉え返し，社会システムの全体を改革し，再構成していこうというこころざしに基づくものでなければならない。それこそが生涯教育という理念の目指すものなのである。もちろん怪我や病気，さまざまな家庭的事情などによって，中途で職場を離れなければならなくなった人々や，障害者，外国人，その他経済的な事情などによって十分な学歴を取得することができず，初めから〈就職戦線〉に参加することができなかった人々にも非常に大きなハンディキャップが負わされていることを忘れてはなるまい。

UNIT 16 わが国における雇用・労働問題

●生涯学習の必要性

● ……… 自己実現と職業

　UNIT 15 の最後に述べたこととは逆に，海外留学やボランティア活動などをも含めて，各種の文化・スポーツ活動などに夢中になったりして，通常の学歴取得の時期にこれとは違う教育学習活動を〈やり過ぎた〉人にも日本の労働環境は決して優しくはない。たとえば海外青年協力隊などに参加すると，欧米諸国においてはそれは大きな〈キャリア〉として社会的に認められ，むしろ就職に有利な条件となるのに対して，日本ではむしろ不利な条件になってしまう。若い時期にこそ大きな意味を持つこうしたボランティア活動やサークル活動，文化・スポーツの活動が，大学生などの〈暇のある〉者だけにしか許されない活動になってしまい，社会的な認知を得にくいものになってしまうこと，これがわが国の雇用・労働の大きな欠陥である。

　しかしながら，来るべき社会においては，会社という限られた世界における狭い範囲での経験ばかりではなく，こうした豊かな社会経験を持つ人材こそが企業にとっても有為な人材となるはずである。とするならば雇用者は，仕事に生きがいを感じ，〈自分の会社〉の中でのみ自己実現を達成しようとする人物をではなく，豊かで安定した家庭生活を求め，さまざまな形での社会参加を通じて自己実現を図ろうとする人物，企業社会の枠組みの中での人脈の形成をではなく，利害関係を超えた多様で豊かな人間関係を身の回りに作り上げていこうとするような人物をこそ，有為な人材として求めていかなければなるまい。そしてもちろん，そのことは企業社会のみならず，社会全体が一種の大きな価値の転換をしなければならないということを意味するはずである。生涯教育・生涯学習の概念は，職業と教育という人間生活におけるもっとも重要な局面において，こうした価値の転換をもたらすべき理念なのである。

● ……… ゲマインシャフトとゲゼルシャフト

　私たちはよく〈公私の別〉ということを口にする。そしてこのことばは，ともすれば〈公〉を〈私〉に優先させ，〈私〉を〈公〉よりも価値の低いものとして位置づけるべきであるというニュアンスを含んで用いられる。しかし本当にそのように

考えてよいのだろうか，この場合の〈公〉は一体いかなるものを指しているのだろうか，特にこの〈公〉が〈会社〉や〈仕事〉を意味するのであれば，我々はむしろ〈私〉を〈公〉に優先させる形で〈公私の別〉をきちんとつけていくべきではないのだろうか，その点を少し慎重に検討し直してみよう。

　家族やコミュニティなどのように，個人をその内部に包み込む形で成立している共同体としての社会集団をゲマインシャフト（Gemeinschaft）と言い，会社，組合，学校，官庁などのように，何らかの目的追求のため，人工的，便宜的に作られた集団組織をゲゼルシャフト（Gesellschaft）と言うが，ゲゼルシャフトが個人を全人格的に包み込んでしまうと，組織の構成員である個人を疎外し，抑圧するばかりではなく，ゲゼルシャフトとしての組織目標の追求それ自体を危うくすることになりかねない。ゲゼルシャフトはそれ自体の拡大発展，ないしは維持存続を目的としているのではないからである。それなのに，日本の官庁や企業や組合や学校や，その他ありとあらゆる組織体は，そのゲゼルシャフトとしての本質にもかかわらず，終身雇用という日本独特の雇用形態を取ることによってその構成員を全人格的に包み込んでしまい，一種のゲマインシャフトと化してしまっている。このシステムが制度疲労を起こした結果，組織体自体としても，それに包み込まれてしまっている個人としても，根本的に価値の体系を見直し，〈公〉と〈私〉との区別を厳密に問い直していかなければ，日本の将来はありえないという認識が必要ではないだろうか。

　無論のこと，職業生活を通じて自己実現を図るという道を否定しようというのでは決してない。農林漁業やいわゆる職人仕事や，あるいは芸能・文化・スポーツなどにかかわる一部の職業は，こうした意味での自己実現を目指すことが可能であり，そのためには公私の別をあまり意識すべきではないとさえ言えるかもしれない。しかしながら，ゲゼルシャフトとしての組織に従属する形での，いわゆる勤め人においては，その職業を通じての自己革新・自己実現には限界があることは認識されなければなるまい。何らかの組織への従属ということと自己実現という概念とはむしろ相互に矛盾するのである。そして何よりも，人はいつまでも〈組織に勤める〉立場をとり続けるわけにはいかない。ゲゼルシャフトとしての組織はその追求すべき目的が達成されたり，逆に目標の追求が不可能になったりすれば解散（倒産）したり，縮小（リストラ）されたりするのであるし，そうでなくともその構成員（社員）はいずれ何らかの形で退職し，組織を離れて，〈私人〉としての生活を送ることになるはずなのであって，この点がゲマインシャフトとゲゼルシャフトとを区別する最大の相違なのである。仕事を生きがいとし，組織のために〈私の時間〉を犠牲にしてきた人々は，組織を離れた瞬間に自分そのものを失ってしまうことになりかねない。そのことがどれほど惨めなことであるかは言うまでもあるまい。百歩を譲って仕事そのものに生きがいを求め，仕事を通じての自己実現を図ることが可能

だとしても，私人としての生きがいをゲゼルシャフトとしての組織体に従属することと重ね合わせてしまってはいけないのである。

●………バブル経済の崩壊

　日本が未曾有の経済発展を遂げた時期，そしてバブルがはじけ，金融危機が叫ばれ，この国の経済システムに大きな変革が求められた時期，生涯学習という〈ことば〉が取り入れられ普及していったのはこのような時期においてのことであった。だからもともとこのことばに込められていたはずの社会改革の理念がきちんと理解されたならば，さまざまな組織体の〈経営体制〉と，これに連動する雇用・労働の形態と，そしてそれらを支える教育のシステムとを一体のものとしてとらえ，総合的な見地からの社会改革を試みる絶好のチャンスであったと言える。ところが私たちはこうした抜本的な改革を行おうとはしなかった。その時その時に立ち現れる目先の問題に対処するのが精一杯で，経営の問題と労働・雇用の問題と，そして教育の問題とを一体のものとしてとらえることができなかった。生涯学習の理念は一応高らかに謳い上げられたかのように見えるが，それは単に書類上のことばとしてしか理解されていなかったのである。

　ここには二つの大きな問題がある。一つはすでに繰り返し述べてきた官僚制の問題である。経済産業省，厚生労働省，文部科学省がそれぞれの縄張りに固執し，それぞれの〈省益〉を守ろうとすれば，当然にそれぞれの縄張りを超えた〈一体改革〉は不可能なのである。もちろん，ある意味では官僚組織が社会の一体改革を志すことは許されない。社会改革を目指すことは，それこそが政治（立法）の役割であって，官僚の仕事（行政）は，その指示に従った抑制的なものであるべきだ，ということが民主主義の基本だからである。したがってここでは政治の役割が重要であったのだが，近年の日本の政治状況が混乱を極めていることは周知のことであろう。むしろ政治が行政の下請けになっているかのようにさえ見える日本の現実は，民主主義を標榜していることが憚られるとさえ言わなければなるまい。

　もうひとつの大きな問題は，日本の組織体，すなわちゲゼルシャフトがおしなべて〈老人支配〉の形になりやすい，ということである。生涯教育の提唱者ポール・ラングランが，教育者は一種の社会的な成功者として，常に過去を向いた存在であるから，彼らに〈改革〉を望むことはできない，というようなことを述べているということは先に指摘したが，まったく同じことが日本の組織体について指摘されなければならない。年功序列，終身雇用に守られた受験エリートが組織体のトップに上り詰めるわけであるから，そこから〈改革〉へのエネルギーが生じるはずはないのである。あるいはむしろこうしたトップエリートたちの存在は，あらゆる意味での改革に対するブレーキとしてしか働かないのである。（option J 参照）

● ………新しい問題

　1970年代から80年代，日本は世界有数の経済大国となった。失業率は低く，雇用は手厚く保証されていた。貧富の格差は小さく，時には社会主義国よりも社会主義的，と揶揄されるほどに〈平等な〉社会が実現されているかに見えた。健康保険制度も年金制度も，世界で最も完備されたものであると自認していた。ところがいわゆるバブル経済が破綻してしまうと，私たちが自慢していた〈日本式経営方式〉は無残にも崩壊してしまっていた。いや，〈日本式経営方式〉自体は，特に大企業や官僚組織（いわゆる天下りを受け入れる関連団体，企業を含む）においては未だ崩壊してしまったわけではない。崩壊しつつあるのはセーフティネットと言われる部分である。

セーフティネット

　従来の終身雇用システムにおいては，若年層の給与は低く抑えられていた。その代わりに福利厚生面での手当が行き届いていて，健康保険や年金の掛け金，さらには退職金なども雇用者が折半して積み立てていく，というシステムである。比較的に低い給与は，いわば〈後払い〉の保証されたものだと考えることができたのである。また年功序列というシステムによって，将来の給与は少しずつでも上昇していくことが期待されていた。それを〈あて〉にした生活設計がなされていたのである。ところが低成長の時代に入るとこうしたシステムが維持しきれなくなってきた。序列の上位にあるものが旧来の〈利権〉を手放そうとせず，このシステムそのものは維持したまま，何とか目先の問題を処理しようとすれば，そのしわ寄せは序列の下位にある者に集中してしまうのは理の当然である。強者と弱者，富める者と貧しき者，その〈格差〉が目立ってきたのである。

　繰り返すことになるが，かつて日本は世界一平等な社会を作り上げたと自負していた。それだけに新たに到来した〈格差社会〉の現実に対応する術を知らない。生涯教育の理念が，〈自由〉と〈統合〉というキーワードの元で，近代社会に出来したあらゆる意味での格差・差別の解消という目標を目指していたものであったことを思い返してみてほしい。もしかしたら，わが国では，今こそ改めて生涯教育，生涯学習の理念を掲げ，国を挙げての教育改革に取り組むべき時期にさしかかってきているのではないか，私にはそのように思えてならない。

格差社会

UNIT 17 ●生涯学習の必要性
余暇と生涯教育

●⋯⋯⋯構造転換の必要

　少し視点を変えてみよう。生涯教育論が声高に語られ始めた頃，日本では高度経済成長の絶頂期を迎えていた。世界の貿易黒字を独り占めしかねない勢いで，ある意味では全世界からの怨嗟と羨望の混じった注目を集めていた頃である。〈日本株式会社〉〈エコノミック・アニマル〉〈兎小屋に住むワーカホリック（働き中毒患者）〉などといった多少とも悪意の込められたことばが，日本社会と日本人とを描写するために一種の恐怖感を伴って用いられさえした。1973年，1978年と2回のオイル・ショックをもうまく乗り越えて，日本は1980年代後半のいわゆるバブル景気へと突っ走っていくのであるが，この間，日本の最大の課題はいわゆる〈黒字減らし〉であった。そのためにはまず消費の拡大，特に海外からの輸入の拡大が必要であり，次いで生産の縮小が必要であった。生産の縮小とは，たとえば工場等の海外への移転，〈もの〉を作る第1次・2次産業中心の社会から，流通，情報，サービスなどの第3次産業中心の社会へのいわゆる構造転換，労働時間の短縮などである。

　これらの問題はいわば一種の国際公約として，つい最近まで日本の大きな政策課題であり続けてきた。生産者重視の立場から消費者重視の立場へ，輸出拡大政策から輸入拡大政策へ，そして労働（生産）に高い価値をおくモラル体系から余暇と遊びの価値観へ，これらの〈構造転換〉の作業は，1世紀半にも及ぶ日本の近代化の方向を否定しようという意識改革であり，社会構造の根本的な変革を促すものであるだけに，困難は大きく，派生する問題も深刻なものとならざるを得ない。本来ならば，バブルの絶頂期，日本経済が我が世の春を謳歌していた時期にこそ，我々はこうした困難で深刻な課題に取り組むべきであったと思う。たとえば，教育改革も，図書館の建設も，スポーツ文化の振興政策も，莫大な財政支出を必要とし，しかも即時的な効果は得られない政策課題であるのだから，経済力に余裕のある時代においてこそ，実行しなければならなかったはずの社会政策なのである。ところが，日本社会はそうした課題の解決を先送りし，目先の利益の追求にのみ血道をあげて，必要な構造改革・意識改革を怠ってしまった。

　いわゆるバブル経済が破綻して以後，その〈つけ〉が回ってきた。その後声高に

構造転換

言われた〈構造改革〉は，上記の方向とは正反対の，経済至上主義を志向するものであり，市場の論理・企業の利益を優先しようとするものである。〈公から私へ〉の構造転換が行われないまま，さらに〈私〉を押しつぶすような方向へと日本社会は進んでいっているように見える。事態は深刻である。一刻も早く，一度は掲げた生涯教育の理念に立ち戻る必要があるのではないだろうか。

> 構造改革

●………労働時間の短縮と余暇時間の増大

単純に数字だけを見るならば，日本人の平均労働時間は着実に減少している。週休2日制は定着し，長期のバカンスをとる例も少しずつ増え，残業時間も数字的には減少している。当然その分だけ余暇時間は増大しているのである。しかしそのことが，上記のような社会制度の根幹にかかわる構造転換，価値観の転換につながっているとは思えない。日本人は自分の意志で主体的に，〈自分のため〉の休暇を取ることは依然として不得意である。あるいは〈自分のため〉に仕事を休むということに大きな罪悪感を抱き続けていると言ってもよいのかもしれない。日本人にとっては相変わらず，仕事が価値であり生きがいなのであって，余暇に積極的な価値を求めようとはしていないのである。

> 余暇時間

もちろんそのことは，すでに述べてきた終身雇用・年功序列の日本型労働形態に最大の原因が求められる。わが国の労働者は全人的に会社（就職先の組織）に従属しているので，私事としての生活を楽しむことに罪悪感を覚えずにはいられないのである。あるいは私事としての生活を楽しむことは，組織内での出世競争から脱落し，仕事人間としては失格の烙印を押されることを意味するので，その恐怖の念を払拭することができないのである。〈カローシ（過労死）〉などという不名誉な日本語が世界に知れ渡るほどに，我々は自らのプライバシーを犠牲にして組織のために働いている。そのような社会にあっては，休みは実は休みではなく，余暇は本当の意味での余暇ではない。それはあるいは接待や社員親睦のための，あるいは仕事人間のたまの罪減ぼしとしての〈家族サービス〉のための，あるいはせいぜいで休日明けからの仕事により一層精を出すための，そういう活動に用いられる日々のことでしかなく，つまりは仕事の延長に過ぎないとさえ言えるのである。

ところが，生涯教育の理念においては，余暇の活用・余暇時間の充実こそが重大な意味を持たなければならない。生涯教育とは，人が一生を通じて絶えず自己革新を図り，自己実現を果たしていこうとする可能性を追求しようという理念なのであるから，子供から老人に至るまで，すべての人に一定の自由な時間が保障されていなければならないことになる。その自由時間を通じて，人は自らの教養を高め，新しい人間関係を作り，さまざまな社会活動に参加し，家庭生活の充実を図り，その他あらゆる意味での自己革新・自己実現を果たしていこうと心掛けるべきなのであ

る。そのためには私たちは〈余暇〉という名の自由時間を自分自身の手に確保しておかなければならないはずである。自己実現とはまさに個人の私事に属することであり、つまりは余暇とは他者の無断立ち入りを禁ずるという意味でのプライバシーに属する時間でなければならないのである。余暇とは文字どおりの〈余った暇な〉時間なのではなく、自分自身のために自由に使うことのできる時間のことであって、この意味での余暇つまり〈可処分時間〉を活用する能力を身につけることが、生涯学習社会においてはすべての〈私人〉に求められることになるはずである。

可処分時間

●………余暇の世代間格差

　生涯教育理念との関連で言えば、日本の余暇問題はもう一つ深刻な問題を抱えている。それは端的に言うならば余暇時間の遍在という問題である。日本では、自己革新を図るための十分な自由時間を持つ者はある特定の層に限られてしまっているのである。それは大学生であり、子育てを終えた〈専業主婦〉たちであり、引退後の高齢者たちである。

　このような人々は実は比較的に平穏で〈問題の少ない〉社会層を形成しており、それ故に比較的多くの自由時間を手にすることができているのであるが、それだけに切実な自己革新のための学習要求を持つことが少ない社会層であると言うことができる。生涯学習というかけ声のもと、行政サービスとして行われる学習機会の提供は、むしろこうした〈有閑層〉に対する施策として考えられることが多いのだが、切実な学習要求を持たない人々に与えられる学習機会は、カルチャーセンターに代表されるような、表面的な施策に終始してしまうことが多いと言い得る。

有閑層

　もちろん、こうした有閑層に対する余暇時間充実の諸施策は、それ自体意味のないものではないし、生涯教育理念の実現へ向けての有効で分かりやすい営為の一つとして重要ではある。が、いずれにせよ、こうした有閑層の学習活動は、その当人の意欲次第という側面が否めないから、問題はむしろ小さいと言ってよい。それよりも深刻なことは、人生における切実な諸問題に直面しており、それ故にその問題を克服して自己革新を図ることが真に必要とされている層にほとんど自由時間が与えられておらず、主体的な学習活動を通じて自己実現を図る機会がきわめて少ないという問題である。仕事を通じての社会的なキャリアアップと子どもの教育を含めた家庭生活の拡充と、そしてその他の社会参加・地域参加の諸活動を通じての主体的な社会構成員としての生活の充実と、それらを同時に実現していくべき世代の人々が、実は日本ではもっとも忙しく、時間的に不自由な生活を余儀なくされていること、そしていわゆるサラリーマン家庭においては上記の諸活動のうち、職業上のキャリアアップに最大の優先順位が置かれがちであるために、家庭生活や地域参加の活動が無視されやすく、私人としての自己実現につながる学習活動がむしろ否

定されていく。またこのことが，自己の従属する組織の維持拡大を至上の価値とする風潮と相まって，日本社会に特有のさまざまな〈不祥事〉の原因となっていることにも十分な留意が必要であろう。

● ────**子どもの余暇と生活経験**

　さらに深刻と筆者が考えているのは，将来の自己の社会的な進路選択について考え，悩み，さまざまな社会的経験を通じて自己実現の可能性を追求していくべき子どもたちから，近年急速にその自由時間が奪われつつあるという問題である。都市においてはすでに小学生の塾通いが普通になり，私たちは夜の9時10時に塾帰りの小中学生が駅やコンビニエンスストアなどにたむろしていることを異常なことだと感じることさえなくなってしまった。学校と家庭とはむしろ協力して子どもたちを管理統制しており，激化する受験競争の中で，子どもたちは時間を奪われ，生活体験を積み重ねていくという意味での主体的な学習機会を与えられずにいる。とりわけ，学齢期の日本の子どもたちに対する〈教育〉は，もっぱらよい就職先を確保するために行われている感があり，つまりはより大きなゲゼルシャフトに自らを従属させるための教育だけが，価値のある教育であると考えられているのである。そのことに対する真摯な反省を欠いたまま，ただひたすらより多くの教育を与えることがその子の将来にとって有効であると信じられていることが，日本の子どもたちの〈今〉の生活を陰惨なものにしているように思われる。

　実はこのことは，日本ばかりではなく，教育の普及した世界の国々で共通の問題であり，この問題が生涯教育という理念を生み出す大きな理由の一つとなったのである。すなわち，社会的な実経験を積み重ね，主体的に自らの将来の進路の選択を考えるべき時期にその余裕がなく，強制的に与えられる学校教育のみが価値のあるものとされてしまうと，学校と社会とが有機的なつながりを失い，学校教育が形骸化して教育内容がいびつなものになるばかりではなく，社会そのものの発展すらもがおぼつかなくなってしまう，そういう深刻な反省が生涯教育という理念の根底にはあるのであって，教育と社会経験の積み重ねとを，ひとりの人間の一生の中で，時期的に切り離してしまってはいけないのだということが，生涯教育理念のもっとも重要なポイントの一つなのである。日本の教育界は，子どもたちに対するこの深刻な認識を欠いている。今の日本社会において，生涯教育という考え方を本当に必要としているのは実は学齢期の子どもたちであるのかもしれない。そして，わが国の生涯学習と称される施策が，実は学校に在学中の子どもたちを度外視して展開されていることこそが，その最大の問題として認識されなければならないと私は思っている。

UNIT 18 ●生涯学習の必要性
ライフスタイルとしての生涯教育

●………生涯発達と社会的成長

　すでに繰り返し述べてきたように，生涯教育とはひとりの人間の一生を通じて，その私人としての社会生活を広い意味での教育と切り離さず，統合していこうという理念である。つまり人間は，生まれてから死ぬまで常に社会の中にあり，社会の中でさまざまな問題に直面し続けているのであるから，それらの問題に向き合い，その人なりのやり方で問題を解決し，その後の生活へのステップアップを図ることを，人は死ぬまでし続けていかなければいけないのだということなのであり，あるいはそうした主体的な努力をし続けることが社会的に保障されていなければならないということでもある。別の言い方をするならば，すべての人間はいくつになってもこうした新たな問題の解決に対する努力をし続ける能力を持ち，生涯にわたって発達し続ける可能性を有していると考えられるのである。これが生涯発達という概念である。言い換えれば，人はすべて一生のあいだ，発達課題の克服という意味での社会的成長をし続けていかなければならないのである。

生涯発達
発達課題

　すでに述べたように，旧来のシステムでは，ひとりの人間に対する〈教育〉は人生の若い時期に集中して行われ，その結果得られた〈学歴〉によってその後の人生におけるキャリアアップの可能性がほぼ決まってしまっていた。わが国の場合にはさらに，これに終身雇用という労働形態が加わって，〈やり直しのきかない〉教育体系がきわめて固定的な形で成立し，硬直化したシステムがひとりひとりの個人の生活を枠にはめ，支配してしまうことになっていった。この融通のきかない教育システムを改革しなければならないという認識は，多くの人々が持っており，その結果1960年代以降にはさまざまな教育改革の提案がなされるに至るのだが，日本の教育システムがあまりにも強固に経済システムと結びついていたために，それらの改革案はいずれも実りある結果を生むものとはならなかった。システムの全体を変革する力のない小手先の改革（たとえば入試制度の改革，カリキュラムをそのままにした週休2日制の導入，いわゆる〈ゆとり教育〉の方向を打ち出しながら，学力低下という批判が起きるとすぐにこの方針を変更したことなど）は，むしろ改善を図れば図るほど改悪に近いものになっていったと言ってもよい。日本経済が往時の勢いを失い，新しい時代に対応していくための根本的なシステム改革を迫られてい

る現在においてこそ，新しい理念に基づいた真に実りある教育改革の実現が求められていると言えよう。それは要するに我々のライフスタイルを新しい時代に向かって意識的に，大きく変えていかなければならないということでもある。ここでは以下の3点にしぼってその方向性について検討してみよう。

●………若者たちの進路選択

近代社会が身分制を否定して新しい教育制度を作ったとき，教育に求められていたものは子どもたちの〈可能性〉を最大限に開いてやること，ないしは子どもたちが自分の可能性を最大限に追求していくことの手助けをしてやることであった。身分のくびきから解放された〈個人〉には大きな可能性が開けた。すべての個人に，教育（知識や技術を身につけること）によって，職業選択の自由が与えられたのである。これが近代社会における初等教育の理念である。初等教育（義務教育）においてはすべての子どもになるべく多くの可能性を開き，なるべく多くの選択肢が与えられるように，すべての子どもに共通する〈普通教育〉が実施されなければならないのである。

しかし，人はまた，成長するにつれて少しずつ自分の進路を選択していかなければならない。選択とは〈選択しなかったもの〉を捨て去っていくことでもある。人が自分の進路を選択するということは，自分の可能性を狭めていくことでもあるのだ。人はいつの日か，自分の可能性を広げるための教育から自分の可能性を狭めるための教育学習活動への転換を図らなければならない。いつまでも〈可能性を広げる〉ための普通教育を受け続けるわけにはいかないのである。

アメリカの教育システムは，やり直しの可能性を最大限に保障するために〈共通〉という意味での普通教育を重視しており，大学の一般教育課程（4年のうちの前期2年）までは普通教育もしくは一般教育が行われていると言ってよい。このように，なるべく遅い時期までを共通の課程とする教育システムを単線型と言い，比較的早期に進路選択に合わせた個別の教育を行おうとするシステムを複線型という。日本の教育制度は戦前は典型的な複線型であったが，戦後はアメリカの指導によって単線型の教育システムに移行させた。複線型から単線型への移行は世界の潮流であると言ってよい。

しかしながら，単線型の教育システムには実は非常に大きな欠点がある。それがいわゆる〈学歴主義〉なのであるが，共通の〈普通教育〉が重視されるあまり，際限なく教育期間が延長され，自らの進路を選択し可能性を狭めていく機会が失われる危険性が大きいのである。とりわけ職業の選択にも居住地の選択にも，あるいは人生の伴侶の選択にも自らの生活スタイルの選択にも，ある種の人生経験・社会経験が必要なのであるが，普通教育を受けることにこそ人生の重大価値があり，これ

> 職業選択の自由

> 普通教育

> 単線型
> 複線型

に較べれば実際の経験などは，はるかに価値が低いと見なすような価値観が一般化すると，若者から経験の機会がどんどん奪われていき，その結果自らの進路を選択しようにもできない，社会的に未熟な若者を世に送り出すことになりかねない。特にわが国のような，価値観が一元化されてしまいやすい社会においては，教育が普及し長期化すればするほど，それ以外の価値がほとんど認められなくなってしまう。本来は子どもの可能性を最大限に広げようという教育が，逆に子どもから選択肢を奪い，画一的で個性のない若者を育ててしまうことになるのである。日本の若者たちは〈偏差値至上主義〉教育の中で，自由な時間と自由な精神とを奪われ，自らの進路の選択に迷い悩むことすら許されなくなってしまっているのだと言えよう。

偏差値至上主義

　学習は一定の社会的経験に裏打ちされたものでなければ身につかない。サークル活動やボランティア活動などをも含め，学習・文化活動やスポーツなどが若いときの経験に左右されることは誰でも知っているはずである。職業生活も家庭生活も，いわゆる社会参加の諸活動も，人が〈社会人〉として生きていく限りにおいてのすべての活動は，一定の経験に基づかなければ成り立ち得ない。教室での〈普通教育〉と，就職した単一の組織体の中での〈人脈作り〉の経験だけしか与えられることのない若者が，極端に視野の狭い人間になりがちであることは言うまでもあるまい。こうした深刻な矛盾を抱える教育体制を根本的に考え直してみること，具体的には，いかにすれば若者たちに〈経験〉を取り戻し，主体的な進路選択の機会を与えていくことができるのかを真剣に再検討してみること，これが生涯教育を考える際のもっとも重要な視点の一つである。

●………家庭と地域——男女分業と子どもの教育

学校と家庭

　とするならば，生涯教育を考える際に必要な第2の視点は，学校と家庭との関係を再検討してみるという視点であろう。これに地域社会の教育力の回復という視点を加えて，〈公的〉で画一的な普通教育と，個別具体的で〈私的〉な教育との統合という捉え方をしてもよい。つまり，あまりにも肥大化してしまった学校教育から，その一部を〈私的〉な部分に取り戻し，〈私事としての教育〉という理念を回復させていくべきではないかということである。それには家庭（と地域）が豊かで個性的な教育力を自らの手に取り戻すのだという強い覚悟が必要であろう。そして家庭に教育の力を取り戻すためには，先に述べたような意味での〈私を公に優先させる〉価値観の確立が必須であると思われる。わが国では職場や学校を〈公〉とみなし，家庭や地域社会をこれらに付随する価値の低いものとする価値観があまりにも強すぎる。そして〈公的〉な場面では〈男の論理〉が支配し，〈女の価値観〉は〈私的〉な場面においてのみ通用させるという，男尊女卑の風潮が社会を覆いつくしてきた。生涯教育の理念には男女の差別をなくし，家庭や地域などのゲマイン

シャフトと，職場としてのゲゼルシャフトとの関係を再検討していこうという視点が含まれていることが忘れられてはならないのである。

　近代以前の社会においては，家庭と地域社会とがほとんど全面的に〈教育力〉を独占していた。家庭や地域は多くの場合そのまま〈職場〉でもあり，子どもたちはおとなたちが家事を含めた労働や，その他さまざまな社会活動に従事する姿を目の当たりにしながら成長していったのである。各家庭には通常は年寄りがおり，多くの兄弟がいた。地域にはさまざまな人がいて，多様な人間関係を形成しながらひとつの〈共同体〉を作り上げていた。こうした豊かな人間関係の中で子どもたちは実際的な経験を積み重ね，おとなたちの社会関係を見習っていくことができたのであり，このことが〈教育〉そのものであったのである。

　近代の産業社会はこうした共同体を解体して成立した。職場と家庭とは切り離され，それぞれに〈異なる〉価値の体系が（前者が後者に優先する形で）成立してしまった。都市化の進展につれて家族はいわゆる核家族となり，兄弟の数が減り，年寄りと生活を共にすることも少なくなった。生活水準の向上と情報化の進展は価値の均質化をもたらし，多様な人間関係が失われていった。現在の都市社会においては，急速な少子化の進展と学校の肥大化とによって，子どもたちは多様な人間関係の中においてこそ積み重ねていくことの可能なさまざまな社会的経験を得る機会を，ほとんど完全に失ってしまっている。〈団地〉ということばで表現される都市の居住空間においては，地域社会を構成する人々もきわめて均質な集団となってしまっており，その中で多様で豊かな人間関係を経験することは困難な状況になっている。そうした社会状況の中では人々の価値観はますます画一的で一元的なものとなり，そのために，若者たちは自らの進路を主体的に選択するのではなく，大人たちが敷いた定まったレールの上を，ただ一直線に進むことしか許されなくなってしまっているのである。

　こうした状況を根本的に変革し，地域と家庭とに教育力を回復させて，個人に〈私人〉としての進路選択の能力を取り戻すためには，何を考えなくてはいけないのか，これがライフスタイルの変換という点での第2のポイントである。そしてもちろん，そのことは親（おとな）が子どもを教育していくという意味での家庭教育の視点と共に，親（おとな）自身が自ら私人として成長をし続け，私的な経験（たとえば子どもを教育し，その成長を手助けするというような）を積み重ねていくという，まさに〈生涯学習〉の視点が重要である。ことばを換えれば，我々がそのような私的な学習活動にどれほど大きな価値を見いだし得るかという点に，生涯教育という革命的な理念の成否はかかっているのである。

都市化

UNIT 19 ●生涯学習の必要性
少子高齢化社会と生涯教育

●………高齢者の社会参加

　次の視点として，いわゆる少子高齢化社会の問題を取り上げてみよう。一般に 65 歳以上人口が全人口の 7％を超えた社会を〈高齢化社会〉といい，14％を超えた社会を〈高齢社会〉というが，この高齢化社会から高齢社会への推移は，欧米先進諸国では百年前後をかけてゆっくりと行われてきた。これに対して日本では，高齢化社会に入ったのが 1970 年と比較的に遅いのにもかかわらず，わずか 24 年間，欧米諸国の 3 分の 1 から 4 分の 1 という世界最速のスピードで，1994 年には高齢社会に到達してしまった。しかも，いわゆる長寿化（平均寿命の伸び）も少子化（ひとりの女性が一生の間に何人の子どもを生むかという合計特殊出生率の減少）も，世界で一・二を争う数字を示しており，すなわちわが国は今日，世界有数の高齢社会になっているのである（2007 年度には 21％超の〈超高齢社会〉になっている）。こうした急速な高齢化の進展に社会全体のシステムが対応できずにいること，具体的に言うならば，高齢者の割合が急速に増加すると共に個々の高齢者の長寿化が進み，〈高齢期〉がどんどん延長されていくこと，それと同時に急速な少子化と際限のない教育期間の延長とによって，いわゆる〈労働人口〉が急速に減少していって，少ない労働人口で大量の高齢者（と教育期間中の若年層と）を〈扶養〉していかねばならない事態になること，これが日本の高齢化の大問題なのである。

　つけ加えるならば，少子化の直接的な結果として，日本の総人口はすでに 2011 年度の統計で，減少に転じている。今後日本の人口は減り続けていくことになるわけで，今世紀後半には現在の約半分にまで減少するであろう。それは労働人口の急減とともに，消費人口の減少，すなわち国内マーケットの縮小をも意味しているわけで，経済活動全体が収縮して行かざるを得ない，ということが当然のこととして予想されるのである。長引く不況の中，日本独特の終身雇用のシステムもすでに綻びを見せ始めている。ここでも私たちは，これまで目指してきた〈経済成長〉という努力目標を修正せざるを得なくなるはずである。とするならば，これに代わる新しい〈国家目標〉を設定することが急務であろう。

> 高齢化社会
> 高齢社会
> 超高齢社会

● ………**人口の減少と少子化対策**

　以上述べてきたいくつかの問題点は，実は数十年前から〈わかっていたこと〉であった。平均寿命が延び，高齢者の〈老後〉の時間がどんどん延長されていくこと，それに反比例するように生まれる子どもの数が極端に少なくなっていくこと，少子化に伴い，ひとりひとりの子どもに対する〈教育〉はそれだけ手厚くなっていき，大学進学率が上昇するなど，教育期間が延長され，家計における教育費の割合が増大していくこと，女性の進学率，就業率が上昇し，その分結婚年齢・出産年齢が上がってますます少子化の傾向が促進されること，これらのことはほぼ百パーセントの確率で予測されていたことなのである。もちろん，高齢者の増加と生産人口の減少によって，健康保険制度や年金制度などが破綻に瀕するという予測も，1980年代にはすでに十分立てられていたはずである。

　だからここでも，ひとりひとりが自分のライフサイクルについてしっかりと考え直す機会が提供されるとともに，日本政府が将来の社会のあり方を真摯に見つめ，価値観の転換を図り，未来社会に対する見取り図を提示していくことが必要であった。特に教育に関しては，ことの是非はともかく，現実に「国が国民に対して教育権を持つ」という世界にあまり例を見ない制度を維持し続けている以上，その権限に基づく大きな責任が文部科学省にはあったはずである。ところがこの間に実施されるに至ったいくつかの〈改革的〉な政策は，いずれも小手先の弥縫策に過ぎなかった。システム全体を変えずにその一部だけを〈改革〉すれば，そこにある種の〈ねじれ〉や〈ひずみ〉が生じることは理の当然で，それだけ社会は全体として〈健全性〉を失っていく。

　例を挙げてみよう。わが国では，家計に占める教育費の割合は増加の一途をたどっている。政府は〈少子化対策〉として，さまざまな形で幼児・児童に対する〈手当て〉を制度化し，時にはこれを中学生を対象とする部分にまで拡大してきている。しかし，日本が諸外国と比べて明らかに異なっているのは，高等教育に対する〈手当て〉がほとんどなされていないこと，あるいは高等教育にかかる家計の負担が増大し続けていることである。わが国では四年制大学への進学率が50％を超えている。ということはすなわち，大学へ進学〈できない〉者がすでに少数者になった，ということである。生涯教育の理念からすれば，この〈大学へ進学できない者〉への対策が急務であろう。とりわけ社会全体から見ても，〈格差社会の是正〉という理由のほかに，優秀な能力を持ちながら授業料の負担に耐えられない者に対して，十分な高等教育の機会を与えることが，〈人材育成〉の見地からしても重要課題であると思われるのである。（私が〈人材育成〉という考え方には異議がある，ということについてはすでに述べた通りである。）

　それなのに，日本の高等教育にかかる負担は，ある意味では世界有数である。と

※欄外：少子化対策

りわけ，国公立大学の授業料の高さは群を抜いている。また，有名大学に進学しようとすれば，私立の進学校に通わせなければならないとか，塾・予備校，あるいは家庭教師などの手配をしなければならないとか，といった面でも非常に大きな費用が予想される。この高等教育にかかる負担を軽減させる方策をとらなければ，安心して子どもを産めない，という状況が改善されることはあるまい。幼い子どもの扶養ばかりを考えた〈少子化対策〉にはほとんど効果はないと思われる。

●………未来へ向かって

　さらに重要なことがある。現在の日本が，超高齢社会の問題に直面していることは繰り返して言うまでもない。しかし，忘れてはならないことはそのことだけではない。これから日本の人口は急激に減り続けていくのである。100年後の予測は困難であっても，20年後，30年後，50年後の日本の姿はおおよそ予想がつく。今，目の前にある問題について，〈とりあえず〉という形で片付けてしまうことが，20年後，30年後により深刻な〈問題〉を引き起こすであろうことを私たちは予測しなければならない。残念ながら我々人間は未来を見通す力を持っていない，ということについてはすでに述べた。私たちはひとりひとりの人生については不確かな予言をするべきではない。しかしながらここで言う未来の人口やその年齢構成などの〈全体像〉についてならば，科学的・統計的な予測が可能であり，その予測に基づいた〈対策〉を立てるべきであるし，また立てなければならない。

　今一度真摯に考え直しておこうではないか。戦時中には「お国のために戦って死ね」という教育をした。戦後は「民主主義の礎になれ」という教育が行われた。それは果たして〈よい〉教育だったのであろうか。高度経済成長の時代に考えられた「期待される人間像」は，低成長の時代に通用する人間像ではなかったはずである。現在の超高齢社会における「期待される人間像」はいかなるものであるのだろうか。そしてそれは来るべき人口激減期の社会においても変わらずに「期待される人間像」であり続けるだろうか。〈今の〉おとなたちが，20年後，30年後の社会において〈おとなになっていく〉子どもたちの〈教育目標〉を設定することを不思議なことだと思わない日本の教育のあり方そのものが，私には不思議でならない。時代の変化を前提にするならば，教育に必要なのは〈規律〉ではなく〈自由〉である。若い世代に求められるのは，おとなに従順な〈規律正しい〉態度ではなく，むしろ自由を求め，自らの冒険心・好奇心にしたがって，自分の進む道を切り開いてゆこうとする態度であろう。そしてそういう若者の心性を励まし，応援していくことがおとなたちの責務なのではないだろうか。若い世代の人々に未来を悲観的に捉えるのではなく，むしろ楽観的に考えさせるような施策が必要であると私は思っている。

●………**多様性の共存を求めて**

　ここでも私たちは大きな価値観の転換を図っていかなければならない。確かに医療制度（健康保険など）や年金制度の問題に代表されるような，早急に解決を迫られている問題は山積している。教育問題を含め，少ない人口で多くの人々を〈扶養〉しなければならないという見地からするならば，問題が深刻であることに疑いはないのである。しかしながら，超高齢社会の到来は既定の事実であって避けることはできない。とするならば，我々はむしろ思い切って従来の〈労働人口〉とか〈扶養者〉とかいった概念を転換させることによって問題の解決を図るべきであろう。生産者の立場を〈公的〉なものとし，これを唯一の価値として，あらゆる〈私的〉なものに優先させようとする画一的で硬直した価値観から，個人個人の私的な生活を優先させ，多様な生き方を認め合う，そういう価値観への転換によってこそ，むしろ問題の解決が可能であるという楽観的な認識を持つ必要があると私は思っている。

　もちろん，日本の終身雇用制度が，ともすれば組織の〈老人支配〉を生じがちなことについて，特に高齢者が，年功序列の結果として政党や大企業などのトップに居座ってしまうと，組織は硬直化して活力を失い，旧慣墨守のことなかれ主義に陥って，変革への動機付けができなくなりがちなことには注意が必要であろう。しかしながら，それぞれに異なる多様な人生を送ってきた高齢者（しかも日本の高齢者は世界でも有数の〈高学歴高齢者〉である）が，さまざまな形で社会の中での積極的な発言の場を持つということは，多様な価値の共存という見地からは重要なことである。これからの生涯学習社会においては多様な価値の共存こそが大きな意味を持つはずである。高齢社会とは多数の〈厄介者〉を抱え込んだ社会なのではない。それはひとりひとり異なる人生を送ってきた年寄りたちと共存することが〈できる〉ようになった社会なのである。これまでならば我々が身近に知ることのできなかったさまざまな病気やさまざまな障害とも，さまざまな挫折や失敗などとも，もちろん数多くの栄光や歓喜などとも，文化的背景を異にするさまざまな外国人たちとも，我々はごく気軽につきあうことができるようになったのである。生産第一主義の社会にあっては〈厄介者〉であったさまざまな少数者（彼らはそれぞれに少数者であるからこそ，いわば例外的な存在として社会の〈厄介者〉であり〈邪魔者〉であった）をこそ，まさにその真の意味で個性的で多様な価値を具現し，実践してきた先達者として，いわば生涯学習社会における人生の師と仰ぐことができるようになったのである。これこそが我々が果たさねばならない価値の転換なのであり，また生涯教育という理念の中核なのである。

> 多様な価値の共存

UNIT 20 国際化社会における生涯教育
●生涯学習の必要性

●………多文化主義社会の到来

国際化

　多様な価値の共存という見地に立てば，来るべき国際社会においては，それぞれに異なる多様な文化の共存というテーマが最大の課題となるはずである。〈国際化〉とはやや意味不明の感のあることばではあるが，経済の世界においても科学技術や情報の世界においても，すでに〈国境〉はその意味をほとんど失い，国家の枠を超えた〈流通〉がごく普通のこととして実現してしまっている。我々がこれから迎えるべき社会においては，それ以外のあらゆる分野においても同様に，〈ヒト〉も〈モノ〉も〈カネ〉も，そしてあらゆる意味での〈情報〉も，いやも応もなく流動化し，国家の枠を無視して世界規模で流通するようになるであろう。それは要するに，それぞれに特有の歴史的伝統や宗教的背景にしたがってものの見方や価値観を異にする，多様な民族文化が〈共存〉することなしには，これからの国際社会は成り立っていかないということでもある。固有の民族文化間の〈優劣〉を競い，〈民族国家〉が相互に抗争を繰り返して経済的な覇権を求め，宗教やイデオロギーが，一方が他方を支配し，あわよくばこれを併呑しようとして〈対立〉する時代は終わったのである。

多文化主義

　多文化主義（multiculturism）については UNIT12 とこれに続く option D で略述したが，この考え方はそのまま国家間の関係についても適用されるべきである。すなわち，〈国家〉や〈民族〉や〈文化〉が，その優劣を競い，他に優越することを求めようとするのではなく，互いにその〈異なり〉を認め合い，共存していこうとすること，あるいはそうした〈異なり〉を認め合ったさまざまな文化が並存し得る社会こそが我々の目標とする社会であるという方向性を私たちは志向していかなければならない。こうした考え方は，民族的・思想的な〈統一と連帯〉こそが国家としての〈強さ〉であり，強い国家が他の国々に優越することができ，国家とはそうした他国への優越を志向するものでなければならないという，近代社会を貫いてきた

ナショナリズム

ナショナリズム（民族主義，国家主義）を根底から覆す理念であり，生涯教育理念の重要な柱でもある。そしてもちろん，多文化主義の理念は国際社会における国家間の関係を規定する理念であると同時に，一つの国家内においても，その〈統一と連帯〉を国民のひとりひとりに強制するよりはむしろ，文化的・民族的・宗教

的・思想的，その他あらゆる意味での〈異なり〉を認め合い，多様性の共存を図っていくべきであるという，国家観の根本的な転換を意味する理念でもある。

これまで日本は〈単一民族・単一国家〉という考え方に固執してきたが，こうした国家観は今日では，世界の潮流から取り残されかねない偏屈な考え方であるという認識を持たねばならない。国家としての〈統一〉と〈強さ〉とに価値があった時代には有効であった単一民族国家の幻想は，多様性の共存を価値とする新しい時代の国際社会においては，むしろ拒否され否定される運命にあると言わざるを得まい。他国に対する軍事的・経済的優越を求めるのではなく，さまざまに異なるさまざまな人々との文化的な共生を求めるのであれば，日本の学校がこれまで志向してきたような〈価値の統一〉を重視する教育は，「諸国民の公正と信義に信頼」（憲法前文）しようとする立場からはむしろ大きな弱点となりかねないのである。私たちはこうした厳粛な認識に立って，一刻も早く価値観の転換を図らなければならない。これができなければ，個人としても国家としても，来るべき社会においてその存立はあり得ないと言っても過言ではない。

● ········ グローバル・スタンダードとしての人権と民主主義

多様な価値観の共存を理念とする多文化主義の国際社会にあっては，〈国家〉というものの持つ意味が，これまでとは較べものにならないほど小さなものになっていくだろう。世界の民族と国家とが覇権主義による対立と抗争とではなく，「公正と信義」とに基づく「対等関係」を求めていくのであれば，それぞれの民族と国家とが相互に異なることを認め合いながらも，同時にその「対等関係」を貫く共通の原理ないしはルールをも認め合っていかなければならないことになる。こうした世界共通の原理となるべき価値の基準をグローバル・スタンダードと呼んでおくことにしよう（最近の新聞紙上などではいわゆる〈自由競争〉や〈市場主義〉を指して言われることがあるが，これと混同してはいけない）。グローバル・スタンダードが国際社会の共通ルールとして成立しなければ，多様な価値を認め合う多文化主義の世界は成立しないし，逆にグローバル・スタンダードが国際社会で認められるものとなってしまえば，他国に対して覇権や優越を求める必要のない〈国家〉や〈政府〉の役割が相対的に小さなものとなっていくことも言うまでもないことであろう。

それではこのグローバル・スタンダードとして，我々はいかなる基準を立てればよいのであろうか。それは〈人権〉と〈民主主義〉であると私は思っている。世界共通の理念の根拠として単なる一国家の憲法を持ち出すのはいささか不十分ではあるが，日本国憲法には実はこのことは明記されており，わが国の憲法はこの点でこれからの国際社会をリードする先進性を持っていると思われる。憲法の前文には「そもそも国政は，国民の厳粛な信託によるものであって，その権威は国民に由来

> グローバル・スタンダード
>
> 人権
> 民主主義

し，その権力は国民の代表者がこれを行使し，その福利は国民がこれを享受する。これは人類普遍の原理であり，この憲法は，かかる原理に基づくものである。」とある。この文言が民主主義の原理を直截（ちょくせつ）的に表現するものであることは言うまでもあるまい。そしてこの民主主義の原理が実現されるためには，これと表裏一体のものとして，すべての国民に対して（引用文にあるように，これが人類普遍の原理であるならば，日本国民のみならず，すべての世界中の人々に対しても）基本的人権が保障されねばならないということは，いちいち憲法の条文を引くまでもなく，自明のことであろう。

私事　　人権とはすべての個人に，その〈私事〉として保障されており，したがって人が生きている限り決して剥奪されてはならない一定の権利のことである。そして民主主義とは，社会を構成するすべての人々が，それぞれの〈私事〉を追求していく権利が保障されていることを認め合い，尊重し合おうというこの人権の原理に基づいて成立するのである。性別や年齢や学歴や職業や，あるいは民族や宗教や思想や信条や，その他あらゆる外的な条件によってこの私事追求の権利が制限されてはならないということはすでに繰り返し述べた。一切の〈差別〉を排した人権の保障なくしては民主主義は成り立ち得ないし，また民主主義社会の実現なくしては人権の保障はあり得ない。生涯学習の理念はこうした厳粛な認識に基づいて初めて実現が可能となるのである。

●………学習権とアクセス権

　すべての個人に，〈私事〉としての人生を追求する自由が権利として認められているということは，すなわちすべての個人に学習の権利が保障されているということでもある。自己の人生の進路を〈私事として〉選択し，自己実現の道を追求していくためには，自己に与えられた可能性としての選択肢を知り，主体的な選択を行うための情報を入手し，必要な知識や技術を獲得することが欠かせないからである。

学習権宣言　1985 年に発表されたユネスコの国際成人教育会議による『学習権宣言』によれば，学習権とは「読み，書く権利」「探求し，分析する権利」「想像し，創造する権利」「自分自身の世界を読み取り，歴史をつづる権利」「教育の資源を得る権利」「個人および集団の力量を発達させる権利」の六つの権利を指しており，これは生存権の一部であるとされている。

　何度も繰り返すことになるが，学習権の保障のためには，〈私〉の立場が〈公〉の立場に優先するという価値観の確立が不可欠である。〈私〉の立場にある個人が，〈公〉としての政府や企業などの組織体，特にいわゆるマスメディアに対して，必要な情報の公開を求め，ないしは具体的に必要な情報を入手したり，与えられた情報に対する異議や疑問を申し立てたり，さらにはこれらに反論をしたりする権利を

アクセス権といい，広義の学習権の一部として，あるいは学習権と一対をなすものとしてきわめて重要な概念である。アクセス権という概念は1960年代以降のアメリカにおいて確立されてきたものであるが，その背景にはいわゆる消費者保護運動があり，1962年に出されたケネディ大統領による『消費者保護教書』に端を発すると言われている。この教書の中では，消費者としての個人が生産者としての企業その他の組織に対して「安全である権利（right to be safety）」「（必要な情報を）知らされる権利（right to be informed）」「選択する権利（right to choose）」「（苦情や異議などを）聞いてもらう権利（right to be heard）」の四つの権利を有すると明言されているのである。

　この四つの権利が，企業（生産者）と消費者との関係においてばかりではなく，あらゆる〈公私の関係〉において，〈私〉としての個人に認められる権利として拡張されたものがアメリカにおけるアクセス権の概念であると言ってよい。これに対してわが国においては，依然としてきわめて安易に生産者としての〈公的〉な立場が優先されており，政府や企業・組合，あるいはマスメディアや学校などが情報を独占的に支配する傾向が強く，私人としての立場を優先させようというアクセス権の概念は十分に認められているとは言い難い。しかしながら，この理念なしには学習権という考え方も定着はしないであろうし，学習権という概念なしには生涯教育の理念の追求も不可能であろう。すべての市民に対して，いかにすればそのアクセス権を保障し，学習権という理念の実現を図ることができるのか，その具体的な方法を追求し，実践していくことこそが〈公務員〉として生涯学習に携わるすべての職員に求められる倫理であり能力なのである。中でも図書館の仕事は，最も直接的にこの理念の実現にかかわっていくことが求められる仕事である。それなのにわが国においては，図書館は単なる〈読書のための〉機関としてしか捉えられておらず，市民の学習権に対してもアクセス権に対しても，まったくといってよいほど寄与していない。この点については後のユニットで改めて詳しく論じてみることにしたいが，生涯学習論と図書館学をつなぐ大切な論点であると私は思っている。西欧民主主義諸国においては，ある確かなグローバルスタンダードとして認められつつある図書館の意義が，日本においてはまだほとんど顧みられることがない，という現実認識を持った上で，図書館が果たすべき社会的役割について学習を深めていってほしいと思う。

UNIT 21 ●生涯発達という考え方
発達とはどういうことか

●………**子どもの発達**

　ここで少し大きく視点を変えて，ひとりの人間の生涯にわたる教育・学習のあり方を考えてみよう。生涯学習の理念は，一方では水平の方向に向けての社会的な統合を目指すものであると同時に，他方では個人の一生という垂直の方向へ向けても，その〈統合〉を目指すものでなければならなかったはずである。そして日本のように近代化を進めきってしまった社会においては，とりわけこの垂直方向への統合が急務であろう。教育制度が確立されるほどに，それは自己目的化し，硬直化し，個人の生活から切り離されて，その人の〈自由〉を奪っていくことにもなるからである。

　特にわが国においては，一つにはこれまで繰り返し述べてきたように，国（文部科学省）が〈教育権〉を独占している格好になっていて，生活の現場で必要とされる〈私的な〉教育学習活動が制限される傾向が強いこと，今ひとつには特に前者の〈公的な〉教育の場においては，年齢による厳密な〈枠〉が定められ，その枠を超える自由がほとんど認められていないことが，深刻な問題として認識される必要があるだろう。たとえば各地の「青少年保護育成条例」や，後述する『子どもの読書活動推進法』などでは，18歳以下の者を一括して〈子ども〉と定めている。ときには未成年者をすべて子ども扱いする例さえ少なくない。未成年者をすべてひっくるめて〈子ども扱い〉し，一方的な〈保護育成〉の対象とすることが教育の名に値するとは思えない。子どもを一方的な保護の対象としてではなく，おとなへの発達の途上にある者として捉え，その発達を促していくことこそが本来の教育のあり方であろう。日本の教育は，この〈発達を促す〉という視点を欠いている。

　とりわけUNIT5で少しふれた日本独特の児童観は，大正時代に一世を風靡した〈童心主義〉に見られるように，子どもの心（童心）こそが純粋で〈よい〉ものであると見なして，これを〈保護〉すべきであるという視点に立っているのだが，この考えを直接教育の現場に適用してしまうと，「おとなの心は汚いのだから，なるべくおとなにならない方がよい」という奇妙な理屈が成立することになる。つまり，発達ということが〈悪い〉ことになってしまうのである。

欄外：
青少年保護育成条例
子どもの読書活動推進法
童心主義

● ……… 胚発生と発達（development）

　わが国では民法によって胎児には法人格が与えられていない。したがって受精卵が胎児となる過程を発生といい，誕生後の生育の過程を発達といって区別せざるを得ないのだが，英語の発達（development）ということばはこの両方の過程を一括して示す単語である。あるいは社会の〈開発〉とか，経済の〈発展〉とかいうことばも同様に development ということばで指し示すことができる。そこでこの development ということばの意味を考えてみよう。

　動物の受精卵は直ちに分割をはじめる。1個の受精卵が2個になり，またそれぞれが2分割されて4個になり，8個になり…というかたちで分割が続いていくわけである。そこでこの4分割した時点で受精卵を母胎から取り出し，レーザーメスで4つに切り離し，それぞれを別の代理母の子宮に着床させてやる。するとそれらの受精卵は再び1から2へ，2から4へと分割をはじめる。畜産業界では今日ごく普通に見られるバイオテクノロジーであり，1個の受精卵からまったく同じ遺伝子を持つ4つ子を作ることができるのである。この時点での受精卵（胚）はいわば〈万能〉であって，動物の成体を〈丸ごと〉作り上げる能力を持っている。4分割された個々の細胞はそれぞれ完全に独立した胚であって，まったく〈同じ〉能力を持っているのである。ところが分割が進み，ある時点を超えると，個々の細胞が〈分化〉して〈違い〉を見せ始める。最初に分化してくるのは消化器系であるが，いずれにせよ個々の細胞は互いに〈違った〉役割（機能）を持つものとなり，同時にその独立性を失って，相互の〈関係性〉の中でしか生きることができなくなる。つまり，ばらばらに切り離された細胞は死んでしまうのである。

　私はこれこそが生命の本質であると信じている。〈同じ〉ものが〈違う〉ものに分化していく。同じ一つの個体の中で個々の細胞が違いを作り出し，違うもの同士が関係し合ってまたそれぞれの器官を作り上げ，違う器官が関係し合って一つの全体（個体）を構成する。これが胚発生（development）である。誕生後の個体の発達もこれと同様に考えることができる。生まれたての嬰児は誰も〈同じ〉ように見える。それぞれはまったく別々の独立した存在であるということも可能である。ところが，成長するにつれて子どもたちはそれぞれに〈違う〉個性を見せ始め，同時にお互いの〈関係性〉を深めていく。比較的に〈単純〉であった生命体が次第に〈複雑〉な存在になっていくことは，進化（evolution）ということばで表現されるが，とするならば，個体の発達はすなわち個体の進化であるということも可能であろう。

　地球上のすべての人類はすべて〈同じ〉ヒトである。しかし同時にまた私たちはすべて，ひとりひとり〈違う〉人格を持った別の存在である。それぞれが独立した個人でありながら，また同時に互いに複雑な関係性を保っていかなければ生きてゆ

発達
（development）

分化

胚発生

個性

進化

くことができない。〈違う〉者同士が関係し合って〈同じ〉家族を作り，〈違う〉家族同士が関係し合って〈同じ〉社会を作る。同じでありながら違い，違っていながら同じ，というこの入れ子構造を認識し，その中での自分の立ち位置を確認することができたら，それがたぶん〈一人前のおとな〉と言える条件になるのではないだろうか。

● ……〈同じ〉ことと〈違う〉こと

　日本の教育界はこの〈同じでありながら違う，違っていながら同じ〉という発達の認識を欠いている。一方では個性の重視などということばを平然と口にしながら，子どもたちがひとりひとり違う個性を持つことを認めようとしない。18歳以下の者は子どもである，とひとくくりにして，それぞれが違う発達段階にあり，それぞれが違う発達課題を抱えていることを無視する。子どもはある日急におとなになるのではない。成長するにつれ，少しずつ少しずつ，それぞれの〈違い〉を大きくし，お互いの〈関係性〉を複雑化させてゆく，そういう発達の途上にあるのである。

　このことについては，もうひとつ重大な問題が指摘される。私たちはつい，おとなになるということが発達が終了し，成長が止まることだと考えがちである。おとなとは，もうこれ以上発達する余地のない〈成熟〉した状態であると考えてしまうのである。ところが，発達ということを，個性化を進め，環境を含めた相互の関係性を複雑化させていく過程であると考えるならば，そこにはいわゆる終点はない。私たちは一生発達を続けていくことができるのである。UNIT18で述べたように，これが〈生涯発達〉という考え方で，もちろんこの考え方が生涯教育論の前提になっている。私たちは一生を通じて学習を続け，発達し続けようと努めるべきなのである。

　たとえば〈老化〉ということばがある。これまで老化はマイナスのイメージを含んで捉えられてきた。それは発達とは逆のベクトルを持った，死へ向かっての衰退の過程であると考えられてきたのである。しかし，発達ということを個性化，複雑化の過程と考えることができれば，このイメージは一変する。老化は単なる衰退の過程ではなく，これまでとは〈違う〉新たな個性の獲得であると考えることが可能になる。老いることも病むことも，あえて言うならば惚けることすらも，これまでとは違った新たな関係性の獲得であると考えればよいのである。高齢社会になるほどに一般には悲観的な考えが蔓延してゆくのだが，とりわけ若い世代の人々にむしろ楽観的な将来展望を見せることが必要になるだろう。その意味でもこの生涯発達という新しい考え方に基づいて，教育体系の統合を志向していくことが急務であると私は思っている。

成熟

生涯発達

老化

● ………〈特別な〉教育機会の必要性

　UNIT16では，公私の別ということについて述べた。私なりに勝手な理屈付けを試みるならば，上記の発達段階において〈同じ〉部分に関わるのが〈公〉であり，〈違う〉部分に関わるのが〈私〉である。そして人はすべて，同じでありながら違い，違っていながら同じ，であるのだから，ひとりひとりの子どもに対してその発達を支え，励まし，手助けをしてやることを教育と呼ぶのであれば，とりわけ教育の世界においては，その〈公私の別〉を明らかにし，相互の有機的な統合を図らなければならないはずである。それなのに日本の教育界は著しく〈公教育〉に偏った内容になっていて，私的な部分が限りなく縮退していっているように思える。みな同じになることばかりが強調され，違う個性を持つことが否定的にばかり考えられているように見える。グローバルな視野で見れば，現代社会はむしろ際立った個性を持つことが求められているはずなのに，「出る杭は打たれる」と言わんばかりに，むしろ際立った個性を持つことは敬遠されているようにさえ見えてしまう。

　考えてみてほしい。私たちは今，たとえばスポーツの分野において，ある選手がオリンピックに象徴されるような〈世界大会〉において活躍することを期待し，応援することが当たり前になっている。音楽や美術の分野においても，あるいは科学の分野でも経済の分野でも，つねに〈世界〉を前提にしなければならないのである。そして〈世界〉を相手に活躍しようと思えば，そのための学習，そのための訓練は，公教育として定められた通常の学校制度だけに頼っていたのではほとんど不可能である。世界一流を目指すためには，〈公〉の教育のほかに，独自の〈私的な〉教育の機会が与えられなければならない。言葉を換えるならば，みなと〈同じ〉教育を受ける機会と，これに統合されたみなとは〈違う〉教育の機会が必要なのである。

　私たちはオリンピックを目指すスポーツ選手や，世界コンクールを目指すアーティストやらが，みなとは違う〈特別な〉教育・学習の機会を持っていることを当たり前のことだと思っている。それなのに世界の一流を目指す科学者や，世界の一流を目指すビジネスマンなどに，そうした〈特別の〉教育機会を与えることが重要だ，ということに気がついていない。日本中の大学を規制でがんじがらめにして，日本中すべての大学が〈同じような〉教育をすることが平等で公平な教育のあり方だと信じ込んでいる。あるいはこうした〈特別な〉教育は公教育で行うべきではない，という立場を取ってしまうと，その結果，たとえば経済的に困難な状況にある者はその特別な教育を受けることができなくなって，教育基本法に定められた教育の機会均等という根本的な理念が達成できなくなくなるということに気付いていない。誰にでも，それぞれに〈違う〉目標に向かっての私的で特別な教育の機会を保証するためには何をすべきなのか，何が必要なのか，私たちは今こそそうした真摯な立場に立って，日本の教育界全体を改革していく試みに取り組むべきであろう。

［傍注］教育の機会均等

UNIT 22 ●生涯発達という考え方
幼少期における発達

● ········ 発達段階という考え方

　以下の UNIT においては，すでに述べたこととの多少の重複をいとわずに，ひとりの人間の発達過程を，現代のいわゆる発達心理学の知見を参考にしながら解説してみることにしたい。ただし，本題に入る前に一つだけ確認しておいてほしいことがある。それは発達段階ということばについてである。

発達段階

　生まれたばかりの嬰児はほぼ1年くらいの間，急速に体重を増していくが，その間身長の伸びはあまり見られない。そして1歳前後になると逆に体重の増加が止まり，身長が急速に伸びていく。以後も同様に，体重が増加する時期には体重が，身長が増加する時期には身長が，それぞれ急速に増加し，その間は他方の増加はあまり目立たない。つまり成長のある側面を捉えれば，それは急速な発達を見せる時期と，目立った発達を見せない時期とが交互に訪れるように見える，ということになる。これが発達段階説である。私は先に子どもは少しずつ発達をしていく，と述べたけれど，これは正確な言い方ではない。心理面での発達も同様に，どうやら段階的な変化を見せるようなのである。

　そう言われれば多くの動物が，ほとんど変化を見せない一定の時期を経た後に，〈変態〉という形で急激な発達を遂げることはよく知られている。特に昆虫の場合などは，そのからだが固い外骨格に覆われているために，〈少しずつ〉成長していくことは不可能で，成長するためには脱皮をして外骨格を脱ぎ捨てなければならない。蝶の幼虫が蛹になり，蛹が羽化して蝶になる過程は急速で劇的である。そのメカニズムはよくわかっていないけれど，蛹の中で幼虫の体はどろどろに溶け，それが再び複雑に組み合わされて（からだがばらばらのパーツに分かれるわけではないので，組み合わさるという言い方は不正確である。〈統合されて〉と言いたいのだけれど），あの美しい蝶の形ができあがるのである。

　脊椎動物は内骨格を持つ動物であるから，逆に昆虫のような劇的な変化をすることができない（それでもオタマジャクシがカエルになるように，かなり大きな変化を見せる例もなくはない）。しかし多分，ヒトも例外ではなく，〈変わる〉時が来たらかなり急速な変化を見せると考えるべきであろう。スポーツの選手などが〈壁にぶつかる〉という表現がある。練習しても練習してもなかなか上達をしない時期が

来るのである。ところが，それでも諦めずに練習を続けていれば，ある日突然，その〈壁を越える〉ことができたりする。それはやはり〈突然〉なのである。

● ……… **発達と自己形成**

　発達段階説では成人に至るまでの子どもの発達は，おおよそ２年ほどの間隔であるとされている。つまりあまり変化を見せない時期が２年続いた後に，次の発達段階へと急に変化する，ということになる。教育に携わる者はこのことを十分に意識しておくべきである。子どもは変わるべき時が来たら，ある日突然変わるのである。昨日の彼と今日の彼とは〈違う〉性格を持ちうるのである。教育の現場にいる者は，親にせよ，学校の教師にせよ，ほぼ毎日〈その子〉と接している。だからその急激な変化をしばしば見過ごしてしまう。特に心理的な側面は，蛹が蝶になるような目に見える形の変化ではないのだから，それを見過ごしてしまう可能性は非常に高い。ましてや，直接に〈その子〉と接しているのではない教育行政の担当者が，〈子ども〉をひとくくりにして扱いたがることは容易に想像できる。教育を〈その子〉と直接のかかわりを持たない〈公的な〉立場に委ねてしまってはいけない理由が，ここにも厳然として存在するのである。

　また，その意味では，〈本当の自分探し〉などという馬鹿げた考えを持つべきではない。血液型や生年月日（星座）や親にもらった自分の名前などで，自分の性格があらかじめ決められているなどと考えてはいけない。肉体的・生理的な面では遺伝子によって規定されている部分は少なくないけれど，それさえもある程度以上は〈変える〉ことができる。ましてや心理的・性格的な側面はそれぞれの個人が〈発達させる〉べきものである。どこかに本当の自分があるのではなく，自分自身がそれを作っていくのである。そしてその〈新しい個性〉は，どちらかといえばある日突如として形成され得るのである。

　くどいけれど，性格や行動を直接規定するような遺伝子は，いかなる動物においてもこれまで見つかっていない。将来発見される可能性がないとは断言できないけれども，多分そんなものはない，という方が可能性は高いだろう。私たちはみな〈学習者〉であり，学習の結果として自分の個性を自ら〈形作ってゆくことのできる〉存在なのである。そのことを強く意識してほしい。そして図書館員を目指すのであれば，この仕事が図書館利用者の学習活動を，すなわち〈自分づくり〉の活動を助け，支えるという仕事であるということを自覚すべきであろう。

> 自分づくり

● ……… **しつけ期の発達課題**

　さて，具体的な発達段階を追っていくことにしよう。乳幼児期は，先に述べたことばを使うならば，私的な教育が重要であることは言をまたない。そこでは母親を

主とした家族との個別具体的なコミュニケーションによる発達が必要とされる。かつて旧ソ連や中国などの社会主義国で，あるいはイスラエルなどでも，大規模な集団保育が試みられたことがあった。これはいわゆる計画経済に基づいて，労働力の確保が問題であったために，女性（母親）を含めた全成人を労働力として確保するために取られた政策であったのだが，今日ではこのような大規模な集団保育を公教育の一環として行う例は見られない。これらの例が〈失敗〉であったという具体的な報告はないようだが，親の教育権をその最も基盤となる時期に奪うことになるという意味でも，こうした例が見られなくなったことには理由がありそうである。

> 集団保育

発達段階説ではおおよそ 4 歳くらいまでが〈しつけ期〉，4 歳から 6 歳くらいまでが〈第一反抗期〉と名付けられている。発達段階説ではそれぞれの時期に克服すべき発達課題（developmental tasks）があるとされているのだが，しつけ期の発達課題は日常的な生活習慣を身に付けることであるとされる。いわゆるトイレットトレーニングから始まり，衣服の着脱，洗顔・歯磨き，食事等の日常的な基本行動を〈ひとりで〉できるようになることが求められる。もちろんその中には母語を身に付け，家族とのコミュニケーションができるようになるということが含まれるが，この点については，いわゆるリテラシーの問題と関連させて後に論じることにしたい。

> しつけ期
> 第一反抗期
> 発達課題

ここで重要なのは，この〈日常的な生活習慣〉が私的なものでなければならない，ということである。母体の中にいる間の胎児の発達は，むしろみな〈同じ〉ようなものであるはずである。胎児の環境を形成している母体の状態は，むろんさまざまな〈違い〉を見せはするのだが，その差は比較的に小さく，たとえば未熟児を人工保育器の中で育てることが可能であるように，そこに〈一定の〉条件を作ることは十分に可能である。ところがこれに対して，誕生後の〈母子の関係〉は個別具体的なものとしてしか存在し得ない。子どもはまずそれぞれに異なる具体的な母子関係を内在化させることによって，人生の第一歩を踏み出すのである。

日本のようにトイレットトレーニングを非常に重視する文化もあれば，そんなことはいずれ自然にできるようになるのだからと，おむつが外れることをさほど重大視しない文化もある。衣服も食事も，その他さまざまな生活習慣は地方により，時代により，さまざまな〈違い〉を見せるはずである。また，子どもが最初に身に付けることばは，まさに〈母語〉としか言いようのない個別具体的なものである。決して抽象的な〈言語〉がいきなり身につくのではない。それぞれに異なる家族関係，家庭環境の中で，具体的なコミュニケーションが行われることが重要なのであって，この時期の教育は親が〈手をかける〉以外にはなし得ないのである。たとえば親のない子に親代わりの誰かが〈手をかける〉ことは可能であっても，それをロボットやコンピュータに任せることはできまい。コンピュータのプログラミングは〈具体

> 母語

性〉を欠くからである。それは抽象化され，普遍化された，〈共通の（同じ）〉行動様式を前提としている。生まれたての子どもはまだその共通の行動様式を獲得していない。それを獲得するためには〈その子〉と〈その親〉との個別具体的な（それぞれに違う）コミュニケーションが必要なのである。

● ……… 第一反抗期の発達課題

　しつけ期に続く次の時期の発達課題は〈自我の確立〉ということであるとされている。しつけ期に身に付けた個別具体的な母子関係は，当の子どもにとっては〈まるごと〉のものとして，換言すれば自分と母親とは一体化されて意識されているのであるらしい。そのまるごとの関係を断ち切り，自分と母親とがそれぞれ独立した別の存在であると認識すること，これが自我の確立ということである。ここでも私なりの解釈をするならば，自分と母親とが〈違う〉ものであるとわかる，ということは，たとえば「ママ」という〈ことば〉が，自分の母親を指すと同時に，ほかの子どもとその母親との間でも〈同じ〉意味を持って使うことができるものであるということが〈わかる〉ということであろう。あるいは自分と母親との関係を抽象化し，普遍化して捉えることができるというふうに言ってもよいだろう。〈違う〉ものを〈同じ〉ことばで呼ぶことができる，このことがことばの習得においてはきわめて重要であることは言うまでもあるまい。

　子どもたちはこの認識を得るために（決して子どもたち自身がそれを意識している，という意味ではない）駄々をこねたり，わざと汚いことばを使ったりして，親に「こっちを向いてくれ」「叱ってくれ」というサインを送っているのであると考えられている。反抗期ということばが用いられる理由である。母親に叱られることによって，一体化して認識されていた自分と母親とが，それぞれに独立した〈別の（違う）〉存在であると確認されるというのである。この時期までの子どもにとって，自分とその家族とが〈同じ〉存在であるということはいわば自明のことである。〈同じ〉ものが実は，ママ，パパ，そして自分と，それぞれに〈違う〉独立した存在であると〈わかる〉ことが必要なのである。だからこの時期には一方的に甘やかしすぎることは慎むべきなのかもしれない。少子化が進み，子どもに十分に手をかけることが可能になればなるほど，いわゆる過保護な育児が一般的になっていってしまうことは避けられないが，あえて子どもの自我の確立を助けるために，きちんと叱るべきは叱る，というような態度も必要であろう。一般には幼稚園に通う時期でもある。友達を作り，自分の家族以外の人とのコミュニケーションをきちんと取っていくことも必要になる。〈同じでありながら違い，違っていながら同じ〉の自己確認を手助けする教育のあり方を考えていくべきであろう。

> 自我の確立

UNIT 23 ●生涯発達という考え方
小学校期における発達

●……想像生活期の発達課題

おおよそ6歳から8歳くらいまでの時期，すなわち小学校低学年に当たる時期は，発達心理学の通説に従えば，〈想像生活期〉と呼ばれ，また〈他律道徳期〉とも〈よい子期〉とも呼ばれている。母語を完全に身に付けることによって，ことばによる〈想像力〉を羽ばたかせることができるようになる時期であり，同時にこの前の時期に確認した〈自己〉と〈他者〉の区別を家族関係の外側へ拡大していく時期でもある。親から〈叱られる〉ことによって自己確認を図ることから，家族以外の者を含む〈おとなたち〉から〈ほめられる〉ことによって，自己確認を図ろうとするのだといわれている。個別具体的な家族関係の中の自分だけでなく，家族の外側に広がる社会の中での自分の立ち位置を確認するという意味では，社会人になる第一歩と言えるかも知れない。

おとなにほめてもらいたい，ということがこの時期の子どもの自然な欲求になるので，この時期の発達課題は最も基礎的な社会通念，社会常識としての道徳律の内在化，ということになる。「嘘をついてはいけない」とか，「卑怯なことをしてはいけない」とかいった，その社会における〈常識的な〉道徳律を身に付けていくわけであるが，このことが〈おとなにほめられたい〉という自然な欲求によって比較的容易に達成されることになるのである。〈よい子期〉と俗称されるゆえんである。あえて逆説的な言い方をしてしまうならば，この時期の子どもたちは，だから決して単純に〈純粋無垢〉であるのではない。どうしたらおとなにほめられるか，どうしたらおとなに認めてもらえるかと考える時期であるという意味では，実は非常に打算的な時期であるとさえ言い得る。日本独特の童心主義的な考え方は，ここでもある種の誤解に基づいていると私は思っている。もちろん，この時期はその名称の通り，〈よい子〉であろうとする時期であるから，想像力に基づく知識欲が最大限に膨らむ時期ということとも相まって，義務教育の開始に適した時期である。世界中のほとんどの国が5～6歳を義務教育の開始年齢と定めている。

●……知識生活期と徒党期の発達課題

小学校の中学年は知識生活期と名付けられている。その名の通り，さまざまな知

想像生活期
他律道徳期
よい子期

知識生活期

識をことばとして身に付けていく時期である。人生の中で最も記憶力に優れた時期であるとされ，ちょうどスポンジが水を吸い込むようにあらゆる知識（ことば）を吸収していくことのできる時期である。あるいはスポーツの才能，音楽の才能，美術の才能，といったような特殊な〈技術力〉が身につく時期でもあるが，心理的な発達の面では目立った発達課題が目につかない時期でもあるので，その意味では〈過渡期〉であるともされている。

過渡期

小学校高学年は〈徒党期（gang age）〉と呼ばれる。徒党（gang）とは顔と名前のわかった近しい仲間集団という意味である。したがってこの時期の発達課題は〈友だち〉を作り，〈友情〉の重要性を認識することである。もちろんその中には，親しい友人集団の中での自分の立ち位置を確認し，自分の役割分担の意識を持つことが含まれる。現代では年齢の異なる子どもたちが一つの遊び仲間を作り，年長の者がリーダー（ガキ大将）になり，メンバーがそれぞれに異なる役割を分け持つ，という形の遊びは見られなくなりつつある。かろうじてある種のスポーツ仲間（少年野球などのチーム）などではこうした役割意識を育てることがまだできているように思えるが，そうした特別なグループに参加することのできない子どもにとっては，この〈役割認識〉が困難になっているという指摘もされている。とりわけ現在の学校教育においては，〈平等〉意識が強調されてしまうので，性格や能力に〈違い〉のある者同士が小集団を作ったときに，その中に自然発生的に生じる役割分担の重要性が認識されにくい，ということは言えるだろう。「みな同じでなければならない」という価値観が強調されすぎると，自分たちとは何となく〈違う〉者を排除しようとする傾向が芽生えざるを得なくなる。現在日本で問題視されている〈いじめ〉の問題は，子どもたちがそれぞれの〈違い〉を認識する機会を奪われているということの証左なのかも知れない。

徒党期

役割分担

● ········**小学校期のリテラシー**

改めて確認しておこう。小学校期は一つにはいわゆるリテラシーを獲得しなければならない時期である。ここでもリテラシーの発達については後にまとめて考えることにしておくけれど，個別具体的な日常生活の中で獲得したコミュニケーション能力を，現実世界の〈外へ〉拡大していくこと，つまり豊かな想像力に支えられて，まだ見たことがない非現実的な〈世界〉を自分の〈中へ〉取り込んでいくことが必要とされる。だから，この時期に求められるコミュニケーションの能力は，〈今ここにいない〉人とのコミュニケーション能力である。地方ごとの方言であるとか，〈仲間内で〉通用する隠語・俗語による〈会話能力〉ではなく，空間を超え，時間を超えて，想像の中にしか存在しない人々と自由にコミュニケーションを取ることができるためには，抽象化された〈書きことば〉を操る能力が必要で，それこそが

リテラシー

書きことば

まさにリテラシー（読み書き能力）と呼ばれるものである。この意味で学校教育の最大の役割は読み書き能力の獲得を援助し，支えることであると言えよう。

一方ではいわゆる情操教育，道徳教育，あるいは体育などの面でも，この時期はきわめて重要な時期である。しかしながら，この点においても，あるいはこの点において特に，日本の公教育はある種の誤解をしていると私は思う。一斉授業の限界についてはUNIT10でふれたけれど，上述のように，一斉授業を前提とした学校教育は，実は知識としてのことばの，つまりリテラシーの獲得のためにこそ作られた機構であって，情操教育や道徳教育の〈ためには〉ふさわしい機構であるとは言えない。私たちはつい，教育ということばについて，知育・体育・徳育の三位一体，などということを理想と考えてしまうけれど，そしてそれが理想であることは間違いないのだけれど，それを〈学校〉が行うべきことであるのか，あるいは〈学校〉がそれを引き受けることが本当に可能なことであるのかどうか，改めて真剣に考えてみる必要があると思う。繰り返し述べているように，生涯教育・生涯学習の理念とは，さまざまに異なる教育の〈現場〉の〈統合〉を図ろうという理念である。学校と家庭と地域社会とが，あるいは友だち仲間とかスポーツチームとかいったさまざまな〈集団〉が，それぞれに〈違う〉一定の〈教育力〉を持っているはずである。あるいは先にドベスを引いてみたように，路地や林にさえ，あるいは本を読んだり，テレビを見たり，といった日常生活のすべてがそれなりの教育力を持っていることも忘れられてはならない。学校に教育を独占させるのではなく，私たちの〈私的な〉生活の中に一定程度教育を取り戻していかなければならないのである。

●………知育と徳育

たとえば道徳教育のことについて考えてみよう。欧米の民主主義国においては，原則として公立の学校で道徳教育を行うことは許されていない。なぜならば一般に道徳とは宗教に付随して考えられるものだからである。民主主義国においては信教の自由ということが大原則であるから，公立の学校で宗教教育を行ってはならない，すなわち道徳教育を行ってはならない，という理屈はごく自然なものなのである。そしてもうひとつ，学校では道徳教育が禁止されているという理屈のほかに，実際にそれを学校で〈行う〉ことが不可能であると考えられているということにも日本の教育者は気がついていないように見える。一般の教科教育（知育）においてはカリキュラムを作ることができる。到達目標を定め，その目標を達成するための計画を立てることができる。それは一応，〈すべての子どもに共通の〉目標とすることが可能である。ところが，情操教育や道徳教育において，〈すべての子どもに共通の〉目標を立てることが本当にできるだろうか。教育目標の是非についてはすでに論じたけれど，親のない子に，あるいは親から虐待された経験を持つ子に，「親孝

行をしよう」という学校教育は適切なのだろうか。学校は，少なくとも近代の公教育の制度は，〈全員一律〉が原則である。全員一律の情操教育とか，全員一律の道徳教育とかいったことが果たして可能なのだろうか，あるいはそれを一定のカリキュラムに沿って行うことができるのだろうか。

　先に小学校低学年では〈一般常識としての〉社会道徳を身に付けるべきであると述べた。この時期には「先生にほめてもらえる」ということが子どもたちの喜びになるので，ある程度は授業の一環として，ごく一般的，基礎的な社会道徳を〈教授する〉ことは不可能ではない。しかし，たとえば高学年の徒党期においては，一旦獲得した一般的な社会道徳を，個別具体的な〈仲間の掟〉と照らし合わせて再確認することが求められる。親の言いつけを守ることと，仲間の掟を守ることとのどちらを優先すべきか判断し，実際の行動に表さなければいけない。「嘘をつくことはいけない」という単純な道徳律を超えて，「嘘も方便」ということがあり得るのだということを，個別具体的な生活経験の中で認識しなければならない。「親孝行をせよ」と，親のない子に向かって言うことは残酷な仕打ちにもなり得る，ということを実感することができなくてはならない。みな同じ，という道徳律を超えて，生活の〈現場〉において，その時，その場によって違う〈自分の判断〉を下さなければならないのである。それは学校の授業の中では実行不可能な〈教育〉であろう。それはあくまでも私的な生活の〈現場〉において，ひとりひとりの個人的な〈経験〉の積み重ねの中においてしか学ぶことのできないものであると私は思っている。

　あるいは先にふれたスポーツや芸術などの特別な才能を育てる教育のことも考えてみてほしい。こうした〈技能〉の発達については，ある程度のカリキュラムを作ることが可能である。自動車学校へ通えば，まずは〈誰にでも〉運転技術を習得させることが可能なのである。しかしながら，こうした技術指導は，実際には〈同時一斉〉の教育は不可能で，いわゆる個別指導に頼らざるを得ないものであろう。学校における特別活動（部活）のような形を考えることはできるけれど，やはりそこには〈特別な〉教育機会が必要であって，それを公立の学校に全面的に委ねることはできまい。また，こうした教育には，当然に〈その分野における〉専門的な指導者が必要であることは言をまたない。現在の日本の教員免許状には〈定めのない〉分野の教育を，〈一般の〉教師にさせてはいけない，という当たり前のことを口にする教育関係者がいないことが私には不思議でならない。

option E

Pacific Way of Life

　私の個人的な体験に基づく話になって恐縮だが，1988年に南太平洋の国々を訪れたときのことを語ってみたい。当時は中国を始めとする〈新興国〉の経済発展が著しかった時期で，これに伴い石油・石炭の消費量が世界的に急増し，環境の悪化が懸念されていた。〈エコ〉とか〈リサイクル〉とか〈省資源〉とかいったことばが喧伝され，「地球環境の保全」が世界的なイシューになり始めていた。

　私はパプア・ニューギニアを皮切りに，ソロモン諸島，フィジー，トンガ，サモア，などといった島国を回る旅をしたのだが，あちこちの空港などで「南太平洋会議」なる国際組織が主催する「Pacific Way of Life」というキャンペーン・ポスターが目についた。ときには空港から街へ向かう高速道路脇に大きな看板が立てられたりもしていた。おそらくは環境保護問題に関するキャンペーンであろうと想像はついたのだが，今ひとつ具体的な内容は曖昧であったので，フィジーの首都スバにある南太平洋会議の事務局を訪問し，「あちこちで見かけるPacific Way of Lifeのキャンペーンは一体何を意味するものなのか」と尋ねてみた。すると，要旨こんな答えが返ってきた。「あなた方北の国の人々は（当時はまだいわゆる南北問題がくすぶっており，北の国，南の国という言い方が普通にされていた。）『今日できることを明日に延ばしてはいけない』と言うでしょう。私たち南の国では『明日できることを今日するのはやめよう』と言うのです。それが南太平洋式の生き方なのです。地球環境の問題を考えるためにはこの考え方が大事ではないか，北の国の人々の〈経済至上主義〉を改めてもらわなければならないのではないか。あるいは私たち南の住人も，最近経済至上主義に染まりつつあるのではないか。もう一度古き良き南太平洋式生活スタイルに立ち戻って考えてみよう。そういう考えに基づいて，キャンペーンを展開しているのです。」というのである。

　北の国（ヨーロッパ，アメリカ，日本など）では冬に食べ物がなくなる。冬に備えて暖かい時期に食料を備蓄しておかなければならない。また，北の国では干ばつや洪水などによってしばしば重大な〈飢饉〉が起きる。飢饉に備える食料品の備蓄は，権力者にとってもきわめて重要な政治課題なのである。「明日のために備える」これが北の国の生き方である。「勤勉」「努力」「節約」「知足」などといったことが美徳とされ，「怠惰」「贅沢」「放漫」「わがまま」は非難されることになる。マックス・ウェーバーによれば，このような道徳律はプロテスタンティズムに淵源を持つとされるが，日本では明治期以降の教育界を支配した報徳教（二宮尊徳の教えに基づく思想）が典型的なものである。わが国の教育界には未だにこの報徳教の影響が色濃く残っている。

　これに対して熱帯地方では基本的に〈飢え死に〉の心配がない。季節的に食べ物

がなくなる時期はないし，大嵐が来たとしても食料がまったくなくなるという恐れはほとんどない。特に海岸近くの地方では豊富な食料が海から得られる。熱帯における生命の循環は，温帯・寒帯に住む私たちの想像を絶するほどに〈猛烈〉で，いわゆる食物連鎖の下位にある小動物の繁殖力にはすさまじいものがある。「明日のために備える」必要はないのである。その代わり，熱帯の土壌は薄く，脆弱である。自然があらゆる意味で循環を続けている間はよいが，いったんその循環が止まると土壌はあっという間に生命を支える力を失う。だから〈採りすぎ〉てはいけないのである。今日食べるものが〈ある〉のに，「明日のために」余分の食糧を確保することは〈悪徳〉なのである。「明日でよいことを今日してはいけない」これが南の国の〈道徳律〉である。

　熱帯雨林では植物は急速に生長する。その葉や果実は多くの小動物の餌になり，小動物はより大型の動物の餌になる。大量の落ち葉と動物の糞や死体は，高温多湿の条件下で速やかに微生物によって分解され，新たな植物の栄養となっていく。これが熱帯地方における生命の循環である。かつてヨーロッパの白人がアフリカを植民地として行ったように，森林を切り開き，大規模な畠を造成し，トウモロコシなり小麦なり綿なり，そういう〈単一作物〉を大量栽培すれば，熱帯の生態系を形作っていた多種多様な動植物は生きてゆけなくなる。森林が破壊され，土壌に直接日光が当たるようになれば，分解者である微生物が死滅する。土壌は乾燥するし，土壌が乾燥すれば雨が降らなくなって乾燥はさらに急激に進行する。これが〈砂漠化〉という現象である。一旦砂漠化した土壌を回復させることは難しい。結局生態系は〈まるごと〉失われてしまうのである。近年の考古学調査によれば，古代メソポタミア文明，インダス文明，地中海文明（エーゲ海，ギリシアの古代文明）のいずれにおいても，豊かな森林のあった場所に発達し，その森林が失われて衰退していったらしいことがわかってきている。

　私たち北の民は，南の民の「明日でよいことを今日してはいけない」という〈美徳〉をなかなか理解できない。勤勉を旨とする私たちの道徳律は，つい南の国の人々を〈怠け者〉であると見下し，北の道徳律を押しつけようとする。確かに私たちの目には熱帯の住人は怠惰に見えるのだが，上記のように少し見方を変えることができれば，むしろ怠け者であることこそが地球を救う可能性のある態度かもしれないのである。（言うまでもないが，南太平洋の島々でも，人口の急増による〈人口圧〉は増え続けている。いつまでも Pacific Way of Life を言い続けることができるかどうかは予断を許さない。）

　日本の教育者たちは「万古不易の道徳」などということを言いたがる。自分たちの常識の中にある道徳が普遍的なものであると信じていたいのである。また教育目標の話に戻ってしまうけれど，「万古不易の道徳」などというものはあり得ない。自分が持っている価値観を絶対視することは〈幼稚な〉態度である。世界に目を広げよ，自らの常識を疑え，非常識・不道徳に挑戦してみよ，そういう〈教育〉が求められているのではないだろうか。

UNIT 24 ●生涯発達という考え方
中等教育期における発達

●………第二反抗期の発達課題

<small>初等教育期
中等教育期
ヤングアダルト</small>

　小学校期を初等教育期と呼び，中学・高校の時期を中等教育期と呼ぶ。図書館サービスにおいては，しばしばヤングアダルト（young adult）という言い方がされる時期である。中等教育期は前期（中学校）と後期（高校）とに分けられる。そして言うまでもなく，前期中等教育までが義務教育期間であり，後期中等教育は義務ではないのだが，今日の日本では高校へ進学することは当たり前になってしまい，それが義務教育ではないということが見失われがちになっている。このことが，UNIT18でふれたように，子どもたちの進路選択を先送りさせ，社会経験を積み上げる機会を奪っているのではないか，ということについては改めて真剣に考えてみる必要のあることだと思われる。それというのも，この時期こそが，子どもたちにとって，少なくとも心理的な面で，〈自立〉を目指す時期だからである。

<small>第二反抗期
思春期</small>

　12歳頃から14歳くらいまでのおおよそ2年間がいわゆる第二反抗期である。思春期とも言われ，異性を意識し，性に対する強い興味を抱く年齢である。自分の将来を考え，恋愛や結婚というようなことまでも含めて，自分の将来を多少なりとも現実的に考えるようになる時期なのである。自分の将来を多少なりとも現実的に考えるということは，当然のことながら，そこに〈希望〉と〈不安〉とがない交ぜになるということでもある。今目の前にある〈自分の親〉の生き方と，自分の将来のそれとを重ね合わせてみる，ということでもある。ものの見方・考え方はどうしても自己中心的になり，希望と不安とが強ければ強いほど，その態度は反抗的にならざるを得ない。それが当たり前なのである。反抗的になるな，自己中心的なものの考え方をしてはいけない，と言うことにはあまり意味がない。むしろこの時期の子どもたちの反抗心を受け止めてやる度量が〈教育をする側〉には求められる。どうすればよいのか，についての処方箋はない。ここでも公教育（学校）ができることは限られているはずで，〈組織的・計画的〉ではない，むしろ偶然の機会を生かすような，〈曖昧な〉教育機会の創出が求められているのだと私は思う。そういう意味での読書（映画鑑賞でも音楽鑑賞でもスポーツ観戦でもよいのだが）と図書館の役割が考えられてしかるべきであろう。

●………〈おとな〉への通過儀礼

　振り返ってみてほしい。みなさんが小学校を卒業し，中学校へ入学したときには，かなり大きく意識が変わったはずである。小学生時代には「自分はまだ子どもだ」と意識していたはずだけれど，中学へ入ったとたんに何となく〈これまでとは違う自分〉になったような気がしたのではないだろうか。学校が変わり，服装が変わり，教科が変わり，周囲の自分に対する態度が変わり，自分自身の態度も変わり，そして自分が変わったということを意識する。小学生の間は自分が変わっていくことに気付くことはあまりない。毎日が〈同じ〉ように見えたはずである。ところが中学へ入ったとたんに，それまでとは違う自分に気付く，このことが非常に重要なのだと思う。昔ならいわゆる〈元服〉に当たる一種の通過儀礼（initiation）であると言ってもよいだろう。

通過儀礼

　一方でもうひとつ重要な〈違い〉が見えてくる。自己中心的なものの考え方をすればするほど，自分と他人との〈違い〉が意識されるということである。とりわけ，高校への進学率がそれほど高くなかった時代（昭和30年代前半の高校進学率は50％に達していなかった）には，クラスメートの半分は中学卒業と同時に就職したわけである。女子は卒業後まもなく結婚するという例も少なくなかった。進学したくてもできない，という級友もたくさんいたし，もちろん自分自身がそういう境遇であることもあるわけで，それぞれの進路が〈違う〉ことが当たり前だったのである。だから子どもたちはそれなりに真剣に，自分の将来を考えざるを得なかった。〈他人とは違う自分〉の生き方について思い悩むことが必要だったのだし，またいやでもそうせざるを得なかったとも言えよう。〈今までとは違う自分〉に気付き，〈他人とは違う自分〉に気付く，これがこの時期の発達課題である。

　それなのに，現代日本の教育は，この〈違い〉を強烈に意識させることが必要だ，という認識を持っていない。中学生に，小学校低学年にこそふさわしいごく〈幼稚な〉道徳教育を行い，反抗心を押さえつけ，〈みな同じに，平等に〉ということばかりにかまけているように私には見える。〈他人とは違う〉という意識を持てば，ある種の僻み，妬み，そして劣等感や挫折感といったものにも突き当たることは避けられない。そうした感情をすべて〈よくないこと〉だとして排斥しようとすれば，かえって子どもたちの発達を妨げる結果にもなるのだ，ということを教育に携わる者は心得ているべきであろう。当然のことながら，公教育においては少なくとも「反抗せよ」とか「劣等感を持て」とかいう教育を行うことはできない。だからここでも学校の役割はむしろ小さくなるべきなのである。過度に学校に〈全人教育〉を求めてはいけないのである。学校の役割は〈知識の教授〉に限るべきではないかとさえ私は思っている。

全人教育

●………連中期の発達課題

　第二反抗期に続く2年間ほどは連中期（crowed age）と呼ばれている。連中（crowed）とは，顔も名前も特定されない不特定多数の〈仲間〉のことである。小学校期の徒党（gang）が，顔と名前とを特定できる少人数のグループを指していて，その仲間に入り，その中での自分の〈役割〉を受け持つことが重要な意味を持っていたのに対して，この時期には自分と不特定多数の人々とが〈同じ〉立場に立ち，同じ仲間になる，ということが重要であるとされる。徒党期の発達課題が〈友だち意識の獲得〉であったとするならば，この時期の発達課題は〈連帯感の獲得〉ということになるだろう。第二反抗期に獲得した〈誰とも違う自分〉を，もう一度〈みんなと同じ自分〉に返していく，という心理的作業を行う必要があるのである。サッカーのサポーターや芸能人のファンクラブや，あるいは災害地へのボランティア活動など，見知らぬ者同士が〈同じ〉目的の下に〈仲間〉を作り，自分もその〈同じ〉仲間の一員として行動する，その意義を自覚する，これが連帯感というものであろう。

　古い時代にはこの連帯感の獲得には大きな困難があったと思われる。人々は狭い地域共同体（ムラ）に縛り付けられており，ムラの人々はすべて〈顔なじみ〉であったから，その〈外に〉いる人々と自分とが〈同じ〉であるということを認識することは容易ではなかったはずである。だから昔の人は「かわいい子には旅をさせよ」とか「他人の釜の飯を食わせよ」とか言ってきたのであろう。現代社会においては，上述のように〈他人とは違う自分〉を意識させることが難しい。そこへいきなり〈みな同じ〉であるべきだ，という強制的な〈教化〉が行われると，この〈違っていながら同じ〉という部分が認識されないでしまう。そこへ日本独特の島国根性とでも言うべきものが加わると，きわめて排他的な〈ムラ〉意識が醸成されてしまう。現代の若者たちにこそ，「ムラに閉じこもるな，外の世界へ出よ」と勧めることが必要ではないだろうか。そしてここでも，自分の知らない外の世界にいる自分とは〈違う〉人々が，実は自分と〈同じ〉であるのだ，ということに気付かせてくれる最も手軽な手段が文学であり，芸術なのである。その意味では，青少年に〈悪影響を及ぼす〉とされるようなものでさえ，あるいはむしろそうしたものの方が，〈違っていながら同じ〉を気付かせてくれるという意味ではより効果的であるとさえ言えよう。ここでも学校教育の場でそうした〈悪書〉を推奨することはできないのだから，広義の社会教育の場で，そうしたものにふれるチャンスが残されている必要があると私は思う。〈悪い〉ものを禁じ，排除するのではなく，悪いものを悪いと実感させるためには，少なくともそれらに〈ふれる〉ことができなくてはならない。そうやって少年はおとなになってゆくのである。

●………個性の発達と選択肢の提供

　中等教育期には，当然それぞれの〈個性〉が発達するので，能力的にも，興味関心のありようについても，個人差が大きくなる。したがってこれ以降の発達段階については決して一律に考えられるべきではない。年齢はあくまでも〈目安〉的なものでしかなく，それ以上の意味を持つものではない。それなのに日本の公教育はこの大きな個人差を無視し，〈全員一律〉のカリキュラムを，高校生にさえ強制している。スポーツや音楽やといったさまざまな分野で，それぞれに特有の技能，才能を伸ばしてやるためには，それなりの〈特別な〉教育の機会が必要だ，ということについてはすでに述べた。だとすれば，科学や文学や，といった面においてもそうした〈特別な〉教育・学習の機会は必要であるし，また逆に発達の段階を上がることが〈遅れてしまった〉者に対する〈特別な〉教育機会を与えることが必要でもあろう。とりわけ何らかの障害を抱えていたり，重篤な病気にかかったり，あるいはさまざまな要因で，みなとは〈違う〉生活環境にある者（在日外国人とか帰国子女とか，親を失ったとか親から虐待されたとか，それこそ本当に多種多様な〈違い〉があり得ることを，日本の教育者は無視し続けている）に対して，それぞれにふさわしい〈特別な〉教育の機会を提供すること，それこそが生涯教育の理念である。高校進学率が百パーセントに近い，ということを安易に誇るべきではない。

　もうひとつ，これもすでに述べたことではあるが繰り返しておきたい。この時期には自分の将来を考えなければならない。職業についても，結婚についても，自分の夢を膨らませていかなければならない。すなわち進路の選択を考えることが必要なのである。それなのに，むしろ〈教育熱心な〉家庭ほど，大学への進学を当たり前のこととして考えてしまい，子どもたちの進路選択を先延ばしにしてしまうようになった。実は大学へ行く，ということは自分の進路を大きく狭めてしまうことでもある，ということに多くの人が気がついていない。四年制の大学を卒業すれば最低でも22歳である。それではすでに〈手遅れ〉であるような職業も決して少なくない。少なくとも大学で何を専攻するか，ということについてはこの時期のうちに決めておくべきではないだろうか。ここでも日本の公教育制度は，子どもたちから〈選択〉の権利を奪い続けているように思われる。子どもたちの〈目に見える形で〉選択肢を提示するということが考えられるべきであるし，少なくとも高校のカリキュラム（学習指導要領）は，より選択の余地のあるフレキシブルなものにすべきであると思う。イリッチやトフラーが唱えたように，この時期の者に対する〈学校教育〉の意義は，より過小に捉えておく方がよいのかもしれない。

（欄外）個性　進路の選択

UNIT 25

●生涯発達という考え方

成人の発達

●────個性自覚期から社会適応期

個性自覚期

社会適応期

　連中期以降の発達段階は，個人差が大きくなるとともに，それぞれの個人がおかれている社会環境によって大きく左右されることになるので，これをあまり重視してはいけないのだが，一応の目安としては連中期に続く2年ほどが〈個性自覚期〉，その後は〈社会適応期〉と名付けられている。文字通りに，これまでに内在化した自己の〈個性〉を，すなわち他人とは違う自分を再確認し，それぞれに〈違う〉他人との〈関係性〉を構築し，社会の中での自分の立ち位置を作り上げていくことが求められるのである。繰り返し述べてきたように，〈他人とは違う自分〉を自覚し，その上で〈みなと同じ自分〉を確認する，という心理的作業を繰り返して人は発達していく。そして最終的に，ほかの誰とも違う独特の個性を持った自分が，それぞれに異なる個性を持つ他の人々と複雑な〈関係性〉を保ちながら，全体として同じ一つの〈社会〉を作っているということを確認できてはじめて，人は〈おとなになる〉ことができるのである。ここでも必要なことはいわゆる〈人生経験〉であって，学校における限定的な〈教育〉ではあるまい。生涯学習・生涯教育の理念が求められた理由がここにもある。

人生経験

　近代化が進んだ社会においては，教育期間が限りなく延長される傾向があり，そのことが青年たちに，社会の中での複雑な関係性の中にある自分，という自己確認の作業をさせない結果をもたらしがちである。つまりこの個性自覚期から社会適応期の発達が遅れがちになるのである。とりわけわが国においては，〈みな同じ日本人〉という意識が強調されすぎる嫌いがあり，他者とは違う自分の個性を発揮しすぎると周囲から〈浮いてしまう〉ということになりがちで，また民族や宗教を異にする，自分とは明らかに〈違う〉人々と共存・共生するという経験をすることが困難であったこともあって，その傾向は世界にも例を見ないほどに強く，問題は深刻であろうと思われる。

●────受験勉強の弊害

　これもすでに述べたことだが，変化の激しい現代にあって，おとなたちが若者たちに〈教える〉べきことはあまり多くない。若者にとって必要なことは，自分自身

の見えない未来に対して，何が本当に〈役に立つ〉ことなのかを自ら考え，自ら探し求めていく能力であろう。それは決して〈教えられる〉ことによって得られるものではないと私は思う。狭義の〈教育〉ではなく，主体的な〈学習〉が重視されなければなるまい。

　振り返ってみれば，大学進学率が2割を超えなかった時代には，大学生になればいやでも，自分がそれなりに〈特別な〉立場にあるということを自覚せざるを得なかった。「大学生は先生に教えてもらうのではなく，自分自身で学ぶものだ」というように言われもし，自分でもそのように感じることができたのである。大学では〈自治・自由〉が前提で，学生の自主的な学習活動がそれなりに保証されていたとも言える。もちろん進学しない者の進路はさまざまであるのだから，就職した者，結婚した者の〈自由〉は大きく制限されることになりはしたものの，少なくとも他者との〈違い〉と，違う者同士の〈関係性〉の重要さを意識することはできた。ところが進学率が向上し，〈みな同じになる〉ことこそが平等で〈正しい〉あり方だ，というような風潮が強まると，若者たちの自由は逆にどんどん奪われていくことになりかねない。文部科学省は〈大学の自由〉を嫌い，財政難を理由に大学への予算を削減する，という形での統制を強め続けてきた。全国の大学がみな〈同じようなもの〉になってしまえば，大学生が〈他者とは違う自分〉の自覚を持つことは困難にならざるを得ない。大学への進学率が過半数を超え，大学へ行くことが〈当たり前〉になってしまえば，大学へ進学しなかった者は，そのことについての劣等感をしか感じられなくなる。

　このような形の〈大学進学競争〉は，日本，韓国，中国などの東アジア諸国で特に過熱しているように見える。そしてとりわけ，この進学競争が，いわゆる〈受験勉強〉に特化した形で現れると，〈答えを求める〉という勉強を若者に強いることになり，この時期の発達にとってきわめて重要である〈答えの見えない問題に挑戦する〉という態度を萎えさせてしまう。さらには大学においても，無事に卒業してよい就職をする，ということが自己目的化し，挑戦とか冒険とかいったことへの価値が認められなくなる。教育は常に〈試験〉を前提にしたものになり，真の意味での〈学習〉ではなく，模範解答を探すだけの〈試験勉強〉へと貶められていく。いわゆる先進諸国においては，生涯教育の理念はこうした〈教育＝試験勉強〉という〈常識〉を考え直さなければならない，という反省から生じたものでもあったはずなのに，ここでも日本はその〈見直し〉作業を怠ってしまった。青年期から成人期にかけての若者たちにいかなる学習の機会を与えればよいのか，今こそ私たちは真剣にこの問題に立ち向かうべきであろう。

進学競争
受験勉強

● ………成人の学習機会

　従来の発達心理学においては，人は20歳前後で発達の頂点に達し，いわゆる成熟（mature）を遂げて，これ以降は目立った形での発達はしないとされてきた。そしていわゆる壮年期の間はこの成熟状態が維持され，その後ゆっくりと衰退（老化）の時期に入る。これはいわば発達を巻き戻していくような過程と考えられ，そしてある日死という形で人生に終止符が打たれる，そのようなイメージで人生が捉えられていたのである。したがって成熟を迎えた段階で人への〈教育〉は終了する，という考え方がされていたわけである。

　生涯教育の理念がこうした考え方を真っ向から否定して唱えられたものであるということについては冒頭で述べた。人は一生を通じてそれぞれの自己実現を図っていかなければならない。人は一生を通じて自己の社会の中での〈位置づけ・意味づけ〉を考え続けていかなければならない。人はまた，自己と他者との〈関係性〉を深め続けていかなければならない。一つの家族の中だけを考えてみても，結婚して新しい家族を作る，子どもが生まれる，その子が成長していく，自分の親が死ぬ，子どもが結婚する，そうしたことのたびにそれらの人々との間の〈関係性〉は変化し，深まっていく。ましてや家族の外側にいる多くの人々との関係性は，個人の発達とともに大きく変化し，複雑化していく。さらに現代においては，多くの家庭を含み込んでいる社会の全体が刻々と変化し続けている。かつてのように社会の変化が少なかった時代には，人々の間の〈関係性〉がそのまま維持されているという感覚を持ち得たので，あるときまでに手に入れた教育・学習の〈成果〉が役に立ち続けることを期待できたのだが，現代ではそうはいかない。人はみな，一生を通じてそれぞれに学び続け，発達し続けなければならなくなったのである。これがUNIT9で述べた〈learning to have〉から〈learning to be〉への価値観の転換である。

　だから，本来私たちは（文部科学省は，と言いたいところだが，あえて私たちは，と言っておく）生涯学習社会を目指す，という方針をとったそのときに，成人に対する学習機会の充実をこそ考えておかなければいけなかったはずなのである。学校教育と社会教育の〈統合〉を考え，成人の〈学習の自由〉を保証するような教育制度を志向すべきだったのである。それなのに，その後に実行された教育政策はむしろ果てしなく〈学校教育〉を拡大させ，〈学習の自由〉を制限する方向のものばかりであるように思われる。大学のあり方については後にもう一度検討してみることにしたいが，高校・大学における教育の充実と，成人（もちろん高齢者や外国人など多様な人々が含まれることを忘れてはいけない）に対する学習機会の充実とを統合的に見直すべきではないだろうか。教育とはその本来の意味で常に〈未来を見据えた〉いとなみでなければならない。日本の教育政策が目先の問題にばかり気を取

学習の自由

られているように見えるのが，私には大いに不満である。

●………リテラシー（識字）教育

　その意味で，私が現在の日本の教育において最も不十分，不適切であると思っていることがいわゆる識字教育，リテラシーの問題である。現在の日本ではこれはあくまでも〈国語教育〉の一部であると考えられており，その枠の中でしか考えられていないように見える。ところが現代のグローバル化した社会にあって，〈今ここにいない人〉とのコミュニケーションを図るためには，実は〈話す・聞く〉といういわゆる会話の能力ではなく，〈書く・読む〉という識字の能力が欠かせない。そして言うまでもなく，インターネットが普及し，少なくとも情報の世界においては「世界は一つ」という状況が実現してしまった現状においては，〈世界を相手にした〉コミュニケーション能力を獲得することが〈すべての人にとって〉必要なことであることは間違いがあるまい。

> リテラシー
> 国語教育

　それなのに文部科学省は相変わらず「話す・聞く・書く・読むことを総合的に捉える」などという，私に言わせればおためごかしの方針に固執し続けている。多くの有識者が「日本語と日本文化の伝統を守れ」と言うのだが，その日本語の伝統なるものが明治初期から数えても150年ほど，戦後国語改革から数えればわずか半世紀余の〈伝統〉でしかないことを意識していない。あるいは英語が国際語になってしまったことにかんがみ，英語教育の必要性を訴える声は大きくなったけれど，言われているのは英会話教育についてばかりで，英語のリテラシー（読み書き能力）についてはほとんど語られることがない。科学の発展についても，民主主義社会の成立ということについても，あるいは国際化とか情報化とかいった現象についても，そこで必要とされている能力は単なる会話の能力ではない。多くの情報を集め，並べ，それらを比較分析すること，自分の比較分析に基づいてそれらの情報の中から適切と思われるものを取捨選択すること，価値観や考え方の〈違う〉人々と〈単なる会話を交わすのではなく〉議論を試み，相互に批判をし合い，何らかの〈合意〉を形成していくこと，こういうことが〈できるようになる〉ということが本当の意味でのリテラシーである。以下のUNITではこのリテラシーの問題に焦点を当てて，その発達と生涯教育のあり方について考えてみよう。言うまでもなくこのことは図書館員を目指すみなさんにとってはきわめて重要なテーマになるはずである。

> 英語教育

UNIT 26 リテラシーの発達とその教育

●生涯発達という考え方

●………リテラシーとは何か

リテラシー

　まずはリテラシー（literacy）ということばそのものについて考えておきたい。リテラシーとは読み書き能力のことで、今日では一般に〈識字〉と訳されている。が、実は識字という〈日本語〉は少し前の国語辞典には載っていない。日本ではすでに江戸時代から読み書き能力がある者の方が普通であったので、読み書き能力を持たない者を〈文盲〉と呼んできた。〈読み書き能力のある者〉を特に指し示すことばは不要だったのである。しかし、現在では文盲は差別語であるとされ、逆に最近の辞書には掲載されていないことの方が多くなった。実は英語でも、literacyという単語よりは illiteracy という否定形で使われる例の方が多かったのだが、以下に述べる情報リテラシーとか科学リテラシーとかいった新しい概念が生じてくると、次第に illiteracy と否定的に使われる場合より literacy という能動的な用法が増えてきている。

　こんなことをはじめに述べたのはここに日本の国語教育の悪弊が典型的に見えるからである。たとえそれがいわゆる〈差別語〉に相当するものであり、そのことばがある人々に嫌悪感を与えることばだとしても、それを辞書から〈抹殺〉してしまったら、人々は古い時代の本（資料）を〈読む〉ことができなくなってしまう。識字の能力とは〈今ここにいない人〉、すなわち直接会話を交わすことができない人とのコミュニケーション能力のことであるはずで、その中には当然に時代を超えた〈昔の人〉とのコミュニケーションが含まれなければならない。人は未来からのメッセージを受け取ることはできないが、過去からのメッセージを受け取ることはできる。また同様に、過去へメッセージを送ることはできないが、未来へ向けてメッセージを発信することはできる。私たちの過去と未来とをつなぐもの、それが識字力である。それなのに日本の国語教育は、こうした意味での識字力を育てることに消極的である。〈ことばの力〉が時間を超える可能性を有しており、その可能性を実現させるためには、〈現在の必要〉に応じたことばの習得ではなく、時間を超えて通用することばを学ばせなければならない。それなのに、最高学府（大学）に学ぶ者でさえ、常用漢字、現代かなづかいに直してくれなければ、わずか百年前に書かれた書物さえ読めない、という〈国語教育〉を見直すべきだという主張が見

られないのは実に大問題であると私は思っている。

● ……… 言語の獲得

　すでに述べたことを繰り返すことになるが，確認しておこう。人は誰でもごく自然に，母親の使っていることばを身に付けることができる。すなわち母語の獲得である。これは〈身に付ける〉としか言いようのないことで，母親をはじめとする身近な人々の話していることを〈聞く〉ことによって達成される。したがって言うまでもなく，聴覚に生まれつきの障害を持っている者は母語の獲得に大きなハンディキャップを負うことになる。この能力は実に不思議なもので，おおよそ7歳くらいまでの間であれば，どんなことばでも身に付けることが可能であるし，また途中から母語を〈変える〉ことさえ可能である。また身近に異なることばを日常的に使う人がいさえすれば，いわゆるバイリンガルになることも可能である。たとえば，日本語環境の中で育った子どもを外国に連れ出し，家庭では日本語，友だちと遊ぶときには英語，という環境においてやれば，少なくとも話しことばにおいては，誰でもほぼ完璧なバイリンガルになり得るのである。ところがある年齢を過ぎてしまうと，話しことばの習得は，誰にでも可能だというわけにはいかなくなる。それなりの〈才能〉が必要になってしまうのである。

　その原因がどこにあるのか，詳しいことはわかっていない。おそらくは耳のよしあしにもかかわることであろうが，実際にはその場・その時の〈状況〉を読み取るセンスとでも言うべきものが影響しているのだと思われる。話すこと，聞くことは実際にはすべて，〈その時にその場所を〉共有している者の間でしか成り立たないコミュニケーションである。その時・その場を共有していれば，そこには必ず〈その場の状況〉というものが存在している。イヌやサルが仲間同士で音声によるコミュニケーションを行っていることはよく知られているが，これが人間の〈ことば〉と違っているのは，一定の状況の中でしか使えないためで（危険が迫っているときに「危ない」ということを伝えることはできるが，危険な状況にないときに「危ない」という声を出すことはできない），こうした〈言語〉を状況語と言うのはそのためである。だからある状況を共有している者同士が，その状況を前提にして意思を通い合わせること自体は決してヒトに特有の能力ではない。ましてやあることばに身振り・手振りを交え，声の調子を変え，その気になりさえすれば，私たちは誰でもそれなりの〈状況語〉を操ることはできるのである。しかし，この状況語なるものはあくまでも〈その場しのぎ〉の通信手段でしかない。これを〈言葉が通じる〉という状態にまで高めるためには，その場その場の状況を的確に〈読み取り〉，〈その時〉に相手の発したことばを正確に〈聞き取り〉，これを正確に記憶した上で，〈同じような〉状況の中でそれを〈話してみる〉という経験を積み上げて

母語の獲得

状況語

いくほかはない。おそらく幼児はごく自然にこのことを〈実行〉しているのであろう。そして多分，いったんある言語を身に付けてしまえば，多くの人はこれもまた自然に，そうした能力を少しずつ失っていくのであろう。

●………〈共通語〉の必要性

　繰り返しておこう。地球上に存在するすべての人類はそれぞれに固有の母語を身に付けている。例外はない。その意味では地球上のすべての言語はあらゆる意味で等価であり，進んだ言語とか遅れた言語とかいう区別はなしえない。ここでも人のコミュニケーション手段としての言語の意味はすべて〈同じ〉である。ところが世界中のあらゆる民族の母語はすべてそれぞれに〈違う〉。ここでも私たちは〈違っていながら同じ，同じでありながら違う〉ということの本質をわきまえなければならない。日本人は日本語を母語としている，という意味でのみ，私たち日本人にとっては日本語が重要なのであって，そのことはまったく同様に世界中のすべての〈母語〉に対しても適用されなければならない。このことも生涯学習理念が主張された大きな理由の一つであった。そして母語の獲得には〈特別な〉教育の必要はなく，むしろ現実的な日常生活の中で〈自然に〉，あるいは〈何となく〉獲得されてしまうものだということが忘れられてはならない。

　さて，ここでいう話しことばは，動物の状況語に近いものであるから，原則として〈今ここにいる〉者同士の間でしか通用しないものである。上述のように，世界中の民族のことばがすべてそれぞれに違っている，ということはすなわち，〈今ここにいない人〉とは通じ合えない，ということを意味している。通信・交通の手段が限られていた時代には，ことばはそれぞれのムラ社会の中で通じ合えばそれで足りた。しかし人々の交流する範囲が広がり，〈違う〉集団とのコミュニケーションが日常的に必要になってくると，いささか乱暴なことばづかいをしてしまえば〈方言丸出し〉のことばでは通信手段としての機能を持ち得なくなる。ましてや近代化が進み，〈国家〉というものが大きな意味を持つ時代になると，一つの国家の〈中にいる〉国民が〈同じ〉ことばで通信しあえるということが重要になってくる。方言ではなく，より抽象化され普遍化された〈共通語〉が必要になるのである。同時に〈今ここにいない人〉との通信手段として〈書く・読む〉という能力，すなわちリテラシーが必要とされる。そしてこの標準語あるいはリテラシーは〈自然に〉〈何となく〉身に付いてくるものではない。計画的に〈教える〉ことが必要になるのである。国民のすべてが〈同じ〉リテラシーを持つこと，これを目標として成立したのが近代公教育（学校）制度である。学校とは本質的には，あくまでもリテラシーを身に付けさせるための手段であって，それ以上のものではない。

●………**書きことばの習得**

　〈今ここにいない人〉とのコミュニケーションの手段を身に付けること，これがリテラシーということである。もちろんリテラシーとは第一義的には上記のように，一つの国の中で，誰とでも交信できる〈共通語〉を読み，書くことができる能力のことである。当然に，書くときにも読むときにも，今自分が書いているこの場の状況が，それを読んでいる相手の場の状況とは大きく異なっているであろう，ということが想定されなければならない。特に西欧諸国においては，一つの国家の中でさえ，民族（母語）を異にし，宗教を異にし，価値観や生活習慣を異にする人々が入り交じっていることの方が普通であった。そうした人々にも〈通じる〉文を書くことができ，そうした人から伝えられるメッセージをきちんと受け取ることができる，そういう能力が必要とされたのである。

　したがって，識字力とはまずは〈その国の〉公用語（役所の公文書に用いられていることば，複数の公用語を持つ多文化国家も少なくない）を読み，書くことのできる能力のことである。日本では公用語はもちろん〈日本語〉であるが，これは母親のことばを聞いているうちに〈自然に〉身に付くという意味での〈母語〉ではない。あくまでもそれは〈標準語〉であり，〈共通語〉であって，これ自体を〈自然に〉身に付けることは通常はできない。それは一定の教育を受ける（学習する）ことによって〈習得〉すべきものなのである。私たちはつい，日本の公用語は日本語で，それは自分の母語なのだから，日本人ならば誰でもリテラシーを持っているはずだ，と考えてしまうのだが，決してそう単純なものではない。耳の不自由な人には〈母語〉がないとも言えるし，目の不自由な人にとってはリテラシーの獲得は容易なことではない。在日の外国人や帰国子女といった，自分にとっての母語が日本語ではない人のことも考えなければならない。そして世界的に見れば，国内に公用語とは〈違うことば〉を母語としている，いわゆる少数民族が存在している国の方が圧倒的に多いのである。公用語のリテラシーを持つことが必須になった近代社会においては，このようなハンディキャップを負わされた人々は，ほとんど必ず何らかの差別の対象とならざるを得ない。生涯学習の理念には，この差別構造を何とかして解消し，あらゆる人々の〈統合〉を図るべきだ，という考え方が含まれていたということについてはすでに述べたけれど，文部科学省の生涯学習政策にはその方向性がほとんどまったくといってよいほど含まれていない。日本語のリテラシーの獲得にハンディキャップを負っている人々への教育機会の拡充が，真剣に考えられなければならないであろう。

公用語

UNIT 27 現代社会におけるリテラシー

●生涯発達という考え方

●⋯⋯⋯〈読む〉ことの意義

　もうひとつ重要なことがある。リテラシーとは，言うなればまずは〈本が読める〉ということであるわけだが，〈本を読む〉とは一体どういうことだろうか。古い時代にあっては，本を読む人は一般にいわゆる学者に限られていた。本とはすなわち古典であり，昔の人の書いた文章である，ということが前提とされていたのである。前UNITで述べたように，私たちの過去と未来とをつなぐことのできる能力，それが本来のリテラシーであると私は思っている。西欧世界においては，少なくとも中世まではリテラシーとはラテン語の読み書き能力のことであったし，東洋世界においてもある時代までは一般に，リテラシーとは漢文の，すなわち漢時代の中国語の読み書き能力を意味していた。

　ところが日本では，世界中で日本だけではないかと思われるのだが，中国から漢字を輸入するとほとんど同時に，〈同時代の日本人同士の通信手段〉として，日本語を書き，読むことが普及してしまった。いわゆる学者ばかりではなく，普通の庶民が書いたり読んだりすることが当たり前である，という独特の文化が発達したのである。私たち日本人は，これが独特であるということに気がついていない。現代でこそ，読んだり書いたりすることは当たり前のことであるが，千年前に〈読んで楽しむ〉本を有していたのは世界中で日本だけである。万葉集をはじめとする歌書や記紀が〈楽しむ〉ためのものであったと言い切ってしまうことはできないかも知れないが，『源氏物語』も『枕草子』も，『土佐日記』や『徒然草』も，明らかに基本的には同時代人が〈読んで楽しむ〉ための本である。

オルテガ　　スペインの哲学者オルテガ・イ・ガセー（José Ortega y Gaset, 1883-1955）は『司書の使命』という小論の中で，文章には「読んでもらうことを目指したものと書くことそれ自体が目的であるものとを区別すべきだ」というようなことを述べているが，この区別が妥当であるとすれば，日本語の〈書きことば〉は明らかに「読まれることを目指すもの」である。そしてこの読まれることを目指した書きことばは，それが読まれたときにその目的を達成し，その役割を終えてしまうことになる。

未来の読者　それは〈固定〉される必要がない。記録として〈未来の読者〉に伝えられる必要がない。〈同時代の日本人〉だけに共有されているある〈状況〉を超えて読まれるこ

とをむしろ拒否するような，そういう独特の書きことばなのである。

●………未来の読者

　みなさんは中学1年生から英語を習ってきたはずである。今のみなさんの英語力があれば，たとえ辞書と首っ引きであるとはしても，シェークスピアを読むことができる。シェークスピアの作品は16世紀末に書かれたものである。日本で言うなら安土桃山時代ということになる。その時代の英語が読めること，これが英語のリテラシーがあるということになる。シェークスピアの英語（もちろん現代英語とまったく同じではないけれど）を読み書きすることができるならば，当然にそうした英語を話すこと，聞くこともできるはずで，学校教育においては「シェークスピアの（に近い）ことばで話す」ことが求められる。言うなれば「書きことばで話せるようになる」ことがリテラシーなのである。

　ところが私たちの日本語はそうではない。日本語においては明治以来「話すように書け」という教育が行われてきた。現在においても「思ったことを思った通りに書きなさい」という教育が行われている。だから私たちは江戸時代の文献を普通に〈読む〉ことができない。繰り返しになるけれど，うっかりすると漱石や鴎外の作品でさえ，〈原文のまま〉では多くの若者が読むことができない。多分現代の文献は百年後の日本人には〈読めない〉のではないだろうか。教科書も新聞も政府の発するさまざまなメッセージも，〈今ここにいる〉人に読んでもらうためだけに書かれていて，50年後，100年後に〈読まれる〉ことを想定していない。いやむしろそうした文書は「未来の読者には読ませない」ことを前提としているとしか思えない。UNIT3で，私は日本語が国境の中に閉じ込められ，孤立した言語であるということを述べた。だから，日本語は常に〈内向きの〉ことばであって，日本の〈外へ〉向けての発信力を持たない。そして上記のように日本語はまた，〈今〉という時間に閉ざされたことばでしかないとするならば，日本語のリテラシーとは一体何なのだろうか。日本の学校教育は子どもたちにいかなる能力を育てようとしているのだろうか。日本の教育体系の全体を根本的に見直すべきだと思っているのは私だけなのだろうか。疑問は尽きない。

　20世紀に〈新たに〉リテラシーを獲得した多くの民族にあっては，〈過去と未来をつなぐ〉ためのリテラシーは考えにくい。〈過去からのメッセージ〉が存在しないからである。過去からのメッセージは西欧語で書かれたものしかなかったのである。その場合の〈母語のリテラシー〉が重要ではない，ということではもちろんない。しかし母語で書かれたものを読むことの意義は，書いた者とあまり違わない状況を共有している，という意味で相対的に小さいものであることは明らかであろう。江戸時代の蘭学者たちがオランダ語を通じて世界に目を開いていったように，そう

した国々においては西欧語（もちろん現在では主として英語）を読むことがより大きな意味を持たざるを得ない。そしてそのことは自分たちが置かれている状況とは大きく〈違っている〉状況下で書かれたものを読み取る力を持った，ということにほかならない。単純なことである。従来低開発国と称された国々においては，高い教育を受けた，ということはすなわち西欧語（英語）のリテラシー（くどいけれど，単なる会話能力ではなく，抽象化された書きことばを駆使する能力である）を身に付けた，ということを意味する。自分とは〈違う〉状況下にある者とのコミュニケーションが可能になったのである。あるいは自分の置かれている状況とそれ以外の状況とを〈比較〉し，分析する能力を持ったということである。比較分析のための材料を収集することができる，ということでもある。私たちの日本語は，比較分析のために収集することのできることばだろうか。あるいは教育先進国を自称する日本の教育はこの能力を育てようとしているだろうか。もしかすると日本はこれからの国際社会において，これらの〈低開発国〉に後れを取ることになるのではないだろうか。考えてみてほしいのである。

※欄外: 比較分析

● ………図書館とリテラシー

UNIT20で述べたアクセス権とは情報収集の権利である。学習権とは収集した情報を〈自分のために〉使う権利である。民主主義とは国民のひとりひとりに，自分と自分の属する社会との進むべき方向を選択する権利が与えられているということであり，民主主義が成立するためには当然に，国民のひとりひとりに可能性としての選択肢が知悉せられ，十分な情報に基づく議論が行われ，その結果としての多数決（選挙）の手続きが確立されていなければならない（間違ってはいけない。選択肢とは可能性のことであって，決して正解があらかじめ決まっているのではない。マークシート式の試験問題の回答を多数決で決めるなどということがあり得ようはずはないのである。私たちが民主主義の名において多数決で選択するものはあくまでも正解のない可能性なのである。だからこそ，私たちはその選択の権利を行使するに当たって，十分な情報に基づく真剣な議論をする必要があるのである）。さらに人権という概念は，すべての私人にこれらの情報収集，情報の利用，選択と討論の権利が，一切の差別なく保障されるべきであるという理念であり，多文化主義とは文化的背景や価値観を異にする人々の間で，こうして得られた共通の情報を媒介物（メディア）として，対話や討論が，あるいは説得や異議の申し立てが可能になって初めて成立するのである。そしてもちろん，これらの情報収集，利用，選択，討論の権利をすべての私人に対して保障することのできるものが，整備された図書館とそこに勤める〈自覚のある〉職員にほかならない。

※欄外: 選択肢 多数決

ユネスコは1971年，翌年の国際図書年に向けて『図書憲章』を発表し，すべて

※欄外: 図書憲章

の人々が「読む権利」を持ち，教育と「文明の本質である多様性の維持」のために，著作者，出版者，図書館などの充実発展が必要であることを宣言した。また翌 1972 年には 1949 年に発表した『ユネスコ公共図書館宣言』を全面的に改定して，「教育・文化・情報の民主的機関」としての公共図書館の役割を強調し，そのサービスの充実が世界共通の原理（グローバル・スタンダード）としての民主主義（と人権）のためには不可欠であることを改めて宣言している。これらは必ずしも，直接に生涯教育に言及しているものではないが，生涯教育という理念の実現に図書館，特に公共図書館の充実発展が欠かせないということは十分に読み取ることができよう。

読む権利

ユネスコ公共図書館宣言

　ところがわが国においては，〈教育〉に対する関心が異常とも思えるほどに高いのにひきかえ，図書館に対する関心は逆に異様に低い。それはこれまでも述べてきたように，〈情報〉というものに対して，〈すべての個人が私的に利用することのできる〉客観的で独立したものとしての意味をではなく，ある特定の〈状況〉や〈人脈〉の中で，いかに役に立つか，ためになるか，といった機能的な意味をしか付与してこなかったからである。教育とは〈役に立つ〉あるいは〈ためになる〉情報を〈与える〉ことであり，私人としての学習者自身に情報収集と利用の技術を学ばせ，選択と討論との能力を身につけさせようとするものではなかった。情報とは公開されるものではなく，むしろ政府や企業・組合，メディアや学校などの〈人脈〉の中に独占的に秘匿されるべきものであった。だからさまざまな私人の発言も，歴史的な事実の記録も，政府や企業体などの活動の報告も，あらゆる情報が〈現在の状況の中で役に立つか否か〉という観点からあらかじめ選別されてしまい，発言者の名前（著者名）と共に状況から切り取られ，固定された〈著作物〉として資料化されることの意義についても，それらの〈資料〉が私人に比較分析の対象として，あるいは選択肢として提供されるために収集され，公開され，保管されることの意義についても，さらにはこれらの公開・提供された〈共通の〉情報に基づいて，立場や価値観を異にする人々の間でこそ真剣な対話と討論とが行われなければいけないということの意義についても，十分な認識が得られていないのである。

情報公開

　来るべき生涯学習社会において人々が必要とするものは，上記のような情報の収集と利用に関する知識や技術であり，選択と討論の能力である。これを学び，身につけていくことはすべての私人に認められた固有の権利である。図書館は人々のこの権利を保障し，生涯学習の理念を実現するために必須の機関であり，図書館職員はこの理念の実現こそが自らの使命であると自覚した，市民への奉仕者である。日本ではまだ十分にこうした考えがコンセンサスを得るに至ってはいないけれど，こうした真摯な自覚に基づいた図書館サービスを少しずつでも実践していくことこそが，生涯学習の理念が実現されるための第一歩であると私は信じて疑わない。

UNIT 28 サイエンティフィック・リテラシーとその教育

●生涯発達という考え方

●………比較と抽象化

　くどくなって恐縮だが，この問題は図書館員を目指すみなさんにとっては非常に重要だと思っているので，もう少し敷衍していくことを許してほしい。リテラシーとは情報を収集する能力である。それはまた，情報を比較分析し，自分にとって必要なものとそうでないものとを選り分け，取捨選択する能力である。話しことばを〈収集する〉ことはできない。ことばを収集するためにはそれが〈記録〉として固定されなければならないのである。収集されたことばは〈比較〉されなければならない。現在では話しことばを記録（録音）し，収集することは容易ではあるけれど，これを比較することは難しい。動画映像資料も，同時にいくつも並べて比較しながら見ることは難しい。情報の比較分析は〈書かれたことば〉に頼るほかないのである。

　私たちはある人が言っていることが〈本当のこと〉であるのかないのかを，その人のことばだけを聞いて判断する能力を持っていない。詐欺師は相手をだまそうとして話す。それが詐欺でないかどうか確かめるためには，〈ほかの人〉の意見を聞いてみるほかはない。絶対にだまされないという方法はないけれど，少なくともなるべくだまされないようにしようと思えば，それとは〈違う〉立場，〈違う〉考えを聞き合わせて，どちらが〈よりましなことば〉かを自分で判断するしかないのである。これが繰り返し述べてきた〈抽象化〉の力，すなわちリテラシーなのである。日本の学校教育，特に国語教育の一番の弱点がこの点に潜んでいると私は思っている。教科書は比較を許さないメディアである。日本の新聞は（ジャーナリズムを自称しているにもかかわらず）「うちの社の新聞（だけ）を読んでくれ」というメディアである。テレビは上記のように，もともと〈比べてみる〉ことの難しいメディアである。日本の図書館は市民に比較と選択の材料を与えようとする機関とは考えられておらず，「自分の好きなもの（だけ）を選んで読む」ための，単なる読書施設としてしか捉えられていない。情報の収集と比較とが，民主主義を成立させる上での絶対条件であるということの認識が欠けているのである。子どもたちに情報の収集と比較，そして〈その上での〉選択の重要性を教え，その能力を育成していく，そういう教育が行われていないのである。

情報収集

● ⋯⋯⋯ 〈試験〉再考

　学校教育においては試験でよい成績を取ることが求められる。一斉授業は〈同じ〉教科書を使って行われるので，一つの教室にいる子どもたちのリテラシーのレベルをそろえておくことが必要である。レベルがそろっていなければ〈同じ〉教科書を読ませることができないからである。だから本来試験とは，ある学年の教科書が想定している〈到達目標〉に対して，同じクラス，同じ学年の子どもたちの〈学習到達度〉を測定し，次の単元，次の学年へ進級させてもよいかどうかを判定するためのものであるはずで，試験で一定の学習到達目標に達していない者に対しては，いわゆる補習をさせなければならない。ある学年の教科書に対する理解力が一定の水準に達していない者を次の学年に進級させてしまったら，上級学年の教科書が〈読めない〉のは当然なのである。わが国では戦後，〈平等〉を重視するあまり，落第や飛び級をさせないことが原則となった。試験が本来の意味を失ったのである。

　デューイが言ったように，教育という大きな目標に対して学校はその手段である。学校を卒業することが目標なのではない。それと同様に，学校で行われる試験は，一斉授業という教育方式を実施するための手段である。それなのに，いつの間にか私たちの教育は，この目的と手段とを取り違えてしまった。学校を卒業する〈ための〉，試験でよい成績を取る〈ための〉，そういう学習ばかりが重視されるようになってしまった。大学入試は原則として〈正解のある〉試験をパスしなければならない。公務員採用試験では〈公平を期すために〉，採点者の主観がなるべく入らないような〈正解のある〉試験問題を作成しなければならない。医師免許や法曹資格を得るためには同様の国家試験に合格しなければならない。そしてこうした〈難しい試験〉に高得点を取った者が社会的なエリートとなり，〈出世〉が保証されていく。あえて強く言っておきたい。こうした試験エリートには，ここで言うリテラシーがない。21世紀社会のリーダーとしては不適格である。

　考えてみればよい。現代の社会エリートに必要なのは，無数の〈正解〉を暗記していることではない。現在の日本で〈○○検定〉の類が大流行なのが私には不思議でならない。どこかに〈正解〉があるのであれば，それを探し出してくることは至ってたやすい。インターネットを当たってみれば，そこそこの〈正解〉は一発で手に入る。それを〈覚えておく〉必要はほとんどないのである。ましてや1時間の試験時間内にどれほどの正解が書けるか，という能力を競うことにはまったく意味がない。民主主義社会における〈エリート〉に求められる能力とは，答えを見つける能力ではなく，むしろ〈問題を見つける〉能力である。あるいは〈模範解答のない〉問題にチャレンジし，〈自分なりの〉解答を導き出し，これを考え方の〈違う〉解答と突き合わせ，比較し，討論し，互いに説得を試みる，そういう能力である。

学習到達度

補習

●………科学文献の読み方・書き方

_{サイエンティフィック・リテラシー}

　このような情報収集，比較分析，討論と説得，という一連の能力をサイエンティフィック・リテラシーと名付けてみたい。科学の世界における言説はまさにこの能力によって支えられているものだからである。そして科学の世界こそは，典型的にグローバル化されており，世界中の人々に対して〈公開〉されており，すべての人に対して学習の機会が与えられている，というそのことを前提にして成り立っている。生涯教育の理念は科学の世界ではすでに実現されているのである。

　現代の日本では〈理科離れ〉が言われている。科学論文は難解で読めない，と敬遠される。社会的に出世を望むには一流大学の法学部，経済学部，すなわち文系へ進学するのが早道であり，理系は専門家を目指すもので，一般的な出世への道ではない，と思われている。ここに非常に大きな誤解があると私は思う。考えてみてほしい。今日，いわゆる自然科学の論文はほぼ〈完璧な〉機械翻訳が可能である。そこには極力著者の〈個人的な〉主観や，論文を書いている〈その時・その場〉の状況を排除しようという態度が貫かれている（はずである）。だから〈機械的な〉逐語訳が可能であり，そういう論文こそが〈よい〉論文なのである。また今日の科学論文はほぼすべて英語で書かれる。英語がふさわしかったかどうかは問題ではない。世界中の人が〈同じ〉ことばによって通信する，というそのこと自体が重要なのである。英語を母語としていない人も含めて，世界中の人が〈書く〉ことができ，〈読む〉ことができる，そういう英語が〈科学のことば〉になったのである。それはもはややり直すことができない。それを前提として〈科学のリテラシー〉を身に付けさせる教育が必要なのである。とするならば，科学論文に使われる英語においては，母語としての英語に含まれているさまざまな〈英語国民に特有の〉ニュアンスや言い回しなどが使われてはいけない，ということは理解されるだろう。それは〈あらゆる言語に〉自動的に翻訳可能なことばでなければならない。そういうことばだけを使う，これが科学者に求められることばづかいである。そういうことばを書き，読むことができる，これがサイエンティフィック・リテラシーである。

　もうひとつ重要なことがある。ここで言う科学のことばは上記のように〈誰にでもわかる〉ことばなのである。それが難解であるように見えるのは，ただ単にそれぞれの〈専門用語〉を知らないからであって，科学は基礎から順に学んでゆきさえすれば，誰にでも〈わかるはずの〉ことばによって成り立っているのである。文学のことばが〈わかる〉ためには一定の〈センス〉が必要である。詩や小説・エッセイなどを機械に翻訳させることはできない。そこには常に一定の〈解釈〉が必要で，〈著者の言いたいこと〉が確実に読者に伝わるとは限らない。ときには〈著者の言いたいこと〉を超えた，独自の〈鑑賞〉がなされることさえ許されている。科学のことばはそれを許してはならない。著者の言いたいことが〈そのまま〉確実に読者

_{専門用語}

に伝えられなければならない。一定の学習を積み上げさえすれば誰にでもわかる，これが科学のことばの本質なのである。

● ………**サイエンティフィック・リテラシーの教育**

　このことを文部科学省は理解していない。子どもたちにサイエンティフィック・リテラシーを身に付けさせる教育は行われていない。小学校から高校まで，国語科ばかりではなく理科に至るまで，〈わかる人にはわかる〉文系の，それも日本語による教育ばかりが重視されている。子どもたちが理科離れをするのは当たり前なのである。私にはこうした教育政策が，人々に比較分析や取捨選択を〈させない〉ための陰謀ではないかとさえ思われる。「民は知らしむべからず，由らしむべし」という，古い為政者の発想から一歩も進んでいないように見える。それは民主主義を標榜する社会にあっては致命的な欠陥である。これからの日本が世界から取り残されてゆくのではないか，という危惧の念を私はおさえることができない。

　〈科学のことばづかい〉についての詳細を本論で述べると少々煩雑になりすぎるので，その点については option F・G・H で述べることにする。けれども，科学論文は著者名が重要であり，匿名の著作，団体名での著作は原則として受け入れられないこと（したがって「政府の発表」や新聞社の「社説」などは科学論文としては受け入れられない。もちろん，「検定済みの教科書」には科学文献としての価値はまったくない），科学論文はむやみに〈信用する〉のではなく，比較分析の対象として，むしろ〈疑いながら〉読むこと（あら探しをしながら読む，といえばわかりやすいだろうか），これまでに発表されたことのある当該分野の文献を〈すべて〉網羅的にチェックして，これまでに誰も書いたことの〈ない〉ことを書かねばならないこと（しつこいけれど，そうしようと思えば〈誰にでも〉その道が開かれているのだ，ということが前提である），他の文献をチェックする際には必ず原典（一次資料，原著論文）に当たり，これを引用する場合には厳密なルールに従って引用しなければならないこと，逆に，公開されていない情報，読者がチェックすることのできない情報を論文中で用いてはならないこと，最低限これだけのことは，科学の世界におけるルールとして心得ておくべきである。こうした科学の世界の基本的なルールを私たちは教えられていない。そのことをすべての子どもたちに（もちろん，すべてのおとなたちにも）教え，サイエンティフィック・リテラシーを獲得させることこそが，今必要とされることである。生涯学習社会における市民は，誰でもみな〈科学のことば〉を読むことのできる学習者でなければならないのだと私は思っている。

UNIT 29 メディア・リテラシーとその学習

●生涯発達という考え方

●………日本の国語教育

　サイエンティフィック・リテラシーなるものが〈グローバルに通用する〉読み書き能力を意味している，ということはわかってもらえただろうか。それはたまたま英語で書かれることになってしまっているけれど，そこで求められているものは決して単なる英語の能力ではない。〈今ここにいない〉世界中の人に読んでもらえるために，たまたま書きことばとしては最も多くの人が理解可能な英語が採用されている，というだけのことで，UNIT28で述べたように，機械翻訳が可能なことばだけを使って書く，という心構えさえあればそれで足りる。〈何となくわかる〉ではなく，〈厳密にわかる〉ことが必要だ，という認識さえあればよい。あとは機械に翻訳させればよいのだから。それは誰にでも習得可能なリテラシーなのである。

　それなのに，日本ではそのことが理解されていない。〈国語〉としての日本語にこだわり，母語の異なる人には通用しない曖昧な言い方や，どのようにも解釈できる丁寧な言い方がむしろ〈よい〉ことばづかいであると思われている。「行間を読む」とか「眼光紙背に徹する」とか言った〈読解〉の力が重視され，情報を収集し，比較するためには絶対に必要な多読，速読の指導はほとんどなされていない。「行間を読む」ような精読・熟読に意味がない，などと言っているのではもちろんない。狭義の国語教育にはそれが必要であることは言うまでもない。しかし，繰り返しておかなければならない。日本語は国際的には通用しないことばである。世界の人に向かって，日本語を学習してくれ，日本語のニュアンスをわかってくれ，と訴えることはできないのである。日本語は論理性に欠けることばで，日本語では科学を語ることはできないのだ，とか，逆に日本語は特殊なことばだから外国人にわからせることは不可能なのだ，とか言う人がいる（初代文部大臣の森有礼は英語を国語にしようと言ったし，志賀直哉はフランス語を国語にしようと言った）。馬鹿なことを言うものだと思う。日本語が特殊なのではない。日本語が特殊だと思うことが特殊なのである。日本語が論理的でないように見えるのは，論理的なことばづかいをする，という心構えが欠如しているからである。そういうことばづかいを〈させる〉教育をしていない，その訓練ができていないというだけのことである。日本語を母語としている人，その結果〈同じ状況にある〉とわかり合える人，そういう人

多読
速読

同士の間でしか通用しないことばばかりを重要視した〈内向きの〉国語教育に責任があるのだと私は思う。

●………日本のメディアの特殊性

　これは日本の教育の問題であるのだが，それよりももっと深刻に，日本のメディアの問題でもある。これもすでに繰り返し述べてきたが，わが国では古くから〈読む楽しみ〉が普及してしまった。日本語の〈話者(native speaker)〉は1億3千万人，世界のベストテンに入るのだが，この話者はほぼすべて日本語の〈読者〉でもある。つまり日本語のメディアにはこれだけの数の〈マーケット〉があるのである。だから日本では江戸時代にすでに出版が，瓦版や浮世絵・浮世草紙の類が〈商売〉として成立してしまった。メディアは〈娯楽商品〉として成立したのである。だからそれは〈売れる〉ものでなければならなかった。たくさん売れたものが〈よい〉メディアとならざるを得なかった。西欧のジャーナリズムが，強い主張を持ち，これと〈違う〉主張に対して論戦を挑む，という性格を持って成立したのに対して，日本のジャーナリズムはむしろ論戦を避けようとする。特定の立場に立って強い主張をすると，これと〈違う〉主張をする人々が買ってくれないからである。だから，日本のジャーナリズムはなるべく〈当たり障りのない〉ことばを用い，なるべく読者の反感をかわないように，と心がける。結局は既述のような〈内向きの〉ことばばかりがメディアには氾濫することになる。

　明治の半ば過ぎに一般向けの〈国語辞典〉が刊行されはじめる。〈家庭用〉である。「一家に一冊，我が社の国語辞典」が売り文句になるのである。そこには情報を収集し，比較することが重要だ，という認識はまったくない。一家に一冊の辞書ではなく，辞書は本来〈引き比べ〉をしなくてはいけないものだ，という発想がない。「我が社の国語辞典は百科事典の代用にもなります，人名事典・地名事典としても使えます，動物の名前も植物の名前も載っています，便利ですよ」という売り文句が受け入れられたのである。このことが世界的に見れば非常に特殊だということを繰り返しておきたい。普通の家庭に国語辞典や英和辞典や百科事典がある，という国はむしろ少ない。それらは図書館で使うべきものである。〈読んで楽しむ〉ための本ならば，「一家に一冊」でよいのだが，情報を収集し比較するためのメディアは1冊ではどうしようもない。本も雑誌も新聞も，そしてもちろんテレビ局も，日本のメディアは「ほかのものではなく我が社のものを買ってほしい」と訴えている。他社のものと比べてくれるな，我が社のものに必要な情報は〈すべて〉書いてあるのだから，他社のものは買わないでくれ，というのである。

娯楽商品

●………広告媒体としてのメディア

さらにこのことに〈広告〉という近代社会に特有の問題が加わる。広告主（スポンサー）は〈多くの人が見る〉メディアに喜んで金を出すのである。テレビは言うまでもないが，日本の新聞，雑誌類の多くはスポンサーなしでは経営が成り立たない。ここでいわゆるマスメディアの歴史をふり返っている余裕はないが，今日のマスメディアはおしなべて，まずは広告媒体としての役割が重視される。だからますます〈比較〉や〈論戦〉を，あるいは〈相互批判〉を求めることができなくなる。たとえば読売新聞は発行部数 1 千万超を誇る世界最大の日刊新聞である。ギネス記録の第 2 位は朝日新聞の約 8 百万部である。首都圏，関西圏のテレビはおおよそ 6 局で視聴率競争をしているから，15％を目安に，それ以上であればスポンサーは大喜びで広告を出してくれるし，それ以下であればテレビ局の方から広告出稿を依頼して回らねばならない。どうしても，〈少数意見に配慮した〉紙面作り，番組作りはできないのである。あるいは国民の 15％を超える人に見てもらいたいと思えば，いやでも〈専門的でない〉内容を報道しなければならない。男にも女にも，年寄りにも若者にも，子どもたちにさえ〈わかる〉内容しか報道できなくなる。詳しくは UNIT38 で述べるが，いわゆる〈低俗な〉メディアにならざるを得ないのである。

この場合の〈わかる〉ということは，前節で述べた「一定のリテラシーを持っている者なら誰にでもわかる」という意味ではない，ということに気がついてほしい。それは「日本人なら何となくわかる」ということであって，ここでもそれらに書かれていることは，収集して比較するための科学的な言説ではないのである。そしてそうしたメディアが〈社会の木鐸〉を自認し，生涯教育におけるある種の〈教育力〉を発揮していることが，日本という国の特殊性なのである。戦時中に新聞紙上にあふれたスローガン，標語の類をふり返ってみればよい。たとえば「五族共和」，すなわち日本民族，漢民族，満州民族，朝鮮民族，蒙古民族のすべてが「仲良くしよう」というスローガンである。「仲良くしよう」ということばに反対することは難しい。誰にも反対することのできないこと，誰からも批判を受けないこと，それが日本のマスメディアのことばなのである。そして誰からも反対がなかった，という〈世論〉を前提に，日本はあの愚かな戦争を仕掛けたのである。〈仲良くすること〉が〈戦争を仕掛けること〉に直結していく，というこの恐るべき倒錯したことばづかいに対して違和感を感じない，そのことこそが日本語の（というよりは日本人の，というべきであろうが）弱点である。私たちはこうしたメディアの欠点を知っておかなければならない。メディアを批判的に読むことができる能力，それがメディア・リテラシーというものである。

●⋯⋯⋯図書館におけるメディアの収集——比較材料の提供

　前節の最後に述べた科学論文のルール，すなわち，個人著者名を欠いた言説は認められないこと，公開されている情報のみを用い（報道の自由を守る，という理由で報道機関には〈情報源の秘匿〉が許されている），そうした情報は読者がチェックできるよう原典（一次資料）をきちんと引用すべきこと，読者に信用されることをではなく，むしろ読者に批判を求め，反論を期待するものでなければならないこと，こうしたルールを知らない人がわが国では官僚組織の，報道機関の，大企業や組合の，そして教育界の〈上層部〉を形成している。ことばとしては（学校図書館における）メディア活用能力の育成，などということが言われているのに，一番肝心な〈疑いながら読む・比べて読む〉という態度を育てようとはしないのである。メディア活用能力とはメディアのことばを批判的に読む，ということにほかならない。さまざまなメディアの中で語られている情報を収集し，比較分析し，自分の意見を作り上げ，これと〈違う〉意見の者と論争し，説得を試みる（互いに説得をし合うことを議論という。だから相手を説得できることもあれば，自分が説得されてしまうこともある，ということを諒解し合った者同士でなければ〈議論〉は成立しない。日本の国会でいわゆる〈党議拘束〉がかかり，お互いに絶対に説得はされない，と決めた者同士が〈議論〉をしていることを，誰も不思議に思わないことが私には不思議でならない。議論の途中で絶対に意見が変わらないのであれば議論は無駄である），そういう態度を培っていくことが本当の意味でのメディア・リテラシーである。ただし，これは前節の〈サイエンティフィック・リテラシー〉と同じ内容である。本来なら区別する必要はない。

　余計なことまで述べてしまった。ここで図書館員を目指すみなさんに心得てもらいたいのは次の２点である。一つには図書館には比較の材料が〈集められて〉いなければならないこと，今ひとつには広告媒体としてのマスメディアよりは，一般には権威がない，と見なされているような少部数の出版物（むしろ多数の〈世論〉に異議を申し立てるような少数意見）こそが，誰にでも利用可能なように〈集められて〉いなければならないこと，この２点である。多くの資料を収集することは個人（家庭）では難しい。少部数の出版物が収集困難なことは言うまでもない。図書館は家庭では入手困難な資料を集めておかなければならない。繰り返すが，〈集める〉ということは，限られた人にしかできない。ひとりひとりの〈私事〉としての学習の権利を守るためには，公的機関がこの〈収集〉という作業を行わなければならないのである。それが図書館の社会的責任である。その認識がなく，社会的合意が形成されていないこと，それが日本の弱点である。市民の生涯学習を支えるためにはあらゆる情報を収集し，公開する（誰にでも利用可能な状態にしておく）図書館が不可欠なのである。

UNIT 30 ●生涯発達という考え方
インターネット時代のリテラシー

●………コンピュータ・リテラシー

　現代社会におけるリテラシーについて考えるときに，忘れてはならないのがコンピュータの利用能力であろう。家庭用のコンピュータ端末（PC）が普及していく過程で喧伝されたコンピュータ・リテラシーということばは，当時はキーボードやタッチパネルの操作能力を意味して使われることが多かったし，ときにはコンピュータのいわゆるプログラミングの能力を指して言われることもあった。学校教育の中でこのコンピュータ・リテラシーを身に付けさせるための指導が必要だ，という声も大きかったし，逆にコンピュータ操作に慣れない成人・高齢者への教育機会を充実させなければならない，という意見もあった。〈情報〉ということばがコンピュータの利用を前提にして考えられるようになったため，情報リテラシーということばがほとんどコンピュータ・リテラシーと同義で使われる例も見られた。高校では「情報科」という新しい科目が必修科目として設けられ，生涯学習事業の一環としての〈パソコン講習〉が各地で開かれたりもした。

　しかし，今日パソコンを操作すること自体はごく当たり前のことになってしまった。コンピュータ・リテラシーということばは今でも使われないわけではないけれど，あるいは〈パソコン講習〉という名の講座・講習会が開催されてもいるけれど，実際にはその中身はインターネットの利用に関するものであることが多く，今日ではインターネット・リテラシーということばがよく使われるようになってきている。インターネットの使い方については，教育界においてもさまざまな議論があり，とりわけいわゆる〈有害サイト〉や，詐欺などのネット犯罪から未成年者を守る，という視点からの問題提起が多くなされているように思われる。また，教育・学習にコンピュータを利用する機会が増大するとともに，インターネットを含む広義の〈メディア活用能力の育成〉が叫ばれるようになり，司書教諭講習の科目として「情報メディアの活用」が新設されるなど，生涯学習の基礎としてのコンピュータ・リテラシー，インターネット・リテラシーの育成指導は学校教育においても重要なテーマとされている。

コンピュータ・リテラシー

インターネット・リテラシー

● ………**コンピュータの操作能力**

　それでは一体，コンピュータ・リテラシーとかインターネット・リテラシーとかいうことばは何を指しているのだろうか。ごく普通に解釈するならば，それはコンピュータやインターネットを〈適切に〉利用する能力，ということになるのだが，この場合の〈適切に〉とは具体的にはどういうことを指しているのだろうか。今日ではそれが単なるキーボードやタッチパネルの操作技能を指しているのではないことは明白であろう。それらは今日ではごく当たり前の技能になってしまっている。私たちの生活のあらゆる場面で，何らかの形でコンピュータを操作することは〈必須の〉技能になってしまった。携帯電話や iPAD などをも含めて，次々に登場する新しい〈機械〉が，とりわけ若い世代の人々にとっては仕事の上でも日常生活の上でも，欠くことのできないものになってしまっている。

　しかしそのことはまた，そうした操作技能の習得が困難な者（たとえば視覚障害者，肢体不自由者）や高齢者に代表されるような機械操作に不慣れな者にとっては，ひどく不便な世の中になったということでもある。いわゆるディジタル・ディバイド（情報格差）という問題である。こうした技能を身に付けるためには，相応の〈訓練〉と〈慣れ〉が必要であって，慣れてしまった者にとっては実に簡単なことが，慣れない者にとっては逆に実に困難なことでもある。高齢になればなるほどそれを身に付けるのは困難になるし，いったん身に付けたはずの技能でさえ，高齢になればその技能を失うことも多い。役所の窓口でも駅の券売機や改札口でも，銀行でも大学でも，至る所で多くの人々がごく当たり前に使いこなしている技能を，うまく使えない人がいるのだ，ということを，私たちはすぐ忘れる。その技能を〈使いこなさなければならない〉という社会は，決して単純に〈便利な〉社会であるとは言えない。そのことだけは忘れるべきではない。

[欄外：ディジタル・ディバイド]

● ………**〈マン・マシン・システム〉の幻想**

　インターネット・リテラシーと言われるものにはもうひとつ大きな問題がある。かつて，コンピュータの黎明期に〈マン・マシン・システム（man-machine system）〉ということばで，ある種のユートピアが語られたことがあった。それは，1人1台の端末が普及し，世界中の図書館その他の情報機関とオンラインでつながれ，誰でもいつでもどこからでも，世界中のあらゆる情報にアクセスできるようになるだろう，という〈夢物語〉であった。そしてこの〈夢物語〉は現実のものになった（厳密に言えばそうなりつつある）。ことばの上では1人1台の端末（PC，iPAD，携帯電話，と数え上げれば1人1台以上）を持つ，という意味でのマン・マシン・システムは，世界中で実現したのである。それが夢物語として語られていた時代には，それはいわば〈バラ色の未来〉であった。しかしそれが実現してし

[欄外：マン・マシン・システム]

まった現在，それは果たして待ち望んでいた〈バラ色の〉世界であるのだろうか。

汎用性　　　実はコンピュータが普及していく過程で，このマン・マシン・システムということばは次第に影を潜めていった。マン・マシン・システムとは〈汎用性のある〉コンピュータ・ネットワークを意味していたのだが，私たちの生活にまず浸透していったのはこうした汎用性のあるシステムではなく，銀行のATMのシステムであるとか，鉄道や飛行機の予約・発券のシステムとかいった，ある特定の目的に特化したシステムであった。アメリカでは全国の図書館をオンラインでつなぐ図書館ネットワークが実現しつつあったけれど，それは一般の利用者にはなかなか使いこ
情報システム　なせないのではないかと考えられたのである。膨大な情報量の〈情報システム〉においては，その中から〈自分の求めているもの〉を的確に探し出すことは難しい。〈すべての人〉がこのシステムを使いこなすためには，それぞれに熟達した情報検索の専門家がついて，適切な援助をしなければならない。結局は〈マン・マシン・システム〉ではなく，いわば〈マン・マン・マシン・システム〉になってしまうのではないか。これがマン・マシン・システムを色褪せたものにしてしまった理由である。

●………学術情報システムの成立

　インターネットなるものは当初，アメリカにおいていわゆる学術情報の流通・交換を目的として始まった。いわゆる学術情報システムである。特に自然科学の領域
学術情報システム　においては，UNIT27で述べたように，それぞれの専門分野における専門用語が厳密に用いられている。どれほど大量の情報が含まれていようと，厳密な専門用語を用いて検索をかければ，〈自分の求めているもの〉は正確に検索が可能である。い
絞り込み検索　わゆる〈絞り込み検索〉である。たとえば何でもよいのだが，医学の文献情報システムに，ある高校生が「胃がん」で検索をかけたとする。多分数千，数万の（英語の）文献情報がヒットするはずである。そして専門的な知識のない者はこの時点で〈お手上げ〉である。素人にはこの大量情報の中から自分の求めるものを絞り込むことはできない。この〈絞り込み〉の作業はあくまでも医学分野における〈専門用語〉を用いなければならず，専門用語を知らない者には不可能なのである。

　そしてもちろん，専門の研究者にとっては，検索された書誌情報（当該分野における関連論文のタイトル数）が数百に上ったとしても，その中から読むべきものと
取捨選択　不要なものとを〈取捨選択〉することはそう困難な作業ではない。ところがここでも専門的知識を持たない者にとっては，百を超えるタイトルが並んでいたら，やはり〈お手上げ〉になってしまう。素人にはせいぜいで数十以下に絞り込まなければ，ひとつひとつチェックして取捨選択することはできないのである。

　だからインターネットは〈学術情報システム〉としては絶大な力を発揮している。

科学の世界はインターネットを通じて全世界につながれ，時々刻々と生産される〈学術論文〉を世界中の研究者が即時に参照し合うことを可能にしているのである。重要なことはここでいう〈研究者〉とは特別な〈資格〉を持った人，という意味ではない，ということである。UNIT27で述べたサイエンティフィック・リテラシーを持った人なら誰でもが〈研究者〉として振る舞うことができる〈開かれた〉システムである，ということが重要なのである。ここでもインターネット・リテラシーとはすなわちサイエンティフィック・リテラシーにほかならない。

● ……… **インターネット・リテラシーの習得**

ところが，わが国ではこの〈開かれた〉インターネット・システムの利点があまり知られていないように思われる。言うまでもなく，理系を中心とする〈研究者〉は，もはやインターネットなしには仕事はできない。そうした人々はこのシステムを現に使いこなしているのである。それなのに，日本のトップ・エリートと目される人々はその多くが文系で，このシステムの使い方を知らない（ように見える）。官僚組織も大手マスメディアも，もちろん教育界においても，情報を〈管理する〉ことばかりに気を遣って，それが〈開かれた〉システムで，本来管理することなどできないものだ，ということに気がついていない。学術情報システムはすでに述べたように，〈著者名入りの一次情報〉が〈誰でもいつでもどこからでも〉入手可能である，という点が最大の特徴なのに，そのことの重要性を教えようとはしていない。〈都合の悪い〉情報はなるべく規制し，自分にとって都合のよい情報〈だけを〉流通させようとしているように見える。

扱うことのできる情報量が大量になればなるほど，私たちはそれらを並べ，比べ，取捨選択する，という能力（リテラシー）を必要とする。〈研究〉とはまさにそういういとなみなのである。何度でも同じことを繰り返さなければならない。日本の教育は比較分析，取捨選択，ということを〈させない〉ことで成り立ってきた。ひとりひとりの〈私人〉がそうした能力を持ってしまえば，〈公〉が管理統制することができなくなる。ひとり一冊の教科書に頼らせ，一家に一冊の辞書に頼らせ，一家で一紙定期購読の新聞に頼らせ，その結果，誰でもが利用できる図書館を使って多くの情報を集め，比べ，取捨選択させる訓練をさせずにきてしまった。それはこれからの世界においては致命的な弱点であると私は思う。一刻も早く国民のひとりひとりが本当の意味でインターネットを使いこなせるよう，そのためのリテラシーを身に付けるための練習をする必要がある。その訓練のためには図書館が必要である。〈読み物〉の貸し出しサービスだけの図書館ではない。インターネット・リテラシー，サイエンティフィック・リテラシーを身に付けるための練習場としての図書館である。どんな図書館を作っておけばよいのか，考えてほしいのである。

●──── option F

科学のことばづかい（1）

　本文中ではたびたび〈科学的な言説〉の必要性について言及してきた。わが国では大学進学率がすでに50％を超えている。それなのに高校までの教育課程の中に，〈大学図書館の使い方〉や〈学術論文の書き方〉など，大学教育を受けるための必須の学習技能（learning skills）の指導がまったく含まれていない。本文中で解説すると煩雑になるので，ここでまとめて解説しておきたい。〈学習者〉であるためには絶対に心得ておくべきことである。少なくともその原理原則だけはわきまえておかなければならないはずである。

先行研究情報の収集────priority と originality

　科学の世界には priority という原則がある。このことばは一般には〈優先順位〉と訳されるが，科学の世界では〈先取権〉と言われることが多い。〈新発明〉とか〈新発見〉とかいわれるものの名誉と報酬を受け取る権利のことである。科学の世界においては priority は「これまでに誰も発表したことが〈ない〉ことについて，世界で初めて論文を〈印刷・公表〉した者に与えられる」ことが大原則になっている。ここには二つの重要なポイントがある。一つはそれが世界初であること，すなわちこれまでに誰も発表したことが〈ない〉ということを確認しなければならないこと，今一つはそれを〈公表〉しなければならないこと，この二点である。

　第一のポイントから解説しよう。これまでに発表されたことが〈ない〉と言うためには，これまでに発表されたことが〈ある〉論文を〈すべて〉閲する必要があるということはわかっていただけるだろうか。何かが〈ある〉ということは，たまたまそのことに遭遇すればわかる。それはそこに〈あった〉のであって，それで〈証明済み〉である。ほかのものを探す必要はない。ところが自分の研究成果がこれまでに〈ない〉ということを証明するためには，これまでのものをすべてチェックして，〈どこにもなかった〉という言い方をする以外に方法はない。同一の研究領域における過去に発表された論文等を先行研究というが，当該領域の〈すべての〉先行研究を知っていなければ，専門研究はなし得ない。先行研究のいずれかと〈同じ〉内容の論文を発表してしまったら，その論文にはまったく価値がないばかりではなく，盗作・剽窃の汚名を蒙ることをも覚悟しなければならない。「知らなかった」という言い訳は通用しないのである。

　これまでに誰も発表したことのない内容，それをオリジナリティ（originality, 独創性）と言う。多くの自然科学分野では，研究は〈実験・検証〉という過程を経て積み上げられていく。実験の結果，誤った仮説は捨て去られ，〈正しい〉と検証された成果の〈上に〉次の仮説が立てられていく。したがってオリジナリティの有

無は比較的容易に判断がつく。それより〈古い〉仮説の上に新しい仮説が積み上げられていくのであるから，〈古い〉実験結果を〈知らない〉者は新しい仮説を立てることができない。当該分野の専門家であるということは〈古い〉業績は〈すべて〉知悉している，という意味であって，そうでなければ〈専門家〉にはなれないのである。

　ところが以下に述べる博物学の分野や，いわゆる文科系の分野においては，〈実験・検証〉という方法に限界があり，ある業績にオリジナリティがあるか否かはそう簡単に判断できない。特に多くの文系の研究においては，オリジナリティの有無は主観的にしか判断され得ない。あるいは理系分野に比べれば〈専門分化〉の度合いが低く，分野ごとの境界が曖昧なので，異なる領域の〈組み合わせ〉によるオリジナリティが発揮できる。したがって，そこでは過去の先行研究の網羅的探索がしばしばおざなりになる。「知らなかった」ではなく，「解釈が違う」とか「組み合わせが違う」とかの言い訳が可能なのである。また，いわゆる文系の研究分野では，〈専門家〉とアマチュア・素人との境界が不分明である。自然科学系の分野では〈専門論文〉と一般向けのいわゆる〈啓蒙書〉とが厳然と区別されるが，文系分野においてはこの区別は曖昧であり，むしろ厳密な区分けをすべきではないという言い方もできなくはない。現在の日本では政治，法律，行政，経済，マスメディア（報道），教育，その他あらゆる分野でこのような〈文系の言説〉ばかりが幅をきかせており，「オリジナリティのない言説には価値がない」という理系の原則が顧みられることは少ない。こうした科学的には価値のない言説が，いかにも〈権威のある〉ことばであるかのように流布していることは，意外に深刻な問題であると私は思っている。

　19世紀の半ば過ぎまでは，先行研究を網羅的にチェックすることは研究者個人の責任で行われていた。が，生産される論文の数が急速に増加していくと，この作業は加速度的に困難になってゆく。また，科学の研究が名誉だけではなく，金銭的な〈報酬〉に直結する時代になれば，当然にその priority を巡る競争は激化し，研究者たちは一刻も早く自分の研究成果を発表しなければならないことになる。それまでは〈本〉を書くことが発表の手段であったが，本を書いている余裕がなくなり，研究論文はいわゆる学術雑誌に投稿されるようになる。そこで，世界中の学術雑誌を網羅的に収集し，掲出されている論文を専門分野別に整理・編集して，その書誌情報を組織的な〈サービス〉として提供しようという活動が始まる。これがドキュメンテーションと呼ばれた活動であり，後に述べる書誌ユーティリティの始まりである。研究という〈仕事〉が国家社会のゆくえを左右するのであるから，研究者の余計な負担を少しでも軽くしてやらなければ，国際競争に勝ち残れなくなるからである。個人としての研究者はこのドキュメンテーション・サービスに頼って先行研究をチェックし，身近の図書館を通じてそれらの先行研究論文を入手することができるようになった。それらの作業に費やす時間を自分の研究活動に使えるようになったのである。

論文の公表――学術雑誌と peer review

　priority を確保しようとすれば，自分の研究結果を速やかに公表しなければならない。日本では雑誌は娯楽色の強いメディアであるとされ，通俗的で権威に欠けると考えられているのだが，世界的に見れば雑誌の始まりは学会誌であって，17 世紀の初めにその起源を有する。もちろんこれは学会員同士の情報交換のためのメディアであるのだが，何よりも研究者の業績発表のメディアとしての性格が重要である。上記のように，科学の研究が国家の命運を左右するという認識が広がると，社会的に〈研究活動〉を支援する必要性が認められるようになるのである。ちなみに，わが国では雑誌というものについて，この〈雑〉の文字に引かれてしまい，つい〈あまり値打ちのない〉というようなニュアンスで捉えられてしまうけれど，多くの専門領域においては，〈単行書〉よりは〈専門雑誌〉の方が圧倒的に重要である。特に自然科学系の諸分野においては，今日ではむしろ〈単行書〉はほとんど重視されていない。図書館資料としては，雑誌は定期購読をせざるを得ないものであるから，予算がかさみ，硬直化してしまうのでどうしても敬遠されがちであるけれど，雑誌の収集は図書館にとってきわめて重要である。UNIT30 でも述べたけれど，雑誌の収集・比較検討は個人的には困難な作業であるのだから，〈研究活動〉を社会的に支援すべきであると考えるのであれば，個人には任せることのできないこの作業を図書館が行わなければならない。この点も一般の日本人の常識の中にないことで，発想の転換が必要とされる。

　ここで現代における科学の論文発表のあり方について述べておこう。〈科学者〉であるためには，まずは〈権威ある〉国際学会の会員になることが必要である。通常は指導教授などの推薦を受けて学会員となり，毎年一定の年次会費を支払ってその学会誌への投稿資格を手に入れ，そこに自分の研究成果を投稿するわけであるが，権威のある学会であればあるほど投稿希望者が多くなることは当然で，またその学会が〈権威〉を持ち続けるためには，一定の水準を満たしている論文〈だけ〉を掲載することも必要になる。投稿される論文を〈すべて〉掲載することはできないのである。

　そこで〈権威のある〉学会誌であればあるほど厳しい〈査読〉のルールが定められる。当該学会員のうちから中堅以上の〈レフェリー〉が指名され（通常は匿名），投稿された論文を詳細に閲読して，一定の水準を満たしていると認められたものだけを採用する，という仕組みである。このレフェリー制度が厳しく，競争が熾烈で，なかなか投稿論文が採用にならない，そういう学会誌ほど権威が高いのである。〈その学会の〉つまり同じ専門領域を持つ同僚による批判にさらされるという意味で，これを peer review と言う。厳格な peer review のシステムが確立していること，これも日本の教育者の多くが見逃している科学の世界の大事なルールである。簡単なことである。ある専門領域の〈研究成果〉は，その〈同じ〉領域の専門家にしか判断できない。〈部外者〉に評価を委ねることはできないのである。

　日本では〈業績評価〉は一般に〈上司〉によって行われる。企業等においてはい

わゆる管理職が〈部下〉の業績評価に当たる。企業の研究部門等専門性の高い分野においては，その専門性に通暁している者でなければ〈評価〉はできないはずなのに，畑違いの〈上司〉が評価するのである。あるいは，教育の現場における〈採用人事〉は教育委員会がその任に当たる。〈勤務評定〉は校長の責任である。中学・高校においては教科別の教員免許状を持っているという意味で，高度な専門性を有するとされる職にあってさえ，〈同じ専門分野の同僚〉による審査ではなく，たとえ畑違いであったとしても〈上司の〉評価が優先される。大学等の研究機関においてさえも，通常は〈まったく同じ専門分野〉の研究者がいないことの方が多いので，実際には peer review という形を取ることができない。専門の違う者が採用，昇進の審査に当たらざるを得ないのである。また，文部科学省による研究費の配分等についても同様である。官僚組織による〈査定〉は，むしろ peer review というあり方を否定しなければ成り立たないのである。

　無論，peer review が絶対ではない。査読担当者は匿名であることが普通だが，投稿者は匿名ではない（匿名であってはいけない）。同じ学会の同僚である以上，ある種の情実が生じる可能性はある。あるいはライバル関係にある研究者やその直弟子などに対しては，必要以上に厳しい査読が行われる可能性もあるだろう。しかし，こと専門領域の論文審査においては，専門を同じくする〈同僚〉以外にこれを審査することはできない，という点は譲れない。繰り返しになるが，それが真に価値あるものかどうかの判断を〈部外者〉に委ねることは不可能なのである。

　科学の世界では，専門を同じくする同僚（peer）以外の権威を認めない。科学の言説は懐疑（skepticism）の精神によって貫かれている。すべての論文は〈誤りがあり得る〉ということを前提にして，疑いながら読まなければならない。もし誤りが含まれているとしたら，その誤りを発見できる言説でなければ科学の論文とは認められない。これを反証可能性という。実験の材料や手順は，まったく同一の実験が誰にでも〈できる〉ように，正確に紹介されていなければいけない。論文の元になったデータは，読者が確実に参照できるようにきちんと紹介されていなければいけない。他の論文を引用する場合には，読者が〈引用の誤り〉を発見できるよう，その出典を確実に追跡できるように，厳密な書誌データを付してしなければいけない。もちろん誤りが二重になる可能性のある〈孫引き〉は絶対に禁止である。こうした事柄をきちんと理解し，それらを前提とした論文でなければ受け入れない，ということを諒解した者同士が，相互に批判し合い，議論をする，これが科学の言説である。

　私たちはこうしたことばの使い方を子どもたちに教えていない。権威に頼ることば，現場を知らない〈指導者・監督者〉のことばが重視され，そしてそういう権威のあることばについては，〈疑う〉ことを許さない。「覚えよ，信じよ」という教育は科学的でない。「疑え，批判せよ」という教育が本当の科学教育というものである。

●──option G

科学のことばづかい（2）──『国際動物命名規約』を例に

　こうした〈ことばづかい〉の問題に最も敏感なのがいわゆる博物学の世界である。国際動物学会，国際植物学会，国際細菌学会の三つの学会ではそれぞれ厳密な〈命名規約〉が定められている。これらの学会ではいわゆる〈新種〉の発見・記載が最大の業績となり得るので，その新種の〈名前〉の決め方に〈世界共通の〉ルールが必要と考えられているからである。以下に，『国際動物命名規約』を例にとって，科学のことばづかいの原則を紹介してみよう。

模式標本（type specimen）の公開保存とコレクションの形成

　新種とはこれまでに記載されたことの〈ない〉種のことである。換言すればこれまでに記載された種のどれとも〈違う〉種のことである。ということは，前記のように，これまでに記載された〈すべての〉種と見比べて，「どれとも違う」と言わなければならないということになる。生物の種が〈同じ〉か〈違う〉かは実験的に確かめることができない。研究者の主観的判断に頼らざるを得ないのである。博物学においては「なるべく多くの主観的判断を積み重ねることができたら，その結果として一定の〈客観的な〉判断基準に到達することができるであろう」という前提で研究が進められている。〈正解〉を求めるのではなく，研究者個々の〈判断〉を累積していくことが求められるのである。

　ある研究者が（このときの〈研究者〉には一切の資格は必要でない。誰でもが〈研究者〉であり得る），「新種かもしれない」という動物を見つけたとしよう。まず，彼はそれを採集し，標本にしなければならない。標本は完全なものである必要はなく，化石でも断片でも構わないのだが，少なくとも手元にあって他の標本と比較することのできるものでなければならない。現在の理科教育では生物を〈殺す〉ことを否定するかのような指導がしばしば行われているが，殺さなければ標本を作ることはできない。標本がなければ比較ができず，比較ができなければ〈研究〉はできない。〈事実〉を比較可能な状態に〈固定〉すること，これが標本を作るということである。彼はこの標本を，これまでに記載されたことのある〈世界中のすべての〉標本と見比べて，「どれとも違う」と言わなければならない。ということはこれまでに記載されたことのある世界中すべての標本が，一定の手続きをすれば〈誰にでも〉，比較検討が可能な形で〈公開〉されていなければならない，ということになる。本文中でも繰り返し述べてきたように，あらゆる科学の言説は〈公開〉が前提である。科学は公開，懐疑，批判，検証という四つのプロセスを踏んでその価値が認められる。このことの意味を何度でも確認してほしい。

　さて，彼はこの標本を「新種である」と判断したとする。ここで彼はまず「この

標本が新種である」ということを論文に書いて公表しなければならない。これを新種の〈記載（description）〉と言う。『国際動物命名規約』（以下単に「規約」という）が規定しているのはこの記載の手続きである。第一にこの新種に新しい，すなわちこれまでにまだ誰もつけたことがない〈名前〉をつけなければいけない。「規約」は基本的に，この名前の付け方について定めたものであるが，その具体的内容をここで紹介すると紙数が足りない。関心のある方は，平嶋義宏『生物学名概論』をお読みいただきたい。ここで強調しておかなければならないことは，動物，植物，細菌のいずれの命名規約においても，その名前はラテン語の名前でなければならないと定められているということである。なぜラテン語なのか考えてほしい。ラテン語は話しことばとしては使われていない〈死んだ〉ことばである。話しことばに必然的に付随する〈曖昧さ〉を含まないことばなのである。一切の〈ニュアンス〉を排したことば，ある特定の〈モノ〉を確実に指し示すことのできることば，それが科学のことばでなければならない。

　次の例を考えてみよう。今日〈人種（human race）〉ということばは科学の世界では使われない。「規約」において〈種〉レベル以下の名称については，「同一種のうち，明確に地域的に隔離されており，かつ他地域の個体群とは明瞭に異なる遺伝的形質を共有する個体群」を〈亜種〉として命名することだけが認められており，それ以外の〈名付け〉は無効であるとされている。したがって種としてのヒト（Homo sapiens）にはこの定義に相当する個体群が存在しない。今日いかなる人種も〈地域的に隔離されていない〉からである。が，人種ということばが〈無効〉であるのには，それよりももっと大きな理由がある。仮に純粋の黒人種（コンゴイド）の人と純粋の白人種（コーカソイド）の人がいたとしよう。二人が結婚して子どもが生まれたとする。その子を何と名付ければよいのか考えてみてほしい。科学的に〈意味のある〉名付けがなされるとしたら，その子は「50％のコンゴイド，50％のコーカソイド」と名付けられなければならない。その子が仮に純粋のコーカソイドと結婚して子どもが生まれたら，その子は「25％のコンゴイド，75％のコーカソイド」である。それ以外の名付けは科学的には無意味である。ところが厄介なことに，私たちはこの子たちをつい「コンゴイド」と認識してしまう。遺伝的に肌の色や髪の毛など，〈目に見える〉部分では特にコンゴイドの形質が〈優性〉であるからである。今日どんな精密なDNA分析が行われたとしても，混血児（世界中の人間がこの意味では混血児である）の〈組成〉はわからない。〈人種〉ということばは科学的に意味がないばかりでなく，とりわけ〈黒人〉とか〈白人〉とかいう曖昧なことばが使われると，大きな誤解を生んでしまうことになる。「厳密に定義付けのできないことばを使ってはいけない」これが科学のルールなのである。（この定義が研究者によって異なる場合があることは当然である。）

　この新種に名前がつけられると同時に，その名前がつけられた元になった標本が指定される必要がある。その名前は〈これ〉につけられたのだ，という証拠である。この標本のことをタイプ標本（基準標本または模式標本，type specimen）という。

科学の名前は〈これ〉を指し示すことができなければならない。ここが科学のことばと話しことばとの最大の相違である。生物はどの個体をとっても，決して親のコピーではない。〈まったく同じ〉個体は存在しないのである。したがって種の判定が主観的な判断に基づく以上，タイプ標本は〈単一〉でなければならない。世界でたったひとつ，〈これ〉と定められた標本を特にホロタイプ（holotype）という。記載者はホロタイプ標本を指定し，それが「どこに行けば見ることができるか」その保管場所を論文中に明記しなければならない。厳密に言えば新種の名前とは，このホロタイプ標本に添付されているラベルにつけられた名前のことである。後の研究者は自分が採集した標本をこれらのタイプ標本と見比べ，そのいずれかと〈同じ〉ものであると判断すれば，そのラベルにつけられているのと〈同じ〉名前を自分の標本にもつけるし，〈どれとも違う〉と判断されれば，上述のプロセスを繰り返して新種の記載がなされる（この作業を同定，identification と言う），ということになる。

　ホロタイプ標本は，ひとつの学名につき，世界にたったひとつしかない。これが〈公開保存〉されなければならない，ということについてはすでに述べた。公開保存とは，誰でもが一定の手続きを踏めば閲することができる状態で保管されている，という意味である。「規約」には「大学，博物館等の公共機関に保管されることが望ましい」との規定があるが，これはあくまでも「望ましい」であって，「ねばならない」ではない。研究者は当然に多くの標本が手元にある方が後の研究が容易であるから，記載者個人の手元（自宅）に保管される例も少なくない。特に日本では，博物学の専門家以外の者に標本の公開保存の重要性が理解されておらず，大学や博物館がこの機能を十分に果たしてきていない。それ故に多くの研究者（特に大学や博物館に職を得ていない，いわゆるアマチュア研究者）が自宅に標本のコレクションを作ることが多い。本人が生きている間はよいのだが（誰かが「見せて下さい」と申し込めば，誰にでも見せなければならない，これらの標本は永久に公開保存である，というようなことを知悉している，という意味である），その人が死んでしまえば，その標本を管理する人がいなくなってしまう。タイプ標本がどこにあるかわからなくなってしまえば，後の研究者は「これと同じなのか，違うのか」という比較検討が不可能になってしまう。研究が頓挫するのである。

　特に日本では〈博物学〉そのものが従来〈役に立つ〉ものであるとは考えられてこなかった。昆虫学を例に取れば，農業昆虫学とか衛生昆虫学とかいうように，実用的な分野の研究はそれなりに行われてきたけれど，新種の記載などという領域は軽視されてきたのである。だから大学にもそうした講座はわずかしか開設されていないし，自然史博物館も未発達で，十分な予算が得られていない。一方ではアマチュア博物学者の数は世界一と言ってよいほど多い。そうしたアマチュア研究者の手元に保管されていた標本が，いつの間にか（先述のように，特にその研究者の死後）散逸し，消失（高温多湿の日本では，昆虫のような乾燥標本は手入れを怠るとすぐにカビに冒され，虫に食われるなどして失われてしまう，もちろん火事や水害

などで失われる確率も高い）してしまう。それが〈失われた〉ということが明らかであれば，「規約」には新たなタイプ標本の指定の方法が定められているが，「どこにあるかわからない」場合には事態はもっと深刻である。新たなタイプを指定してしまって，後に元の標本が見つかったら大混乱になるからである。実は日本ではこうしたタイプ標本の紛失・消失が非常に多い。世界有数の経済大国であると自認する国が，博物館が未発達で標本の永久公開保存ということに関心が低く，予算が少なく，しばしば個人コレクションに頼っているのは嘆かわしい限りであるし，タイプ標本の紛失・消失が世界の科学に対して恥ずべきことであるという認識がないことはさらに悲しいことである。

　もう一点必要なことがある。すでに述べたことと重複するが，執筆した論文を〈著者の名前を明記して〉印刷・出版しなければならないということである。古い時代の例外はあるが，少なくとも1950年以降の論文においては匿名の命名は無効である。また，原則として団体名での命名も許されない。一連の〈命名行為〉は，あくまでも個人の主観的な〈判断〉に依拠するものなので，そこでは執筆論文の〈個人著者名〉が重要なのである。印刷・出版ということについて言えば，もちろんその論文を公表し，他者の批判にさらすべきことが求められている，ということにほかならない。出版とはここでも，一定の手続きを踏めば〈誰にでも〉入手が可能である，ということを意味している。言い換えれば〈不特定多数の者に〉配布もしくは頒布される，という意味である。現在ではネット上の〈公表〉を有効とするかどうか議論がなされている。上述の査読システムを経た電子ジャーナルの場合であればともかく，いわゆるホームページでの公表は随時改変が可能であるという点で，今の時点ではこれは〈印刷・出版〉には当たらないとされている。

　生物の学名は属名と種名（種小名）を並記するが，通常はこれに命名者名（並びに当該論文の西暦による出版年）がさらに並記される。命名者名は学名の一部ではないのだが，これは無論，後の研究者に対して〈引用〉を保証するためのものである。後の研究者は当該分野における先行研究を網羅的に知悉しなければならないのだが，とりわけ〈新種〉に対する原記載（original description, 命名者の記載論文）が重要であるため，その原記載を研究者が〈探す〉手間を省くためである。再記載（原記載以後の〈その学名〉を含む論文）に際しては，「私はきちんと原記載論文を参照した」ということを示すために，これを引用しなければならないということである。ここでも認識しておいてほしい。欧米で科学が発達することができた理由のひとつには，このように著者名と出版年とが明示されていさえすれば，〈誰にでも〉比較的容易に記載論文を入手し，閲読できる図書館のシステムと，同様に誰にでも比較的容易にタイプ標本を閲することのできる博物館とが発達していたからである。日本ではこうした意味での図書館や博物館での〈コレクションの構築〉とその公開利用についての関心が低い。科学大国，教育大国を目指すのであれば，〈公費による〉コレクションの構築，維持，公開が絶対条件である。経済規模に見合うだけの図書館，博物館の建設を進めなければならない。

● ── option H

科学のことばづかい（3）──『学術用語集』と科学教育

　すでに述べたように，学名は「ラテン語または諸語をラテン語化したもの」でなければならない。生物の学名以外でも，いわゆる学術用語にはラテン語や古典ギリシア語に基づいているものが多い。その理由は，あえて話しことば（日常言語）と科学のことばとを区別しようとする点にあった。生物の学名は〈世界共通の名前〉でなければならないから，ラテン文字（ローマ字）で綴られなければならない。私たち日本人はつい，ローマ字が用いられているのだから，西欧人には〈わかりやすい〉のであろう，と考えてしまうけれど（そしてもちろん，日本人よりは多少〈わかりやすい〉のは事実であるが），専門家以外の者にとっては決して単純に〈わかりやすい〉ことばではない。あえて言うならば，学名は〈わざとわかりにくく〉してあるのである。さらに学名はその〈安定性〉が命である。これも本文中で述べたことだが，過去からのメッセージを受け取り，未来へメッセージを送るためには，モノの名前が変わってしまっては困るのである。科学のことばは，時間を超え，空間を超えて通用するものでなければならない。ある時点での安易な〈変更・言い換え〉をしてはならないのである（いったん公表されてしまった学名は，たとえ誤植や何らかの思い違いがあったとしても原則として変更は許されない）。

　ところが日本の教育界では，こうした科学のことばを逆に〈簡易平明に〉〈わかりやすく〉することが必要だ，という考え方が蔓延している。日本語では漢字仮名交じりの表記がなされるので，学校教育においては漢字の使用が教育上のある種の障害となることは致し方がない。特に UNIT7 でふれた戦後国語改革において，現代かなづかい，および当用漢字・教育漢字の制定によって，戦前に使われていた専門用語を〈変更する〉必要が生じてしまった。私に言わせればそれはあくまでも〈文部省（当時）の都合〉であって，ほかにはいかなる理由もなかったと言いたいのだが，動物学会，植物学会をも含む日本の学会は，「学術用語を当用漢字，現代かなづかいを用いて簡易平明に統一するように」との文部省の要請を受け入れてしまった。

　その結果として作成されたものが『学術用語集』である。昭和 22（1947）年，当時の学術研究会議を通じて審議が始められたこの事業は，その後それぞれの学問領域ごとに関連学会での審議を経て，順次『学術用語集〇〇学編』として刊行されていった。日本動物学会では昭和 29 年に『学術用語集動物学編』の初版を，昭和 63 年に『学術用語集動物学編（増補版）』を刊行している。これは各学会における専門学術用語の日本語と英語との〈定訳〉を定めたもので，各単語の意味を解説したものではない。英語論文を日本語に，日本語論文を英語に，それぞれ翻訳する場合にはこの訳語を使用するように，という形で逐語訳を可能にする目的で作成され

たものであると言える。

　それぞれの〈訳語〉を〈統一する〉という趣旨はわからないではない。しかし，それをなぜ〈簡易平明〉にする必要があったのだろうか。「哺乳類」を「ほ乳類」に，「昆虫」を「こん虫」に〈統一〉していかなる利益があるのだろうか。これらはあくまでも〈学術用語〉である。私の言い方では〈科学のことば〉なのである。それを〈わかりやすく〉することにいかなる意味があるのか，私にはよくわからない。上記のように科学のことばは本来〈わかりやすく〉すべきものではない。それは基礎から学習を積み重ね，厳密に理解すべきものであって，〈簡易平明に〉わかったつもりになってしまってはいけないものである。小学生にもわかることばで学術論文を書く，などという考え方が馬鹿げたものであることは言うまでもあるまい。科学の教育は〈科学のことばづかい〉そのものを教えるべきであって，それが〈教えやすい〉かどうかは考慮してはいけないのではないだろうか。

　私は先に type specimen を「タイプ標本（基準標本または模式標本）」と表記した。type specimen は初版では「模式標本」が定訳である。これが増訂版では「基準標本」に変更されている。「模式」よりは「基準」の方が〈わかりやすい〉という判断であろう。しかし，考えてみるべきである。「模式標本」は日常用語ではない。だから〈わかりにくい〉かも知れない。けれどもこれは学術用語である。わかりにくいのは当たり前である。「模式標本」は type specimen の訳語として以外に〈使い道のないことば〉である。だから「模式標本」と言われれば，専門知識を持っている者には直ちにそれは type specimen のことだと理解できる。それを知らない者は「模式標本」とは何のことかと調べ，学ばなければならない。当たり前のことである。それが「学術用語」の本質である。ところがこれを「基準標本」と言ってしまったら，素人は「何となくわかったつもり」になってしまいかねない。漠然と「何らかの基準になっている標本のことか」と思うことができる。それを調べ，学ぶという作業を省略してしまいかねないのである。

　小説やエッセイを〈読む〉時にはこの〈何となくわかる〉ということが大事である。〈辞書（dictionary）〉を引き引き小説を読むのは馬鹿げている。それで面白く読めるはずがない。しかし〈論文〉を読むときには，初学者は〈事典（encyclopedia）〉を参照しながら読まねばならない。「模式」ということばは「模式図」という熟語以外にはほとんど使われないことばである。通常の国語辞典，漢和辞典には載っていないことばである。だからこそ，科学のことばとして有効なのである。

　実は私自身は模式標本などという訳語さえあまり重要ではないと思っている。どうしても日本語にしたいのであれば「タイプ標本」でよいと思うのであるが，しかしここにもうひとつ重要なことがある。日本語で書かれた〈古い〉文献（増補版の出版された昭和63年以前）には「模式標本」が使われている（もちろん「基準標本」ということばはまれにしか使われていない，「模式標本」を「基準標本」に〈統一〉するということの意味はどこにあるのだろうか）のである。上述のように，

博物学の世界では常に〈古い文献〉を参照・引用することが求められている。「模式標本」を「基準標本」に言い換えてしまったら、初学者には逆に〈わかりにくく〉なってしまうことは自明であろう。科学のことばには〈安定性〉が必要であると述べたことを思い出してほしい。日本の〈国語教育〉の必要性に応じて学術用語を改変することがどれほど〈非科学的な〉ことであるか、どれほど〈理科教育〉に悪影響を及ぼすか、なぜ学術会議は文部省の要請を易々と受け入れてしまったのか、私の疑念は膨らむばかりである。

　さらに例をあげてみよう。『学術用語集動物学編』には「参考」として「動物分類名」が列挙されているのだが、たとえば初版では Coleoptera（鞘翅類）の訳語に「甲虫類」が、Lepidoptera（鱗翅類）の訳語に「りんし類」が当てられている。それが「増補版」ではそれぞれ「カブトムシ目」「チョウ目」と改変されている。ここでも学名の安定性が失われていることは同様だが、もうひとつ厄介なことがある。増補版では目以下のレベルにおいてはそのグループを代表するようなもの（ほかに言いようがない。「カブトムシ」はある〈種〉につけられた和名として定着しているが、「チョウ」という和名を持つ〈種〉は存在しない）の名をカタカナで表記することを原則としたらしいのである。すなわち「カブトムシ目」とは「カブトムシの仲間」という意味であり、「チョウ目」とは「チョウの仲間」という意味であるらしいのであるが、これが果たして本当に〈わかりやすい〉用語なのだろうか。

　Coleoptera とは「鞘の翅」、Lepidoptera とは「鱗の翅」というラテン語（語源はギリシア語）であり（翅は昆虫の〈はね〉であって、鳥の〈はね（羽）〉とは区別されている）旧称はその直訳である。どうしても当用漢字に直さなければならないのであれば、鞘翅類を甲虫類に変えたのはまだ理解できる。しかし鱗翅類をりんし類としたのは納得がいかない。〈鱗翅〉とあればそこに〈うろこのはね〉という〈意味〉を読み取ることができるが、〈りんし〉には意味がない。どうしてこれが〈わかりやすい〉改変なのだろうか。私にはわからない。さらにこれを「カブトムシ目」と言い換えることにいかなる意味があったのだろうか。カミキリムシもテントウムシもタマムシも「カブトムシの仲間」であるとは言えるけれど、甲虫類には膨大な数の種類がある（多分全動物界で最も種数の多いグループである）。それを「カブトムシ」で代表させることにいかなる意味があるのだろうか。「チョウ目」はもっと深刻である。日本語（中国語）と英語とにおいては「チョウ」と「ガ」は区別される。「同じ仲間」ではない（私の知る限り、中国語、日本語、英語以外で「チョウ」と「ガ」を区別している言語はない。また専門的にもチョウとガを区別することに妥当性はない）。「チョウ目」を「チョウの仲間」と解説することは不正確であるばかりでなく、誤解を招く。同じ例だけれど、哺乳類食肉目（Carnivora）は「ネコ目」とされている。イヌも、クマも、イタチも食肉目ではあるが、決して「ネコの仲間」ではない。イヌはイヌの仲間であり、クマはクマの仲間である。「ネコの仲間」にはトラやライオンは含まれるけれど、日本語の常識の中ではイヌやクマやイタチは含まれない。科学のことばとして不正確であるばかりではなく、純粋

に国語の問題として考えても〈よい〉ことばづかいではない。まったく無意味な言い換えだと私は思っている。

この「動物分類名」については「前書き」がついており、そこには「専門研究者のみを対象にしたものではなく、動物分類名の混乱を避ける目的でひとつの目安を示そうとするものであり、教育の現場や一般報道のことも考慮においている」「あくまでも目安であり、拘束力のあるものではない」と述べられている。「混乱を避ける」とは一体何のことを指して言っているのだろうか。私には「無用の混乱を生じさせている」としか思えない。「専門研究者のみではなく」とは、「主として専門研究者のために」と読めてしまうことばだが、専門研究者にとっては旧来の専門用語をわかりやすく言い換える必要など毛頭ない。これはむしろ後段の「教育の現場や報道を考慮」しただけのものである。中途半端な知識しか持っていない教師や報道機関が、中途半端な知識のままで、〈いい加減な〉指導・報道を可能にする、そのためだけの措置である。（当然ここには文部科学省の〈官僚の都合〉が含まれなければならない。ひとつには上記のことと同様に、官僚がいい加減な知識に基づいて書類を翻訳し、作成することができるように、もうひとつはこういう〈余計な〉作業をする（させる）予算と権限とを官僚自身の手中に収めておくために、である。）

『学術用語集』の事業開始当時は、いずれ日本語を表音文字化するという方向が示されていた、ということについては既に述べた。当用漢字、教育漢字の制定はその文脈の中で行われたのである。（漢字の制限、簡略化に前のめりであったのは、当時の新聞社や岩波書店などの〈進歩的〉出版社であったことも想起しておくべきかも知れない。印刷・出版を業とする立場からは漢字の制限は大いに望ましいことであったし、「一般市民のためにわかりやすく」という大義名分が、この方向性に合致するものであったことも言うまでもない。）したがって、いずれは仮名文字かローマ字になるのだから、という前提で、学術用語を〈簡易平明に統一〉することの意義がなかった、と言い切るつもりはない。けれども、それが日本の科学教育（サイエンティフィック・リテラシーの育成）という見地から見れば、むしろ致命的と言ってよいほどの失敗であった、と私は思う。とりわけ昭和63年という時代になって、「学術用語の簡易平明な統一」を図って、さらなる改変を行う意味はほとんどなかったと思うのである（この『増補版』は初版の十倍近くに「増補」されている。単なる〈改変〉ではないことだけは言い添えておく）。〈官僚のことばづかい〉〈報道のことばづかい〉そして〈教育のことばづかい〉を優先させ、〈科学のことばづかい〉をむしろ否定してしまったと言うべきではないのだろうか。「科学のことばは難しいのだから、子どもたちにはわかりやすく教えなければならない」という理屈が本当に妥当なものであるかどうか、今一度しっかりと考え直してみる必要があると思う。

UNIT 31 ●生涯学習機会の提供

生涯学習振興法の成立

●⋯⋯⋯生涯学習における国の役割

　少々遠回りをして,順序が逆になってしまったきらいもあるけれど,以下に日本の現状をふまえながらの具体的な問題を検討していくことにする。まず初めに検討し,確認しておかなければならないことは,生涯教育という革命的ともいえる理念を現実化していく過程で,誰がどういう役割を果たし,いかなる権限と責任とを持って具体的な事業を実行していくべきであるのか,という問題である。

　私が考えているように,教育が私たちひとりひとりの〈私事〉であるとするならば,具体的な学習活動の主体はひとりひとりの市民自身であるはずである。そして市民ひとりひとりの私事を〈公的〉に保障していこうとすることが〈生涯教育〉の理念であるならば,「国民が生涯にわたって … あまねく求めている」(生涯学習振興法第1条)学習する機会を,必要十分に〈提供していく〉ことが教育行政の役割であるといわなければならない。〈学習〉と〈教育〉との関係はこのように捉えておくとわかりやすい。すなわち,市民が生涯にわたって主体的・自主的に求め,実践していこうとする活動を〈生涯学習〉といい,公的な立場でこれを支援し,奨励し,あるいは具体的にさまざまな学習機会を提供していこうとする活動を〈生涯教育〉と呼ぶのである。学校教育についてはいくつかの深刻な議論があるにせよ,いわゆる社会教育に関しては,こうした考え方はすでに教育基本法や社会教育法の条文に述べられているといえる。また,後述する生涯学習振興法や,古くは1981年の中央教育審議会の答申『生涯教育について』などに込められている考え方も同様である。繰り返しておくならば,〈生涯学習〉は市民の自主的活動を指していうことばであり,〈生涯教育〉とはこれに対する条件整備や機会の提供などを指していうことばである。

　ところがすでに述べたように,わが国の教育行政においては必ずしもこうした関係性が明確になっていない。特に文部科学省という西欧先進諸国にはあまり例のない,〈教育に直接責任を持つ〉国の官庁が存在しており,学校教育においては〈国の教育権〉を主張しているのみならず,社会教育の分野においても一定の〈指導監督〉の権限を有していること,生涯教育の理念が議論されるようになる以前は,少なくとも法律上は〈学習〉ということばは用いられておらず,直接的には1988年

教育行政

生涯学習

生涯教育

指導監督

の文部省生涯学習局設置以後，〈学習〉は法的・行政的な用語として用いられるようになったこと，したがって国が主体として教育権を主張する分野と単なる条件整備の活動にとどまるべき分野との境界が曖昧で，しかもいずれの場合においてもそれらの〈事業〉の範囲と権限，および責任の所在がきわめて不分明になってしまっていることには注意をしておいてほしい。

　私はこれまで，理念の紹介という見地から〈生涯教育〉ということばを主として使ってきたが，わが国の教育行政においては〈生涯学習〉が使われているので，今後は特に断りのない場合には〈生涯学習〉を用いることとしたい。ただしこの二つの用語の使い分けについては上記のように，一定の留意が必要である。

●········生涯学習振興法とその問題点

　さて，国の生涯学習政策について述べるのであれば，まずは何をおいても生涯学習振興法について紹介しなければならない。この法律は正式な名称を『生涯学習の振興のための施策の推進体制等の整備に関する法律』といい，1990（平成2）年に制定されたもの（1999年改正）である。その名の通り，これは「生涯学習の振興のための施策の推進体制及び地域における生涯学習に係る機会の整備を図」るための法律であるが，その内容はきわめて曖昧なものである。

　まず第一に〈生涯学習〉ということばの定義がなく，曖昧なままに用いられていることが指摘されなければならない。一応文言上は〈国民の自主的な学習活動〉を指しているように見えるが，条文の内容を詳しくみると，実際上は旧来の〈社会教育〉と大きく重なり合っていて，その違いはほとんどないに等しい。しかも，〈生涯教育〉の理念において大きな意味を持っていた学校教育にかかわる部分が実質的にはほとんど欠落している。学校教育を含む全教育体系の改革が〈生涯教育〉の目指すものであったはずなのに，その理想はまったく無視されていると言わざるを得ないのである。したがって，この法律を前提にしている限り，わが国の教育行政は〈生涯教育〉の理念の実現に向かっては一歩も前進することができない。これが第一の問題点である。

　第二に，この法律で具体的に定められていることは，都道府県における「地域生涯学習振興基本構想」の策定と，文部科学大臣および経済産業大臣によるその「承認基準」（改正後は「判断基準」）に関する事項，および「生涯学習審議会」の設置に関する事項なのであるが，両者共に，その責任と権限の範囲が曖昧であるということが指摘される。法案策定の段階では自治省や厚生省（いずれも当時，以下同様）などをも巻き込んだ施策立案が考えられていたようだが，できあがった法律条文では文部省と通産省のみが主務官庁とされており，しかも両者の責任分担は不明確である。前UNITで論じたように，私たちの生き方そのものにかかわる全面的

生涯学習振興法

生涯学習審議会

な社会改革の実現へ向けての施策が構想されるならば，労働省や郵政省など関連する他の省庁をも含みこんだ総合的な法律が志向されることには大きな意味があったかもしれないのだが，上記のようにごく限られた内容の法律であるのにもかかわらず，こうした〈権限と責任〉の曖昧なものになってしまっていることは大きな問題点である。

　第三には，上記のことと関連するが，実際上は旧来の社会教育に相当する内容の事業を，都道府県にかなり大きな主体性を持たせて（筆者は〈権限〉と言いたいのだが，権限には責任が伴わなければならないのに，その責任については明記されていないので，ここではこのように使っておく）おり，しかもそれが教育委員会の行う事業であるのか，それともいわゆる首長部局で実施される事業であるのか，あるいは両者の間でいかなる役割分担が行われるのかが不明確であることも指摘しておきたい。従来の社会教育は，もっぱら市町村の教育委員会が主体となって行われる事業であった。〈社会教育の施設〉として社会教育法に規定されている図書館も博物館も公民館も，その圧倒的多数は市町村の教育委員会が主管しているものである。この法律ではこれらの施設が，当然重要な意味を持っているのであるが，個々の施設（に勤務する専門職員）と主管の教育委員会，市町村の教育委員会に対して〈指導助言〉の役割を果たす都道府県の教育委員会，そしてこれまでは狭義の〈教育〉の事業に対しては直接的な権限を持たなかった都道府県（の首長部局），さらには文部科学省と経済産業省，それら相互の関係や役割分担が不明であることは従来の法律の体系を逸脱する面があることをも含めて，特に大きな問題点であると言える。（しかもこの法律は「生涯学習に係る民間事業者」にも言及しており，その点で問題はさらに複雑になる。）

● ……… **教育行政と教育財政**

　もう一つ大きな問題がある。それは要するに生涯学習にかかわる費用を誰が負担すべきかという問題である。市民が主体的に行う活動を支援し，奨励し，保障するという立場をとるならば，しかもそうした〈私的〉な活動が「あまねく」求められており「すべての」市民に保障されなければならないとするならば，教育行政は必要な施設の建設や運営にも，必要な専門職員の養成や配置にも，あるいは必要な情報や資料の収集管理にも，財政面での援助が欠かせないはずである。ところが生涯学習振興法には財政にかかわる記述がない（改正によって，「基金の負担金」に対するいわゆる免税規定，および「民間事業者に対する資金の融通の円滑化」の2点だけが追加されている）。

　これはすでに述べたように，この法律ができる直接的な契機となった臨時教育審議会の時代から〈受益者負担〉という原則が強調されるようになったことに大きな

原因がある。特に〈合理化〉〈財政再建〉のスローガンによって，政府が自らの財政負担なしに生涯学習の推進を図ろうとしているように思われる点は重要な問題である。繰り返しになるが，国が生涯学習の振興に一定の責任を持つのだとするならば，それは当然一定の財政支出によって支えられているものでなければならないはずである。あるいは〈生涯学習に係わる機会の提供〉に関して役割分担が行われるべきであるならば，それは必要な費用をどのように分担するかという視点から検討されなければならないはずである。ところがこの法律にはその規定がない。それどころか，その後の政府文部科学省の動きを見ていると，国としてはむしろ必要な予算の削減を図っているようにさえ思われる。

　受益者負担という概念はむしろ生涯教育の理念には逆行するものである。たとえばわが国においては，生涯学習の機会に関して著しい地域格差がある。受益者負担論とは，多数の〈受益者〉が集中する都会ではさまざまな機会の提供が可能になるが，受益者の少ない地方では採算のとれない事業は不可能になるということである。私はかねてから，図書館法（とユネスコの公共図書館宣言）に明記されている利用無料の原則が，他の社会教育の諸施策に拡大適用されていかないことに不満を抱いているのだが，明らかに受益者負担論とは対立するこの原則が法律上に明記されているのであるから，生涯学習振興のためには，むしろこの理念を拡大適用していくべきではないのだろうか。すでに述べたように，障害者や外国人はそれぞれに少数者である。障害者は一様に〈障害者〉であるのではない。障害の程度はひとりひとり皆違うのである。〈外国人〉という人間がいるのではない。母語という意味では数千にも上るといわれるそれぞれに日本語とは違うことばを日常語としている人々のことを，仮に総称して外国人と呼ぶのである。〈普通教育〉を提供しようとする場合であればいざ知らず，それぞれに違う生活体験を積み重ねてきた高齢者を含むさまざまな人々に，それぞれの「動機と必要に応じた」学習機会の提供を意図するのであれば，それが受益者負担論によってはならないことは明白である。負担できる者が受益者となるのではなく，むしろ負担しきれない者にこそ「その福利を享受する」権利が保障されなければならない。繰り返しておきたい。生涯学習の展開に当たっては，図書館法にいう利用無料の原則が絶対的な原則として前提されていなければならないし，この原則が意味を持つためには少なくとも地域格差が一定程度以下に解消され得るだけの国の財政支援が欠かせない。この視点を欠いた生涯学習振興法は，あるいはこれ以降の国の施策は，むしろ生涯学習を退行させるものと言わざるを得ない。（たとえば，1998年の生涯学習審議会社会教育分科審議会計画部会図書館専門委員会の報告『図書館の情報化の必要性とその推進法策について』では「有料のオンラインデータベースの利用」についての提言があり，公共図書館利用無料の原則の例外措置を検討すべきであるとされている。）

利用無料の原則

UNIT 32 ●生涯学習機会の提供
地方公共団体における生涯学習

●………都道府県の事業

　従来の社会教育の事業は主として市町村の教育委員会が主管して行なってきたことについてはすでに述べたが、生涯学習振興法によって「都道府県の事業」として新たに規定された内容を紹介しておきたい。法の第3条に列挙されている都道府県の事業は、「学校教育及び社会教育に関わる学習並びに文化活動の機会に関する情報の収集、整理及び提供」「住民の学習に対する需要及び学習の成果の評価に関する調査研究」「地域の実状に即した学習の方法の開発」「住民の学習に関する指導者及び助言者に対する研修」「地域における学校教育、社会教育及び文化に関する機関及び団体相互の連携に関する照会、相談への対応及び助言その他の援助」「社会教育のための講座の開設その他の住民の学習の機会の提供に関し必要な事業」の6項目である。ただし、この最初にある「住民の学習及び文化活動の機会に関する情報」とは、どこでどのような学習機会の提供がなされているかという情報を指しているのであって、本書で使用する広義の〈学習情報〉とは意味が違っている。

学習情報

　以上の事業は、従来の社会教育法に定められた教育行政の範囲を大きく超えるものではないが、原則として市町村の範囲内で実施されていた行政施策を、都道府県単位の広域的に実施し、統合化・総合化、ないしは相互連携によるネットワーク化を目指そうという趣旨のものである。特に第4項、第5項はこれまでは実質的な成果をあげにくかった事業であり、運用のいかんによっては今後の成果が期待できよう。次節で紹介する『子どもの読書活動推進法』や『文字活字文化振興法』などにおいても、あるいは2012（平成24）年に出された『図書館の設置及び運営上の望ましい基準』等においても、少なくとも文言上はこうした方針は踏襲されている。ただし前述のように、この「生涯学習推進体制の整備」にかかわる事業の全体が「都道府県の事業」とされていて、教育委員会との役割分担・事務分掌が不明確であること、特に上記の第6項において都道府県が、従来市町村教育委員会がむしろ専権的に実施してきた「講座の開設、施設の提供、集会の開催等」の事業を実施できるとしたことは、今後の社会教育行政にある種の混乱をもたらす可能性を含んでいると言わざるを得ない。

ネットワーク化

●………**生涯学習機会の提供**

　さてここで改めて，市民にとっての〈生涯学習の機会〉には具体的にどのようなものが考えられるか，そしてそのうち〈教育行政〉の役割として期待されるものにはどのようなものがあるかを整理しておこう。ただしここでは，いわゆる学校教育や家庭教育の範疇に入るものは除き，広義の社会教育に関連するものに限って考察するので，広義の生涯教育の理念は誕生から死に至る人生のすべての局面を含んで考えられるべきものであることは忘れないでおいてほしい。特に地方公共団体による教育行政の役割を考察する上で重要な生涯学習の機会は，次の四つに大きく区分けして考えることができる。

①生涯学習にかかわる団体の育成。PTA，婦人会，青年団，子ども会，老人会，町内会などの狭義の社会教育団体のほか，スポーツ・レクリエーション，文化・芸能等にかかわる諸団体，各種の自主活動団体（広義には，政党や宗教団体なども含まれる），より広義には学会，専門職者団体，各種の組合などの育成，それらの団体活動の奨励・援助，団体間の情報交換・連絡調整などの事業。　　　　　　　　　　　社会教育団体

②生涯学習にかかわるイベント・集会の開催もしくは後援等。社会教育法の規定には青年学級および学校の行ういわゆる公開講座のほか，各種の「講座，討論会，講習会，後援会，展示会，その他」「職業教育や技術指導のための集会」「生活の科学化の指導のための集会」「運動会，競技会その他体育指導のための集会」「音楽，演劇，美術その他芸術の発表会等」があげられているが，近年では教育行政の枠を超えたテーマパークや見本市，全国的ないしは国際的な文化・芸術・スポーツ等の〈大会〉の開催も多くなっている。民間事業者が営利事業として開催するもの，市民団体・政党・宗教団体等が主催するものなど，内容的にも形態的にもさまざまなものがあり，公開のものであれば，いずれも市民の生涯学習に大きな意味を持っている。生涯学習振興法にいう〈学習・文化活動の機会に関する情報〉は，主としてこれらの集会・催しの情報を指している。　　青年学級　公開講座

③生涯学習施設の設置，運営。社会教育法に定められた「社会教育の施設」には，公民館，図書館，博物館の3種があるが，各種のスポーツ施設のほか，ホール，ギャラリー，劇場など，児童会館，婦人会館，市民会館，町内会館など，遊技場，遊園地，公園など，生涯学習に資することのできる施設も多岐にわたる。市民が集会活動等に利用することのできるいわゆる貸し会場の施設も含まれる。もちろん多種多様な民間施設が生涯学習の展開に重要な位置を占める。　　公民館　図書館　博物館

④生涯学習指導者・助言者の配置，研修など。生涯学習の展開には，市民の自主的な学習活動を指導し，助言するという意味での〈人的援助〉が欠かせない。狭義の社会教育の分野においては，社会教育専門職員として社会教育主事（補），司書（補），学芸員（補）の3種が定められているが，これらについては後に詳し　　社会教育主事（補）　司書（補）　学芸員（補）

く述べる。ほかにスポーツ，芸能等の指導者，講座・講演会等の講師，生涯学習相談事業の相談者などについて，その育成，研修，計画的配置，およびそうした〈人的資源〉に関する情報収集と提供サービスが生涯学習行政には強く求められる。

●………団体型社会教育から図書館型生涯学習へ

すでにふれたように，西欧の社会教育が図書館型であるのに対して日本のそれは団体型とでも言うべきものである。西欧，特に英米の社会教育は，行政が，図書館を中心とする社会教育施設と，その施設を管理運営し，同時に施設利用の市民に対する〈人的援助（サービス）〉として，実質的な教育活動を行う専門職員とを設置・配置して，市民にこれらの施設とサービスとを自由に利用してもらうという形のものが主流になっており，すなわち上記の③④の施策が主に展開されてきた。特にその中心である図書館が，市民が日常的に利用する施設として〈身近に数多く〉設置されていること，利用無料の原則が徹底されていて〈誰でも自由に〉使うことのできる施設であること，一般的に個人利用の施設であること，この3点は〈図書館型〉の大きな特徴となっている。

人的援助

個人利用

団体中心主義

これに対して日本の社会教育では，従来団体中心主義がとられてきた。特に戦前の社会教育は青年団，婦人会，町内会，教育会など，半官半民の，したがってまた半強制的な団体を通じて，市民ひとりひとりを管理統制しようとする色彩の強いものであった。そして行政は，市民に自由に学ばせようとするのではなく，〈時宜に叶った適切な〉情報のみをあらかじめ厳選した上で，むしろ強制的にこれを市民に提供しようとしてきた。そのために上記の②のようなさまざまな集会を主催し，これに各種の団体を通じて市民を〈動員〉することによって，教育の普及徹底を図ったのである。戦後になっても，この傾向が大きく変わったとは言い難い。図書館型の施策に較べて安上がりであること，動員型の施策はその〈効果〉が目に見えやすく，受益者負担の原則により，公費の投入に関して批判がされにくいことなどがその理由としてあげられよう。

動員主義

上記の①②を中心とする〈団体型・動員型〉の諸施策は，団体に加わっていない個人の学習機会を保障できないこと，集会・イベントの事業は多く非日常的な学習機会であって，市民の日常的な活動を支えるには不十分であること，団体主義と動員主義が重なるとしばしば個人の自由を妨げる結果になりがちなこと，時間や場所の制約があっていつでも自由に参加できるとは限らないこと，なるべく多くの参加者のあることが〈成功〉であると考えられる結果，少数者の学習需要が無視されがちであること，などのいくつかの重大な欠点を抱えている。特に図書館が〈誰でもいつでも〉利用できる施設である以上に，〈どんな内容の学習にも〉ある程度以上

の対応ができる施設であるのに対して，団体育成・集会開催のみに力点がおかれてしまうと，需要の少ない分野での学習活動が保障されにくくなることには注意が必要である。生涯学習の展開に団体活動の育成・奨励や，各種の集会活動が重要な意味を持つことは言うまでもないが，日本が立ち後れている③④の分野に，今後より一層の強力な施策が望まれる。

●………民間の事業と教育行政

　戦前の日本では教育は国家の事業であったために，学校や幼稚園のみならず，私立の図書館や博物館，各種の社会教育団体などもすべて政府文部省の「監督内に」あり，出版や報道にも統制があって，あらゆる団体活動，集会活動の隅々にまで統制が及んでいた。したがって，民間事業者が許可なく教育学習にかかわる事業を展開することはできなかったのである。戦後はこうした統制はなくなり，むしろ民間事業者による教育事業や，市民の自主的な学習活動に不当な統制をしてはならないことになった。特に社会教育行政を，各種の自由で主体的な教育学習活動を背後から奨励し，援助するものに限定しようとしたのが社会教育法の精神であったと言ってよい。しかしそのことは逆に，行政の行う狭義の〈社会教育事業〉と，民間事業者の行うさまざまな事業，とりわけいわゆる教育産業が営利事業として行う活動や多種多様で不定型な市民の自主的活動とが，有機的な関係を失ってしまったということでもあった。生涯学習とはこうしたバラバラな諸活動を統合し直していこうという理念でもあるから，生涯学習振興法が「民間事業者による事業」をも含める形で「推進体制の整備」を図ろうとしたのは当然のことではある。

教育産業

　しかしながら，この法律の中では，繰り返しふれた〈学習機会情報の提供〉を除いては，民間と行政との連携・調整について抽象的に述べられているのみで，必要な役割分担についての具体的な記述はない。特に前記のように，公金の支出については受益者（当該事業への参加者）が多いほど〈成功〉であり，なるべく公費負担は少なくして効果をあげようというような考え方によってしまうと，社会教育行政といわゆる教育産業とは役割分担が不可能になってしまう。この点を生涯学習の専門職員としての司書を目指すみなさんにはぜひ深刻に考えておいてほしい。

　生涯学習の理想に近づくためには，すべての住民のあらゆる学習需要に対応しようとする姿勢を忘れてはならない。とするならば，行政はむしろ民間事業者にはできない，あるいは採算のとれない事業にこそ力を注いでいくことが望まれる。図書館を初めとする日常的な個人利用施設の整備，それらの施設に常駐する専門的なサービス要員の養成と配置，特に地域格差の是正や社会的公正（fairness）の実現，つまり人口の少ない地方での学習機会の提供や，いわゆる少数者を対象とする事業の積極的な展開などの面での行政の役割が今後ますます重要になろう。

●——— option I

日本の図書館予算

　UNIT33で述べたことの実例として，最近の日本の図書館予算（資料購入費決算額）の実際を，館種別に（公共図書館については規模別に）2000年度との比較で示してみよう。（学校図書館については毎年『学校図書館』11月号に掲載される全国学校図書館協議会による抽出調査，その他のデータは日本図書館協会の『日本の図書館』および『図書館年鑑』に基づいて算出。）

　小・中学校の学校図書館については，1993（平成5）年度から「学校図書館図書整備5か年計画」に基づき，「小中学校学校図書館図書整備増強費」なる名目で予算がつけられた（2007年度からの「新学校図書館図書整備5か年計画」以後は毎年200億円）ので，あまり大きな変化が見られないが，それ以外の項目ではいずれも資料購入費が激減していることが見て取れよう。ちなみに上記の「小中学校学校図書館図書整備増強費」についても，当初は〈学校図書館の図書整備増強に使わなければならない〉予算（補助金）として計上されていたのだが，2回目の五カ年計画以降は地方交付税に組み込まれることになった。いわゆる〈規制緩和〉の一環として，使途が自治体の判断で決定できるようになったのである。その結果，金額は倍増しているのにもかかわらず，実際の資料購入費は〈微増〉にとどまっている。これは多くの自治体がこの予算のかなりの部分を〈学校図書館の図書整備増強〉以外の目的に流用している，ということにほかなるまい。そして〈図書整備増強〉の予算措置が取られていない高等学校の資料購入費が大きく減少していることにも注目してほしい。この統計では小・中学校は公立校のみの抽出調査であるが，高校では私立校が含まれているので，まだこの程度で収まっているのだが，公立校のみで統計を取ればこの数字はさらに大きく低下するはずである。

　もちろん，UNIT33でふれたように，大学図書館においても公立大学・短期大学・高等専門学校の数字の低下が著しい。大学の心臓である大学図書館の予算が激減しているということが何を意味するものであるか，しっかりと考えてみてほしい。これが日本の〈教育行政〉の実体なのである。金は出さないけれど権限は手放さない，それどころか，予算は少ないのだから無駄を削れ，というような形で管理統制はむしろきつくなっていく。UNIT21で少しふれたことだが，たとえばオリンピックで金メダルを取るためには，〈特別な〉教育の機会が，すなわち相当の〈強化育成費〉が必要であることは言うまでもない。そして私たちは公費負担（税金）によるスポーツ選手の〈強化育成〉を当然のことと考えられるようになった。それなのに大学生の〈強化育成〉においては，税金による負担を減らし続けているのである。これで教育立国などと言えるのだろうか。科学技術大国を目指すことができるのだろうか。景気のよい時期にはある程度民間（や独立行政法人）に任せておいてもよ

いのかもしれないが，景気が悪化したときにこそ，図書館のような〈公共財産〉に公費をつぎ込むべきであろう。教育行政とその公費負担のあり方について，本質的に考え直す時期に来ていると私は思っている。

	2000 年度	2009/2010 年度
国立大学平均	16000 万	19000 万
公立大学	4500 万	3200 万
私立大学	6400 万	5300 万
短期大学	900 万	500 万
高等専門学校	900 万	400 万
都道府県立図書館	5900 万	4600 万
政令指定都市	23500 万	17200 万
人口 30 万以上	10700 万	9400 万
30 万未満	6400 万	5900 万
20 万未満	5300 万	4500 万
15 万未満	3500 万	3100 万
10 万未満	2500 万	2200 万
8 万未満	2100 万	1700 万
6 万未満	1800 万	1400 万
5 万未満	1300 万	1200 万
4 万未満	1000 万	800 万
3 万未満	800 万	600 万
町村立 3 万以上	1700 万	1200 万
3 万未満	1100 万	800 万
2 万未満	800 万	600 万
1.5 万未満	800 万	500 万
1 万未満	700 万	300 万
8 千未満	400 万	300 万
高等学校	157 万	113 万
中学校	72 万	75 万
小学校	48 万	59 万

大学図書館：『日本の図書館 2001』『同 2011』による 2000 年度，2010 年度決算額

公共図書館：『図書館年鑑 2002』『同 2012』による 2000 年度，2009 年度決算額

学校図書館：全国学校図書館協議会の抽出調査による 2000 年度，2010 年度決算額（『学校図書館』2001 年 11 月号，『同』2011 年 11 月号に掲出）

UNIT 33 ●生涯学習機会の提供
近年の生涯学習関連法規

●………国による情報ネットワークの形成

　欧米の生涯教育とわが国の生涯学習の施策を較べてみると，非常に大きな違いが目につく。それはあるいは図書館学者としての私の偏見かも知れないが，欧米の生涯教育施策がほとんど図書館施策と同義であるとさえ思われるほど，図書館というものが重要な位置を占めているのに対して，わが国の図書館施策がきわめて貧困であることである。それはわが国の生涯学習が受益者負担の原則に基づいていることと無縁ではない。充実した図書館を維持し，これを全国的なネットワークに発展させていくためには相応の予算を必要とするのである。

ネットワーク

　生涯学習の内容が，市民が生涯を通じてそれぞれに必要とする学習の機会を提供されることであり，学習とはもっとも基本的には（スポーツやリクレーションの活動をも含めて）知識や技術の習得であり，すなわち何らかの情報を獲得していくことであるとするならば，〈誰でもいつでも自由に〉使うことのできる情報提供機関の整備こそが生涯学習施策の中核になければならないことは言うまでもあるまい。ところがわが国の生涯学習施策にはこれが欠けている。国のレベルでは文部科学省の学術情報システムや，かつての地域情報ネットワーク整備構想（コミュニティ・ネットワーク構想）など，いくつかの例がないではないし，国立国会図書館もそれなりの活動を展開してはいるのだが，それらが国の施策として，生涯学習の観点から統合されているとは言い難い。膨大な費用を必要とするこの事業の展開なくしては，生涯学習は絵に描いた餅に終わってしまいかねない。逆に言えば〈誰でもいつでも自由に〉使える図書館ネットワークができあがりさえすれば，市民の自主的活動としての生涯学習は〈いつでもどこでも〉実現してしまうとも言えるのである。わが国の生涯学習には，この意味での一刻も早い施策の転換が望まれる。

情報提供機関の整備

●………独立行政法人化

　そうした観点から，いわゆるバブル崩壊後の国の施策をふり返ってみると，生涯学習社会の実現を目指したそれまでの政策がまったくといってよいほどに消えてなくなってしまっていることに気がつく。教育基本法は改正され，ことばの上では「生涯学習社会の実現」が謳われたはずなのに，具体的な施策はほとんど実施され

ず，逆に市民の自由な学習を規制し，管理しようというような政策ばかりが登場している。〈財政再建〉を旗印に，市民負担は上昇し，教育予算は削減されていく。国公立大学や博物館などが〈独立行政法人〉とされた際には，それらの「自由度を高める」ということが大きな理由であるとされていた。が，option I に示した全国の大学図書館予算を見れば一目瞭然である。大学予算は（重点配分などと言うおためごかしの言い訳で，一部の大学，たとえば東大や京大は微増しているが）減り続けている。大学に対する規制は逆に強まり，その結果日本中の大学が〈画一化〉されている。大卒者の就職率が低下するにつれて，大学は就職対策に追われ，本来の役割を見失っているように見える。特に深刻であると思われるのは，日本社会の中から健全な批判精神が失われ，あらゆる面で〈内向き〉になりつつあるように見えることである。生涯学習の理念が熱く語られていた時分には，「開かれた社会を目指して」などという文言が踊っていたのだが，今の日本は本当に〈閉塞している〉ようにしか見えない。今一度〈自由と統合〉という生涯学習の理念を取り戻してみる必要があると思われる。

独立行政法人

　特に日本の教育制度が〈官僚制〉の枠の中でしか考えられなくなってきていることは深刻な問題であると思う。教育に限らない。原子力・エネルギー政策，農業政策など，現代においてはあらゆる問題が，それぞれの〈現場〉における〈専門性〉抜きには検討し得なくなってきている。それなのに，中央官僚は〈現場〉の知識を持ってはいない。したがって，新たな政策，新たな計画を打ち出そうとすれば，〈現場の声〉を聞かざるを得ない。本来ならば，中央政府は全体の大枠だけを定めて，地方のことは地方に，現場のことは現場に委ねるべきである。特に学校教育に関しては厳密な資格（教員免許）が定められている。有資格者の〈自由〉を奪い，規制を強めることは最小限に抑えるべきなのである。それなのに中央官庁はこうした〈自由化〉を嫌う。自らの〈権限〉の縮小を避け，あわよくばその拡大を企図する。権限を維持拡大しながらその〈責任〉を回避しようとすれば，いわゆる〈有識者〉を取り込み，各種の〈審議会〉やら〈検討委員会〉やらを〈省内に〉作って，適当な報告書やら答申やらといったものを提出させ（言うまでもなくその〈原案〉は事務局（官僚）が作成する。委員の選定・任命は官僚に委ねられている。委員の人数が多くなればなるほど実質審議は困難になる。多くの場合，審議の経過は公表されない。もちろん，官僚もこうした委員たちも，結果についての〈責任〉を取ることは滅多にない。〈○○ムラ〉という表現はこうした〈内向きの〉情報のみを共有している閉鎖的な集団を指して言われるものである。繰り返し述べてきたように，批判のないところに進歩はない。〈異論〉を排除した〈議論〉は無意味なのであるが，彼らは自分たちが〈異論を排除している〉とは思っていないのかもしれない），その中から都合のよいものだけをつまみ食いする。日本の教育政策はこうして次か

ら次へと〈決定〉されていく新しい制度によって，それまでの制度の〈理念〉が失われていくと同時に，限りなく〈複雑化〉してしまい，〈現場の力〉が失われていく。高らかに歌い上げた〈理念〉と実際の政策とは大きく乖離し，細々とした〈規制〉の網の目にがんじがらめに捉えられて身動きがとれなくなる。現在の日本の現実はこうしたものであると私は判断している。

●………子どもの読書活動推進法

子どもの読書活動推進法　たとえば平成13（2001）年に成立した『子どもの読書活動の推進に関する法律（子どもの読書活動推進法）』を見てみよう。そこには「すべての子どもがあらゆる機会とあらゆる場所において自主的に読書活動を行うことができるよう，積極的にそのための環境の整備が推進されなければならない」（第2条）との美しい理念が謳われている。しかし，私たちはすでに「学校には学校図書館を設けなければならない」とした『学校図書館法』（UNIT44参照）を持っている。公共図書館に関する『図書館法』もある。上記の文言を〈実現させる〉ためには，全国に約4万〈現に存在している〉学校図書館に豊富な予算をつけさえすれば，あるいは全国の公共図書館をせめて現在の数（3千あまり）の数倍に増やし，そこに豊富な予算をつけてやればそれで〈完了〉する。新たな法律を作る意味はほとんどない。

　それなのに，この法律ではそうした施策にはまったくふれられていない。定められた内容は「地方公共団体は国と連携し」とか「事業者（出版者など）の努力」とか「保護者の役割」とかいった，はやりのことばで言えば〈上から目線〉のことばばかりが並んでおり，地方公共団体ばかりでなく，事業者にも保護者（すなわち一般市民）にも，ある種の官僚統制を強め，その〈自由度〉を狭めようとしているのだとしか思えない。また，国が『子ども読書活動推進基本計画』を策定し，これを「基本として」都道府県，市町村がそれぞれ同様の基本計画を策定・公表するよう「努めるべきである」，とされている（全都道府県が策定済み，市町村では未策定のところも多い）。それらの基本計画の中には，ほとんど例外なく，「学校図書館の充実」「公共図書館の充実」「学校図書館と公共図書館との連携」などという文言が踊っている。この「充実」ということばが「十分な予算をつけ，きちんと専門職員を配置する」ことを意味しているのならば，上記のように『学校図書館法』と『図書館法』の理念を実施すればよい，ということなのだから，こんな新たな法律を作る必要はない（どちらの法律にも両者の〈連携〉の必要性は明記されている）。ということはこれらの条文はむしろ，「金は出さないが，新たな〈計画〉を作れ，その計画に際しては国（文部科学省）の指導監督に従え」ということにほかなるまい。国の基本計画策定によって，独立行政法人国立青少年教育振興機構が受け皿となって，わずかな補助金を配分する「子どもゆめ基金」が設立された。新たな，そして

無責任な〈権限〉が作られたのである。公共図書館の運営に〈民間委託〉が進んでいることを考えに入れれば，免許状のある〈教諭〉や，資格を持つ〈司書〉の権限を縮小させ，資格も免許状も持たない〈官僚組織〉の権限ばかりを拡大しようとするものだ，と断じざるを得ないのである。

●………文字活字文化振興法

　さらに，この法律が国会で可決された際に，衆議院，参議院の両院でそれぞれ，「付帯決議」が出されている。読書活動は明らかに〈私事〉に属するものであり，これを国や地方公共団体，すなわち〈公〉が管理・規制しようとすることに対する歯止めが考えられたためであろう。そこでは「行政が不当に干渉することのないように」「その自主性を尊重すること」といった文言が繰り返し述べられている。これはいわゆる『国歌・国旗法』が定められた際の両院での付帯決議によく似た内容のものであると言える。そしてこの『国歌・国旗法』が制定された後，いくつもの自治体で「行政の不当な干渉」が行われた（と私は判断している）のだが，国会が「その議決が無視された」と抗議したという話は聞かない。「付帯決議」は通常の六法には掲載されることはない。それは忘れ去られ，無視されるのが通常なのである。

　三権分立とは名ばかりで，この国では明らかに行政府が立法府を〈管理〉している。選挙によって国民の審判を仰がなければならない，より具体的に言えば選挙で〈落選させられる〉ことによって，〈責任を問われる〉立場にある個人（実名入りで自分の発言が記録に残され，公開される）としての国会議員に対して，原則として匿名の〈官僚集団〉が，一切の責任を問われない立場でさまざまな権限を手中に収めて優越した立場に立ち，細々とした行政手続き（それが細部にわたるものになればなるほど，その具体的な〈詳細〉は〈ムラ〉の内部だけで共有され，〈ソト〉の世界からは見えなくなってゆく）ばかりが次から次へと〈制定〉されてゆく。

　2005年に制定された『文字・活字文化振興法』も同様である。憲法に定められた「出版の自由」と矛盾しかねない内容の法律が制定され（『子どもの読書推進法』と同様，この法律も超党派の議員立法によって成立した。それはつまりこういう法律を作ること自体には明確な反対意見がなかった，ということでもある。誰も反対できない立派な〈タテマエ〉のもとに，官僚統制を強化する内容が盛り込まれていくことに立法府が荷担してしまうと，ちょうど戦前の日本が歩んだと〈同じ〉轍を踏むことになる，と私は本当に危惧している），「文字・活字文化振興機構」なる新しい〈権限〉が作り出されている。余計な法律は作るな，という声はあまり聞かれない。日本の民主主義は危うい，日本における生涯学習社会の到来ははるかに遠のいた，私はそう思っている。

> 三権分立

> 文字・活字文化振興法

option J

〈ムラ〉社会の弱点

　2011年3月11日，日本は未曾有の大災害に襲われた。三陸沖で起こった千年に一度と言われる大地震とその地震によって引き起こされた大津波と，そしてさらにその地震・津波によって起こった福島第一原子力発電所の事故である。その後，この国のメディアには「絆」だとか，「ふるさと再生」だとか，「がんばろう日本」などという私に言わせれば意味不明なスローガンがあふれた。日本人はこうした曖昧な標語・スローガンが大好きである。これらの標語・スローガンは人々に〈考える〉ことをやめさせる力を持っている。〈何となく〉わかった気になり，〈何となく〉多くの人とある種の〈思い〉を共有しているつもりになることができ，安心し，そしてそれ以上考えることをやめてしまう。

　「がんばる」とは一体何をすることなのだろう。家族を失い，家財を失い，生きる希望を失いかけている人に「がんばろう」ということは，もしかしたらひどく残酷なことなのではないだろうか。がんばりたくてもがんばれない人に「がんばろう」と言ってしまったら，その人の最後の細い糸が断ち切られてしまうことになりはしないか。「がんばるのはいやだ」という考えは許されないのか。そういう人は仲間はずれにしてしまうのか。それとも強制的にがんばらせるのか…。考えることはいくらでもあるはずなのに，私たちは「がんばろう日本」で納得してしまう。

　とりわけこの国では，政府が，官僚が，マスコミが，そして学校教育が，こういうことばを使いたがる。一定の権限を持つ立場の人々が，その権限に伴う責任を回避するために，こういう曖昧なことばで，世論の〈何とはなしの〉共感を得ようとするのである。これらはいい加減なことばである。非科学的なことばである。無責任なことばである。私たちが日常生活の中で使うべきことばであって，一定の権限を持つ立場の者が，その権限に伴う発言として使うべきことばではない。

　たとえば血液型を示す〈A・B・AB・O〉という四つの言葉がある。これは科学のことばである。A型・B型・AB型・O型の4種は明確に〈区切られて〉おり，ひとりひとり先天的に〈決定〉されている。〈もれなく重なり合わず〉区切られているのである（先のoptionで述べたことを思い起こしてほしい。これらのことばを子どもに〈わかりやすく〉教えることは〈できない〉はずである。「A型」ということばはほかに言い換えることが〈できない〉のである。）。これに対して，人の性格を表すことば，たとえば〈まじめ〉でも〈かしこい〉でも何でもよいのだが，これらは科学のことばではない。〈まじめ〉と〈ふまじめ〉の間に〈区切り目〉がないからである。あるいは〈まじめ〉と〈ふまじめ〉とは互いに重なり合い，またひとりの人間の中でさえ，ある面ではまじめだけれどほかの点ではふまじめだとか，幼いときにはまじめだったのに長じてからはふまじめになったとか，いくらでも変

化し移り変わることができるのである。だから血液型と性格との相関関係は研究できない。〈科学のことば〉と〈科学的でないことば〉とを安易に組み合わせては〈いけない〉のである。

　もうひとつ，かの原発事故の後，〈原子力ムラ〉ということばがマスコミを賑わせた。〈ムラ〉とカタカナで使われる場合には，もともとは社会学におけるいわゆる操作概念として，一般的な〈村〉という意味に加えて，〈内向きで排他的な日本独特の村落共同体〉という意味を込めて使われ始めたものである。つまり，原発を運営する電力会社と，国のエネルギー政策を主管する経済産業省と，原発の安全性をチェックするはずの原子力安全・保安院（2012年5月現在，まだ経済産業省の〈中に〉置かれている）と，そして（経済産業省や電力会社に勤務しているのではない）大学の原子力工学の研究者（一部の放射線医学をも含めてよいかもしれない）が，お互いに〈顔なじみ〉になり，強固な〈人脈〉を形成し，ひとつの〈ムラ〉として情報を共有すると同時に，排他的に外部からの情報，とりわけこの〈ムラ〉に対する異論・反論を排除して，〈なあなあの〉組織を作ってしまっている，という批判であり，揶揄を込めたことばである。

　〈原子力ムラ〉は批判さるべきである。強い〈権限〉を持った者たちが〈仲間内で〉重要な政策を決定し，〈ソト〉からの批判を許さず，〈ソト〉へ正確な情報を知らせず，その結果重大な事故を起こしてしまった（自然災害に対して〈その結果〉というのは酷かも知れないが，「事故が起こった場合」の想定をせず，「事故は起こらない」と言い続けてきたのだから，私はやはり〈その結果〉と言いたい）その結果責任は徹底的に追求されなければならないし，いい加減な〈言い逃れ〉を許してはいけない。

　しかしここでもう一度考えてほしい。この国の〈ムラ〉は原子力ムラだけだろうか。原子力ムラだけではなく，〈永田町ムラ〉や〈霞ヶ関ムラ〉が平気な顔で大手を振っているのではないか。原子力ムラを批判するメディアが〈マスコミムラ〉を作っているのではないか。そして教育の世界が，この国では〈教育ムラ〉を作り，情報を独占し，〈ソト〉からの情報を遮断してしまっているのではないか。〈業界〉だとか，〈学会〉だとか，あるいはさらに〈文壇〉でも〈画壇〉でもよいのだが，この国ではあらゆる組織，あらゆる集団が〈ムラ〉を形成しているのではないか。自分もまた何らかの〈ムラ〉社会の一員として振る舞っていはしないか。〈絆〉とはもしかしたら単なる〈ムラ社会の一員〉としての無責任な言い逃れに過ぎないのではないか。

　戦前においては，教師になるためには師範学校を卒業しなければならなかった。中学校以上の学校で教師になるためには高等師範学校を卒業しなければならなかった。したがって戦前の教育界は，結果的に強固な〈教育ムラ〉を形成することになった。〈教育界〉にいる，ということはすなわち，〈同じ〉師範学校，高等師範学校の先輩・同輩・後輩であるということにほかならないからである。学校を監督する視学官も，師範学校・高等師範学校の教授陣も，すべてある意味の〈同窓生〉な

のである。教育界にいるすべての人が強固な〈人脈〉でつながれ，そしてこの〈人脈〉につながりを持たない人は，この〈教育ムラ〉から排除されていく。ここに儒教的な〈長幼の序〉という道徳律が持ち込まれ，中央集権的な〈上位下達〉のシステムに組み込まれると，自然に〈余計な波風は立てない〉という雰囲気ができあがってしまう。ムラの中での〈和〉が大切になり，ムラは一致して〈ソト〉の世界に対抗するのである。

　戦後はこのことが深刻に反省された（はずであった）。小学校の教諭になるには〈教育学〉が重要であることは仕方がないので，新制大学制度においては，小学校教諭養成のための〈教育学部〉もしくは〈教育学科〉は，旧師範学校を引き継ぐ形で温存されたが，教科担任制が取られる中等教育においては〈教育学〉を主とするのではなく，各教科の専門性をより重視すべきであるとされ，一般の4年生大学において各教科に関する専門課程を学ぶ者が，その傍らいわゆる〈教職課程〉を学び，教員免許状を取得することが望ましい，とされたのである。〈教育ムラ〉を解体し，〈ソト〉の風を送り込まなければならない，それこそが民主主義の精神であるとされたのである。特に教育の〈現場〉と，教員養成のための〈大学〉とはなるべく切り離しておかなければならない，との考慮が働いていたと考えられる。

　立場によってその評価はさまざまであろうが，ある時代まではこの考え方は通用していたと言える。特にいわゆるマルクス主義の考え方が一定の〈力〉を持っていた時代には，〈教育学界〉が文部省に対する一定の〈批判者〉としての立場を持ち続けることができ，すでに述べた〈文部省対日教組および左翼知識人〉という対立構図の中で，かろうじて教育界の〈ムラ化〉を防いでいたという言い方もできなくはない（見方を変えれば〈文部省ムラ〉と〈日教組ムラ〉の対立であったとも言えるだろうが）。しかしいつの間にか，この理念もまた忘れられてしまったように見える。〈産官学協同〉などというかけ声の下に，教育の〈現場〉にあった者が大学の〈教育学教授〉になることが常態化してしまうと，大学からは現場に対する批判力が失われていく。長く〈教育現場〉にいた者が，自らの経験に基づいて，自らのかつての職場に学生を送り込むための講義をするのであるから，教育現場に対する強い批判はなされなくなるのが当然なのである。教育学が〈教育免許状を取得する（させる）ための〉講義としてしか考えられなくなる。教育学が〈学〉ではなくなってしまうのである。

　教育の世界だけではない。上記の〈原子力ムラ〉をはじめとして，現代の日本ではあらゆる世界が強固な〈ムラ〉を作っているように見える。特に〈官〉の力の強い日本社会においては，〈官〉と〈学〉とが安易に〈協同〉してしまうと，健全な批判精神をもつ学者にはいわゆる研究費の配分がなされにくくなる。〈学会〉がまるごとムラ化され，ソトからの批判を受け付けなくなってしまうのである。批判精神を失った学会にはもはや学会を名乗る資格はない。科学の世界が相互批判によって成り立っているということについては繰り返し強調してきた。学会がムラ化して相互批判を避けようとすることは，学の自殺行為である。研究費欲しさに〈官〉や

〈産（現場）〉への批判を控えるなどということは，学者にとっては恥辱でしかないはずである。ところが〈ムラ〉の中だけで暮らしていると，自分がこのような恥ずべき行為をしているという自覚さえ失ってしまう。自分が〈ムラ〉の一員としてその維持に〈貢献〉しているという意識の方が優先されるのである。〈ムラ〉の中での〈出世〉が決して恥ずべきことではなく，むしろ誇らしいことになってしまうのである。

　日本考古学会はいわゆる旧石器の〈捏造（埋め込み）〉を35年もの長きにわたって見逃してきた。日本の地質学界は，今日ではごく常識的になっている〈プレートテクトニクス理論〉を，それが西欧の学界で受容されて以後10年以上も拒絶し続けてきた。いずれも学界の内部で健全な相互批判が行われず，〈ムラの長老〉の意向に暗黙裏に従う，という態度によるものであろう。そしてどちらの学界においても，過ぎてしまったことは忘れようと言わんばかりに，そのことに対する真摯な反省が行われているとは思えない。〈産〉との関係が比較的希薄であると考えられるこのような学界においてさえそうであるのだから，〈産〉との関係がより濃密な学界，たとえば医学であるとか，先の原子力工学に代表されるような工学系の諸分野であるとかいった学界においては，事態はより深刻であるはずである。〈ムラ化〉した社会においては，そのトップエリートから先に，その最も本質的な部分での〈リテラシー〉を失ってゆくのである。原発事故が起こるまではあれほど騒がれていた地球温暖化と二酸化炭素排出量削減の議論が，原発事故以降はぱたりと止まってしまったことなども想起しておきたい。（地球温暖化を「問題」とすべきかどうかについても〈学〉界では議論があるのに，政府も官僚もマスコミも，もちろん学校教育の現場においても，それは大問題であり，二酸化炭素の削減は急務であるという意見ばかりが紹介され，いわゆるエコカーやエコ家電が，政府の補助金付きで売り上げを伸ばした。これなども典型的な〈ムラ化〉現象であると言えよう。）

　冒頭のいくつかのUNITで述べたように，西欧社会においては，若者たちに「ムラを出よ」と誘うことが教育の根底にあるように思われる。それに対して日本の教育は依然として，というよりはむしろ以前よりもさらにいっそう「ムラの一員として有為な人材たれ」とばかり言い募っているような気がしてならない。これほどまでに〈国際化〉ということばが氾濫する中で，そして実際上，経済の世界やスポーツの世界では〈国際化〉は当たり前のことになっていっているのに，ひとり日本の教育界（〈学〉の世界を含む）はその〈ムラ化〉の度をかえって強めているように思われる。これから図書館情報学を学ぼうとするみなさんには，日本の図書館情報〈学界〉がムラ化していかぬよう，しっかり監視の目を光らせてほしいとお願いしておきたい。

UNIT 34 ●生涯学習機会の提供
地域社会と生涯学習

●⋯⋯⋯生活の場としての地域社会

　生涯学習が，個人の一生の〈生活〉と〈学習〉とを統合していこうとする理念に基づくものであるならば，そのために展開される諸事業は人々の生活の場である地域に根ざしたものでなければならないことは当然である。従来の社会教育行政の主体が市町村の教育委員会に置かれていたのはそのためであると言ってよい。都市化が進展し，交通網が発達し，通信ネットワークが驚異的な広がりを見せている現在，都道府県単位の広域的な事業展開や，あるいはそのための〈推進体制の整備〉の必要が叫ばれ，さらには国家的・国際的な規模での〈ネットワーク化〉の必要性やその可能性も視野に入れなければならない時代になってきていることはもちろんであるが，個人の生活の場としての地域の重要性が減少しているわけでは決してない。人はすべて，原則としてその〈居住地〉を主たる〈生活〉の場としているのであって，家庭のある場所こそが生涯学習の拠点にならなければならないのである。〈家庭〉と〈職場〉とが切り離されてしまった現代の都市社会において，より〈職場〉に近い場所に学習機会を整備するのではなく，生活の場であり，社会経験の現場であり，少なくとも幼い子どもたちの教育の現場でもある地域社会にこそ，豊富な生涯学習の機会が整備されていかなければならない。そうすれば，我々はドベスが言ったような意味で，路地や林などの生活環境そのものさえをも学習教材とし，教育の力としていくことができるのである。

　日本の生涯学習事業は，行政の行うものも民間事業者の行うものも，その点で思い違いをしているのではないかと私は思う。民間事業者が採算のとれない事業を展開することができないのは仕方がないとしても，行政が生涯学習の〈拠点作り〉や〈センター構想〉にばかり血道を上げていてはいけない。集客・動員の見込めるイベントの企画を生涯学習機会の提供であると思い違いをしてはいけない。生活の場である地域社会の中において，〈住民サービス〉としての生涯学習機会の提供を地道に行っていくことこそが行政の基本的な役割でなければならないはずである。

地域社会

住民サービス

●⋯⋯⋯国民・市民・住民

　そうした視点から，生涯学習の展開を考え直してみる時，生涯学習振興法にも一

部用いられている（3条2・4項）〈住民（inhabitant, resident）〉という概念が今後重要な意味を持ってくるのではないかと思われる。日本の教育は常に〈国民（nation）〉という意識に依拠して行われてきた（この法律も例外ではない）。国民意識の統一ということが近代国家の理念であった時代，〈単一民族国家〉であると自称し，そのことが国家の経営に大きな意味を持ち得た時代には，〈国籍〉による人間の区分がそれなりに重要であったことは否定しない。しかしながら，〈国民意識〉を強調することはとかく差別と抑圧を招き，ファシズムの土壌となりがちである。〈統一と連帯〉が国民の証であるならば，民族的・宗教的・文化的・思想的に〈統一〉されない少数者は〈非国民〉とならざるを得ないからである。戦前の日本の教育はまさにこの点で否定されなければならなかったはずなのである。

　本書ではこれまで意識的に〈市民（citizen）〉という語を用いてきた。これは上記の差別構造を否定し，社会的・政治的に相互に〈対等な〉権利（公民権）を有する社会構成員を指していうことばで，異なる民族，異なる宗教，異なる思想の持ち主が一つの〈社会〉を形成してきた近代西欧において成立した概念であり，いわゆる民主主義社会における最も基本的な概念でもある。繰り返しになるけれども，私たちはいつまでも〈単一民族国家〉の幻想に浸っていてはいけない。それは虚構であるばかりではなく，多様な価値の共存を求めていかなければならないこれからの世界においては，一つの足枷とさえなりかねない。特に教育行政は，未来社会を担う〈日本国民の育成〉を目的とするのではなく，今現に日本社会を支えている市民に対する〈サービス〉を心掛けるべきであると私は思う。国民意識から市民意識への転換が，現在日本人に求められている大きな課題の一つであると言えよう。

　〈住民〉という概念はさらに一歩を進めたものである。ここで問題になるのはいわゆる公民権の有無にかかわりなく，すべての人々を，現にその地域に居住しているという観点からのみ，一切の差別なく同等の存在としてみていこうという考え方に基づく概念であるべきである。近代社会がいったんは崩壊せしめた地域共同体（ゲマインシャフト）を，まったく新しい視点から再構成しようとする概念であるとも言えよう。国籍や国民意識（愛国心）の有無にとらわれて〈外国人〉を排斥したり，投票権の有無とか納税者であるか否かといった法律的・形式的な権利義務関係に基づいた差別をしたりするのではなく，すべての〈住民〉に必要適切な〈サービス〉を提供していくことが行政の任務である。生涯学習社会を成立させるためには，そういうさらに大きな価値観の転換が求められているのである。

● ………住民サービスとしての生涯学習行政

　日本の教育行政に欠けているのはこの〈サービス〉という感覚である。日本の官僚は長い間社会エリートとして〈国民の指導監督〉に当たることを当然としてきた

し，国民の側もまたそのことに疑いを抱いてこなかった。しかしこうした考え方が上述のように〈非国民〉を作りだし，差別を生み，ファシズムを育ててしまったことが忘れられてはならない。生涯学習社会とは，あえて言うならば初めから〈非国民〉を含みこんで成立する社会でなければならないのである。国民と非国民とを区別するのではなく，両者を対等・平等な地域住民として認識し，そのひとりひとりの具体的な必要に応じて適切なサービスを提供していくことが行政の任務であるとの真摯な態度がなければ，生涯学習の理念は達成することができない。

図書館サービス　戦後アメリカの図書館学が日本に導入された時，〈図書館サービス〉という考え方にふれた関係者の衝撃と感動は大きかったと言う。現在，司書資格科目には「図書館サービス概論」「情報サービス論」「児童サービス論」「情報サービス演習」と，サービスという言葉が四つもの必修科目名に含まれている。図書館はサービス機関であり，図書館活動は住民へのサービス活動でなければならないという点については，少なくとも図書館関係者の間での合意ができあがったと言えよう。

パブリック・サービス　ところがこの合意が図書館以外の活動においては十分に普及していない。アメリカなどでは教育も福祉も，警察や軍隊さえも，あらゆる行政活動が〈パブリック・サービス〉という概念でくくられ得るものであるのに，わが国では相変わらず行政が国民を〈指導監督〉し，あるいは〈管理〉しようとする傾向が強い。文部科学省が自治体を管理し，地方の首長が地元の教育委員会を管理し，教育委員会が学校を

管理教育　管理し，そして学校が児童・生徒を管理するという，いわゆる〈管理教育〉については，近年その傾向は強まるばかりに感じられる。警察公安，医療福祉などの分野においても，市民サービス・住民サービスという視点は根本的に欠如していると思う。生涯学習を市民の自主的活動であると法的に宣言した以上，行政はこれを支えるサービス業務に徹するべきである。そして住民に対する真の意味でのサービスが可能であるためには，行政の視点を住民の居住する地域にまで下ろしていかなければならない。住民の身近に，いつでも気軽に，しかもひとりででも自由に利用することのできる学習機会がなければならない。それがあって初めて，〈学習情報の全

学習情報の全国ネットワーク　国ネットワーク〉や〈生涯学習基本構想〉などの中央集権的な施策が意味を持つことになるのである。

●........都市と農村

以上のような観点から現在の生涯学習機会を点検してみよう。先に私は，都市と農村とには生涯学習の機会という点では大きな格差があると述べた。過疎化の進む農村地域においては，生涯学習の機会はきわめて少ない。格差是正を名目に多量の

ハコモノ　税金を投入して，いくつかの〈ハコモノ〉の建設は確かに推進されている。公民館やゲートボール場などが集落ごとに建設されているような村さえ珍しくはない。が，

それらはいわば空のハコであって，資料とサービス要員とを備えた図書館型の施設ではないため，住民が必要に応じていつでも自由に利用することができるとは限らない。あるいは資料館やホールなどの大規模公共施設が建設されることはあっても，その多くは，〈村起こし・町起こし〉の手段としての，いわば客寄せ施設であって，住民の日常的な生活・学習に資するとは言えない。図書館もない，本屋もない，高等教育機関やその他の情報機関もないという現実の中で，空っぽの施設をいくら建設しても多様な住民の学習要求に応えることはできない。かくして地方農村と大都市との圧倒的な〈学習情報〉の格差は拡大するばかりである。他方，都市においても，日常的な生活空間の中に十分な生涯学習機会が用意されているとは言い難い。大都会には確かにさまざまな学習の場があるのだが，それらはいずれも〈集客に便利な〉場所に〈センター〉として用意されており，子どもも老人も障害者も，子育て中の主婦にも長距離通勤のサラリーマンにも，あるいは部活と塾通いに明け暮れる児童生徒にも，決して日常的に気安く使える機会となってはいない。つまり日常生活における十分な行政サービスは，地方農村においてばかりではなく，都市住民に対しても提供されてはいないのである。

　確認しておこう。日本の大都市には，世界的にも例を見ないほどの多様な学習機会が存在している。多くの大学や専門学校もある。図書館や博物館や各種の情報センターの類もある。書店も古本屋も洋書の輸入代理店もある。劇場も競技場もホールもギャラリーもある。いわゆるカルチャーセンターも公開講座の類も数多くある。世界の郷土料理を味わうことも，世界のファッションを楽しむこともできる。国外の有名アーティストが招かれたり，大規模な美術展や国際的なスポーツ大会が開催されたりもする。大都市には人口が集中しているので，採算がとれるだけの集客が見込めるからである。デパートがいわゆる客寄せに美術展を開いて採算がとれるのは日本だけだと言ってもよい。このことはむしろ誇るべきことではある。

　しかしながらこれらの学習機会を享受し，楽しむことのできる者は実は限られている。これらの活動に何らかの形で参加するためには，まずは一定以上の自由な時間が必要である。一定以上の費用も必要である。そして大都市における多種多様な，そして多くの場合には不定期不連続に開催されるこうした集客の催しについて，それがいつどこで開催されるのかを的確に知り，たとえばあらかじめ予約をして定められた手続きをとる，そういう能力や技術が必要である。生涯学習は機会さえあればどんなものでもよいというわけにはいかないからである。自分の関心とレベルとに合致するものでなければ，どれほど豊かな学習機会があったとしても，それはその特定の個人にとっては何の〈機会〉にもならないのである。それならば，住民の日常生活の中で，いつでも自由に利用されることのできる学習機会とはどのようなものであるのか，それを次に検討してみることにしよう。

UNIT 35 ●生涯学習機会の提供
社会教育施設と専門職員

●………社会教育法に定められた社会教育施設

　日本における生涯学習の施策が，学校改革の視点を欠いたまま展開されていることについてはすでに繰り返し述べてきた。したがって日本の生涯学習事業は，少なくとも今のところまでは，実質的に社会教育とほとんど重なり合っていて，地域住民に対する行政サービスとしての生涯学習機会の提供とは，実は社会教育機会の提供にほかならないと言える。それゆえ，私たちはまず，社会教育行政の基礎をなしている社会教育法によって，法的に定められた〈社会教育施設〉と〈社会教育専門職員〉について確認をしておかなければならない。

　社会教育法には「図書館及び博物館は，社会教育のための機関とする」（第9条）との規定があり，同時にこれらについて「必要な事項は，別に法律をもって定める」とされているので，厳密に言えば社会教育法に定められた施設と専門職員は公民館ならびに社会教育主事（補）のみである。本来ならばスポーツ関係のものも含め（社会教育法には「体育及びレクリエーションの活動を含む」と明記されている），これらの施設や職員に関する総合的な法律の制定が必要であったと思われるのだが，図書館や博物館はそれまでの日本にはなかった新しい理念に基づくものであったため，昭和24（1949）年の法律制定に準備が整わなかった事情があって，図書館法（昭和25年）・博物館法（昭和26年）が社会教育法とは別に制定されることになってしまった。そして，実はこのことがその後の社会教育事業の展開にある種の不整合を来すことになった。つまり法に定められた社会教育施設としての公民館・図書館・博物館，および専門職員としての社会教育主事・司書・学芸員の相互の役割分担が不分明になってしまったのである。

　特に司書（補）は図書館，学芸員（補）は博物館という，それぞれ特定の施設に勤務する専門職員として規定されているのに対して，社会教育主事は必ずしも公民館に勤務する者としてではなく，むしろ公民館の規定に先立って規定されていること，図書館も博物館も，地方自治体に対して義務設置を求める規定ではないのに対して，社会教育主事は「都道府県及び市町村の教育委員会の事務局に，社会教育主事を置く」（第9条の2）として義務配置が求められていることには注意が必要である。結局，法律の解釈次第では，社会教育法は図書館法や博物館法の上位に位置

（欄外）
社会教育施設
社会教育専門職員

社会教育法

公民館
社会教育主事（補）

しており，したがって公民館は図書館や博物館よりは基礎的で重要な施設であり，社会教育主事は図書館や博物館を〈含む〉社会教育事業の全体を統括し，企画立案する専門職員であるということになりかねないのである。

●………図書館と公民館

　確かに社会教育主事は自治体に必置の専門職員である。公民館は地域に密着した社会教育施設である（公民館は原則として市町村の教育委員会が設置するもので，都道府県立の公民館は存在しない。したがって生涯学習推進体制整備のため，都道府県の設置にかかわるものとして〈生涯学習センター〉などが設けられている）。図書館のない市町村は少なくないが，公民館を持たない自治体は例外的であり，しかも一つの自治体内に相当数に上る公民館が設置されているのが普通である。それ故，現在の時点において生涯学習推進の事業を展開するためには，公民館と社会教育主事とを核にして考えることが現実的であろう。しかしながら，公民館はしばしば〈学習のための資料〉を伴わない空っぽの施設である。その主たる任務は各種の講座，講演会等のいわゆる集会活動の企画実施であり，いわゆる会場提供サービスである。社会教育主事は「社会教育を行う者に専門的技術的な助言と指導を与える」ことがその任務であるが，資格要件の内容からみても図書館の司書や博物館の学芸員に「専門的技術的な助言と指導を与える」ことができるとは思えない。そしてまた，社会教育主事の職と公民館という施設とが必ずしも連携されているわけでもない。公民館は地域に根ざした施設ではあるかもしれないが，そこで〈誰でもいつでも自由に〉助言と指導を受けることができるとは言えまい。

　図書館学者としての偏見を承知の上であえて言うならば，公民館を中心とし，そこへの〈集客動員〉を旨とする従来の社会教育事業から，欧米型の図書館を中心とする地域生涯学習事業への発想の転換が図られるべきである。これまでにも繰り返し述べてきたように，集会・イベント中心の事業展開には限界がある。地域に根ざし，地域住民ひとりひとりの学習需要に応えることのできる施設として，豊富な資料を備え，資料の収集と提供とに関する専門家である司書が配備されている公共図書館に勝るものはあるまい。あるいは，各種の集会活動も会場提供サービスも図書館が行うことに何の不都合もない。いやむしろ，いかなる講座であれ，講演会であれ，あるいは市民の自主的な集会活動であれ，空っぽの〈会場〉に人を集めて実施するよりは，関連する豊富な資料を持つ図書館の集会施設で実施する方がはるかに効果的であるはずではないか。図書館を現在の公民館の数ほどたくさん建設し，運営していくためには相当の財政支出を覚悟しなければならないことは当然であるが，それは生涯学習社会の実現のためには必要な出費であろう。一時は経済大国の名をほしいままにしたわが国の教育行政に，欧米各国が実現させた図書館ネットワーク

［傍注］生涯学習センター

［傍注］図書館

の形成ができないのは不思議なことである。地域の全域にサービス可能な図書館ネットワークの展開を前提に，社会教育主事と司書との新しい役割分担を再検討すべき時期にきていると私は思っている。

●………図書館と博物館

<small>博物館</small>

　図書館と公民館との役割分担が不分明であるのに対して，図書館と博物館との違いは比較的に明らかである。どちらも〈学習のための資料〉を備え，これを市民に利用してもらうことを旨とするサービス施設であるが，図書館がその資料を〈手に取って見る・読む〉ことを主たるサービス内容とする施設であるのに対し，博物館は〈展示・展覧〉を主とする施設である。したがって図書館は日常型の社会教育施設であり，博物館はどちらかと言えば非日常型の施設である。また図書館は地域住民のあらゆる情報ニーズに対応すべき，個人利用を原則とする施設であるが，博物館はむしろ専門的な研究機関としての機能をも併せ持っており，したがって社会教育施設としては，むしろ〈集客〉に力点が置かれることが多い施設であると言える。

<small>博物館法</small>

　こうした違いは当然，主として収集する資料の性格の差に由来しているのであるが，図書館（と公民館）が，市民の日常的な利用にサービスすべき，社会教育を主目的とする機関であるのに対して，博物館は〈市民サービス〉と〈学術研究〉とを同時に行う機関であることが最大の相違点であると言えよう（博物館法に規定されている博物館は，図書館法に規定されている図書館が〈公共図書館〉のことであるのと同様に，一般に博物館と称されている多種多様な施設のうち，社会教育機関として登録されているもの，もしくは登録博物館に相当するものとしての指定を受けたもののことで，社会教育施設として博物館法の適用を受けない〈博物館〉が実際には非常に多い）。それゆえ，博物館の専門職員である学芸員は，社会教育専門職員としての資格を問われる以前に，まずは当該博物館の専門領域に関する研究者（主題専門家）でなければならないし，その専門領域を超えて〈市民のあらゆる学習ニーズに応える〉ことはできないのである。図書館と博物館との相違は大学教育における一般教育と専門教育との差と言ってよいかもしれない。いずれにせよ，博物館は生涯学習事業の展開に際して，地域住民へのサービス拠点とするには無理がある。それは重要な学習機会を提供するものではあるが，公共図書館とは明らかに異なる役割を果たすべきものなのである。

●………学社連携とボランティアの問題点

　文書館やその他の各種情報機関のことについてはここではふれない。生涯学習の〈施設と専門職員〉に関してここで論じておく必要があることは次の2点である。
　まず社会教育施設としての学校の問題を考えておきたい。社会教育法では，学校

の施設を「社会教育のために利用に供する」ことが定められている。特に公立学校は，まさに地域に根ざした学習施設そのものであり，これを利用することによって生涯学習事業が大きく展開する可能性を有することは言うまでもあるまい。学校教育と社会教育の連携を図ろうとする事業を一般に〈学社連携事業〉と言い，いわゆる学校施設の地域開放を初めとしてさまざまな事業が試みられている。しかしながらこれまでは，どちらかと言えば〈学校教育への社会教育機能の取り込み〉が図られる例が多く，すなわち地域の物的・人的資源を学校教育に積極的に利用していこうとする活動が中心で，学校教育と社会教育とを統合的に捉えなおし，学校を生涯学習の拠点として位置づけようとする例はあまり見られない。冒頭に述べたように，生涯教育の理念には〈学校の社会化〉という視点が含まれているはずなのだが，現在の日本ではむしろ〈社会の学校化〉が目指されているかのような危険性さえ感じられる。公立の学校もまた，教育という面での公共サービスの機関であることを自覚し，生涯教育のための住民サービスという見地から学校教育と社会教育との連携・統合を図っていくことが必要であろう。

〔学社連携事業〕

〔学校の社会化〕
〔社会の学校化〕

たとえば学校には学校図書館を置くことが義務づけられており，学校図書館にはその専門職員として〈司書教諭〉が配置されなければならないことになっている（このことについては後に詳しく述べる）。この規定が法律の理念通りに実施されれば，そして地域の公共図書館と学校図書館とがそれぞれの専門職員である司書と司書教諭とを通じて協力関係を結び，地域ネットワークを形成することができたならば，それは学校教育にとっても社会教育にとっても大きな武器となり，生涯学習社会の実現へ向かっての有効な手だてとなるはずである。が，それが可能となるためには学校教育の改革という視点を含んだ新しい理念への合意が必要である。そして現在の学校にはまだこの合意を作り上げていく土壌がない。中途半端な〈学社連携〉は，かえって生涯学習の理念を逆行させるおそれがあるのである。

〔司書教諭〕

いわゆるボランティアの活用についても同様である。ボランティア活動の意義については改めて言うまでもない。しかし，行政が〈市民サービス〉として行うべき活動を，市民に肩代わりさせてはならない。それはまさに本末転倒である。専門職員として法に定められた〈資格〉の必要な業務をボランティアに委ねてはならないし，ボランティア経験の有無を安易に資格要件に結び付けてもいけない。ボランティアとはまさに自発的・自主的な活動であって，それが行政サービスの中に〈あらかじめ〉組み込まれていてはならないのである。ボランティアに委ねるべき活動には行政はできるだけ〈管理統制〉の枠をはめずに対応すべきであるし，ボランティアに委ねてはならない業務に対しては，行政が責任を持ってこれを遂行しなければならない。ボランティアには〈責任〉をとることができないからである。生涯学習事業へのボランティアの〈活用〉には，さらに十分な論議が必要であろう。

〔ボランティア〕

UNIT 36 ●生涯学習機会の提供
体育・文化活動と生涯学習

体育・文化活動

●········**体育・文化活動の特性**

前節までに生涯学習機会の提供という視点から，社会教育行政の事業を中心にどのような施策が考えられるかを見てきたが，ここで少し視点を変えて，いわゆる体育・文化活動に関する学習機会の提供について検討しておくことにしよう。

ここでいう体育・文化活動とは，特に定義のあることばではなく，その範囲は曖昧である。市民の学習活動としてはいわゆる〈お稽古事・習い事〉がこれに当たり，また自主的なグループ（ボランタリー・アソシエーション）の活動が大きな意義を持っている分野である。わが国では，学校教育が極度に普及していることと，いわゆる職業教育にかかわる部分が〈終身雇用〉の企業体にOJT（On the Job Training，社内研修）という形でほとんど全面的に取り込まれてしまっていたために，社会教育が担当すべき分野は，〈趣味・教養・健康〉などということばで表現されるこれらの体育・文化活動に限定される傾向があった。つまり，体育・文化活動は日本の社会教育の中核をなす領域なのである。また，一般的な教育水準の高さとも相まって，これらの活動領域への学習需要が非常に高いことも，日本の大きな特徴である。

ボランタリー・アソシエーション

終身雇用
OJT

体育・文化活動は，その範囲が曖昧で多種多様な活動が含まれているばかりではなく，その活動の形態やレベルもまちまちであることがもうひとつの特徴である。これらの分野においてはおおよそすべての領域に比較的少数の〈プロ〉の活動家が存在し，職業としてそれらの活動に従事している。一方の極には多数の〈享受者〉がおり，これらプロの活動を〈見る〉こと，〈聴く〉ことを楽しんでいる。そのレベルはまちまちで，まったく純粋な〈娯楽・時間つぶし〉の楽しみ方から〈批評・評論〉を職業にするレベルまで考えられる。もちろん〈見るだけ・聴くだけ〉の享受者もプロの文化活動を支える〈学習者〉であり，そうした人々の存在が地域の文化水準を左右するのであるから，体育・文化活動の〈享受の機会〉をすべての市民に保障していくことが生涯学習に求められていることは言うまでもない。

一方，これらの活動は〈プロ〉の活動家のほかに，いわゆるアマチュア，セミプロの〈する〉楽しみによっても支えられている。郷土芸能やある種のスポーツ種目のように，いわゆるマイナーな領域ではプロが存在しない場合もしばしばであり，

個人の〈学習活動〉という観点からはこの〈する〉活動が〈学習機会の提供〉の事業にとっては重要になってくる。この〈する〉学習活動も千差万別であって，まったく個人的に行われる場合，グループ・サークル・同人が作られる場合，講座・教室・学級・道場といった〈お稽古〉のための場が設定される場合，専門的な学校や技術訓練所等が求められる場合などがあり，これらの中間的な事例も含め，同一人物が同時に複数の学習形態をとる場合なども珍しくはない。

このようにいろいろな意味で曖昧で不定型であることを特徴とする体育・文化活動について，生涯学習時代における学習機会の提供という観点から，どのような施策，どのような事業が必要であるのか，〈見る・聴く〉活動と〈する〉活動とに分けて検討してみよう。ただしもちろん，ひとりの学習者がこの双方の活動をしばしば同時に行っていること，特に〈見るだけ〉の学習者は多いが〈するだけ〉という学習者はほとんどあり得ないということには留意しておかなければならない。

● ……… 〈見る・聴く〉活動の学習機会

まず〈見る・聴く〉活動の学習機会について検討しよう。これらの諸活動は従来，演劇，音楽会，試合などを〈見に行く・聴きに行く〉という形で楽しむ〈一回性〉のものと，本やレコードなどのように〈複製〉を楽しむものとが区別されていた。後者の複製文化を楽しむ機会を市民に提供しようとするものが図書館であり，前者のうちその〈作品〉が資料として保管され，一回性のものでありながら〈いつもそこにある〉形で展示されているものが美術館等の博物館である。

それ以外の一回性の文化活動を市民に楽しんでもらうためには，まずは劇場，ホール，ギャラリー，競技場などの施設整備が必要である。これらの施設整備は，本来社会教育事業の大きな柱となるべき部分であるが，前述の如く，実際には公民館，図書館，博物館以外の施設整備は地方自治体の首長部局で行われている例が多い。次いで具体的な〈企画〉を立て，その企画を実行し運営する〈人〉が必要であり，その企画を支える〈金〉が必要である。これらさまざまな文化活動を市民に享受してもらうために適切な企画を立て，〈集会活動〉として実行していくことが社会教育専門職員の主要な任務の一つである。自らが企画して〈主催〉する場合，マスメディアを初めとする民間事業者や市民の自主グループなどと〈共催〉の形をとる場合，他の主体が実行するものを〈後援〉する場合など，公的社会教育のかかわり方にはいくつかの例があるが，いずれの場合にも専門職員は地域住民のサービス需要と，当該の〈集会活動〉の専門的な立場からの意義とを十分に知っていなければならない。さらに留意すべきことは，マスコミとメディア技術の発達によって，一方では〈プロ〉と〈享受者〉との区別が曖昧になったことであり，他方では上記の〈一回性〉のものと〈複製性〉のものとの境界が曖昧になったことである。そし

集会活動

てそのことは同時に，多種多様な〈文化産業〉を生み出すことになった。マスメディアを含むこれらの文化産業・スポーツ産業は今や生涯学習機会の提供者として大きな位置を占めている。社会教育にかかわる専門職員は，これらの文化産業の動向を十分に知り，それらとの連携と役割分担をも考えていかなければならない。

> 文化産業

●………〈する〉活動の学習機会

　同じことは〈する〉活動について考える場合にも当てはまる。元来，これらの芸能・芸術・文学・スポーツなどの諸活動の〈学習〉とは，何らかの技術・技能の獲得を目指すものであり，個人個人の到達目標にも，潜在能力や習熟度にも大きな差があって，いわゆる〈一斉授業〉や〈学級〉形式の学習形態には馴染まないものであった。したがってこれまでは，こうした技術・技能の訓練・練習は一般に個人的で不定型なやり方でなされてきた。言うなればそれはまったく個人の意欲と努力とに支えられた〈自己教育〉活動であり，したがってまったく自由で自発的な活動であって，外部からは捉えどころのないものでもあったのである。

> 一斉授業
> 学級
> 自己教育

　ただし日本では古くから，これらの諸活動を〈お稽古事・習い事〉として捉える伝統があり，広義の社会教育活動として展開されてきた側面がある。町の〈○○教室〉〈○○道場〉などがその例で，比較的少人数の〈弟子〉が，なにがしかの謝礼と引き換えに個人指導の形で技術指導を受け，同時にその〈師匠〉と〈弟子〉たちとがひとつの仲間グループを形成して〈相互教育〉を行っていたのである。これが制度化されたものが日本独特の〈家元〉制度であり，家元の弟子が免状を受けて自分の弟子をとり，さらにその弟子に弟子がつく，という形で，教える者と教えられる者とが幾重もの階層構造をなしていく。ひとりの人間が同時に教える者でもあり教えられる者でもあるというこの関係は，生涯学習の時代を先取りしているとも言えるユニークな教育・学習の形態で，諸外国にはあまりその例を見ない。大学生が中高生の家庭教師をしたり，美術学校の学生がお絵描き教室を開いたり，といった例も多く，日本ではこうした活動の〈指導者〉について，あるいはプロとアマチュアとの区別について，元々明確な概念がなかったのではないかとも思われる。

> 相互教育
> 家元制度

　それはともかく，学習レベルの向上には〈自己教育〉では一定の限界があり，物足りなくなってくる。そこで〈同好の士〉を募る形である種の仲間集団が作られ，〈相互教育〉が行われるようになる。学校の〈部活〉や地域内の小さなサークルから全国規模・国際規模の〈学会〉まで，規模や形態のまちまちなこうしたボランタリー・アソシエーションが無数に存在することが日本の文化活動の特徴であるともいえる。これらの諸団体の活動を奨励し，相互の情報交換を図っていくことなども生涯学習機会の提供という意味では重要なサービス内容であろう。さらにはこうした学習の結果を広く〈発表〉したり，〈対外試合〉を行ったりすることも，一定の

レベルに達した学習者の当然の要望として考えておかなければならない。同人誌・機関誌の発行，発表会の開催，スポーツの試合を含む各種のコンクールの開催なども，こうした面での機会提供サービスの一環として考えられる必要があろう。

● ……… **社会教育行政の役割**

　以上のさまざまな文化活動について，いわゆる社会教育行政が担うべき役割とその際の留意事項とをまとめておきたい。施設の整備と専門職員の配備について，また，営利事業としての文化産業・教育産業との連携や役割分担についてはこれまでにも述べてきたが，ここでもう一点だけ補足をしておきたい。それはこれらの文化事業においては〈需要が供給を産む〉のではなく〈供給が需要を産む〉ことがしばしばであるということである。営利企業の事業者は，原則として〈需要〉が十分に見込める事業に対してしか〈供給〉を行わない。ところが広い意味での文化活動においては，人々がそのことを〈知らない〉状態で需要が生じることは決してない。それ故に広義の文化行政には，さまざまな学習機会を市民に提供して，文化活動に対する〈需要を掘り起こす〉ことが求められる。たとえば，何らかの催しが行われ，そこへ出かけてその活動にふれた市民が「面白い」と感じ，「もっと知りたい」と思い，「自分でもやってみたい」と思い立つ，これが〈供給が需要を産む〉ということである。民間事業者が行い得ないこうした事業の展開も，公的社会教育の重要な役割なのである。

供給が需要を産む

　社会教育行政の展開において，何よりもまずおさえておかなければならないことは，〈見る活動〉においても〈する活動〉においても，体育・文化活動はすべて基本的に市民の自由で自発的な活動でなければならないということである。多くの文化活動がしばしば体制批判的な，ないしは反社会的な色彩を帯びる傾向があることについても想起しておきたい。そうしたものも含めて，民主主義とは，市民のこうした自由で自発的な活動を，いかなる意味でも統制することを許さない，という合意によって成立している。行政にできることはあくまでもそれらの活動に対する〈サービス〉に限られているのである。この点に配慮をすれば，体育・文化活動における公的社会教育の役割は明らかであろう。それは要するに市民が実際に活動する〈場〉の提供と，いわゆる情報提供サービスとである。各種の活動に対する指導者の養成と斡旋，市民の自主的な活動グループや民間事業者によるものも含めた（もちろん，自主活動団体の情報は許可なく収集することも提供することもできない）広義の〈学習機会情報〉の収集と提供，それら多種多様な学習・教育機関の間の連絡調整，そしてそうした調整と役割分担の上で適切に企画された各種の講座等の開催，こうしたことが公的社会教育に求められる事業である。具体的な情報提供サービスの内容についてはUNIT 37で詳述する。

学習機会情報

UNIT
37

●生涯学習機会の提供

大学と生涯学習

●………大学教育の意味

　生涯学習機会の提供機関として，大学は本来きわめて大きな位置を占めているはずである。そもそも多くの先進西欧諸国においては，大学へ進学〈できない〉者に対して，高等教育の学習機会を与えることが〈社会教育〉の本質であったと言えるのだし，〈生涯教育〉の理念が提唱されなければならなかった大きな理由の一つは，大学を頂点とする〈学歴〉が個人の一生を規定してしまうようになったからであって，大学を頂点として固定された学歴構造を新たに作り変えなければならないという認識が生涯教育の理念を生んだのである。換言するならば〈いつでも誰でも〉大学教育を受ける機会が得られるように，大学を〈開放〉していくことが，生涯教育・生涯学習の最も基礎的な改革事業なのである。

大学開放

　大学はまず第一に〈研究機関〉であって，どこの国でもこの点は変わらない。そして日進月歩の科学の発展は〈研究〉といういとなみを次第に個人から奪い，いわゆる〈ビッグ・サイエンス〉として大学を初めとする専門的研究機関の独占物としてしまった。今日では科学と技術とが不可分に結びつき，民間企業の開発研究部門と大学とのいわゆる〈産学共同〉体制，さらには政府組織をも加えた〈産官学共同〉の体制が志向されているが，特に自然科学・技術の分野では高度な研究，先端的な研究はすでに大学院以上のレベルでなければ不可能で，これを個人の手に取り戻すことは無理であるとさえ言える。したがってここで問題になるのは大学の〈教育〉機能の開放である。ところが，大学の教育機能の位置づけ，あるいは研究機能と教育機能との分担の方式には各国で大きな違いがある。

　非常に乱暴にまとめてしまうと，ヨーロッパでは大学はあくまでも〈専門的な〉研究教育機関であり，言うなれば研究者の養成機関と考えられている。したがって医師，法曹，聖職などのいわゆる専門職者（professional）を目指すのでなければ，大学での教育は必ずしも職業的なキャリアアップに結びつくとは限らない。それ故一般的にヨーロッパ諸国における大学進学率は，日本やアメリカのそれと較べるとかなり低い。つまりここでは大学の〈教育〉は専門研究者・専門職者となるための基礎教育，すなわち高い見識の基礎となる〈教養〉なのである。これに対してアメリカでは，研究機能はほぼ完全に大学院に移され，大学では一般に各種の〈専門

的〉職業と密接に結びついた教育が行われている。したがって大学進学への需要は非常に高い。つまりヨーロッパでは大学の〈開放〉とは，〈教養〉や〈学問の基礎〉を学外へ持ち出し，大学へ行かない人々にそれらに接する機会を提供することであり，アメリカにおいては大学進学の機会を最大限に拡大することが大学開放であるということになるのである。

● ········ **大学による生涯学習機会の提供**

　これに対して日本の大学はかなり特殊な性格を持っている。日本人の学歴志向は非常に高く，進学率の向上と共にいわゆる学歴主義の弊害が顕著に現れてきているのだが，大学ではアメリカ流の〈職業教育〉が行われているわけでは必ずしもない（大学で図書館学を学び，司書を目指すみなさんはこの点に留意しておいてほしい。日本の大学における司書課程・教職課程などの〈職業資格〉を目指すコースは，いわば〈わき道〉であることに気がつかれるであろう。アメリカの司書コースが日本での大学院に相当するコースとして設置されていることにも注目すべきである。）。かと言って，ヨーロッパ流の〈教養主義〉に貫かれているわけでもない。研究機能においても教育機能においても，日本の大学は実に中途半端で形式的なものになってしまっており，要するに大学に求められているのは卒業証書だけなのだと言ってしまってもよいのかもしれない。

　しかも，すでに繰り返し述べたように，日本では生涯教育・生涯学習ということばがむしろ世界に先駆けて普及したのにもかかわらず，その中に学校改革の視点が含まれていない。むろん大学も一つの学校であり，〈大学改革〉〈大学開放〉が叫ばれてはいても，これを生涯学習の視点から考えようとする例は決して多いとは言えない。文部科学省生涯学習局の重点事業としては，「大学入学資格検定」「放送大学」「通信教育」「大学公開講座」いわゆる「社会人入学」などがあげられており，それらが無意味な施策であると言うつもりは決してないが，いずれも根本的な大学改革，教育改革，あるいは〈生涯学習体制への移行〉という見地からは，あまり大きな意義を持つものだとは思えない。

　たとえばイギリスでは各大学が大学拡張部（UED：University Extension Department）と称する部局によっていわゆる公開講座を行っているが，これは独自の教員と事務組織とを持つ，いわば一つの学部であって，年間計画に基づく講座を市民の居住地に〈持ち出して〉行い，試験をして単位を出すという，いわば出前講座である。アメリカでは生涯教育というとコミュニティ・カレッジの名が出る。これは形態や規模がまちまちで，一概に定義づけることはできないが，一般に入学・聴講にほとんど制限のない大学（短期大学）で，市民（特にいわゆる社会人）のニーズに合わせたフレキシブルなカリキュラムを組み，ときにはテレビを利用し

職業教育

職業資格

大学拡張

コミュニティ・カレッジ

た通信講座をも組み合わせるなどのさまざまな工夫を凝らした〈授業〉を展開しているものである。また，スウェーデンの〈25：4ルール〉と呼ばれるものは，25歳以上で4年以上の労働経験を持つ者に，一定の大学入学定員を割り当ててしまうものであり，ヨーロッパ諸国では有給休暇を利用した社会人入学制度など，労働界と大学とが一体となった各種の制度を作り上げてきている。

● ……… 日本の大学開放

公開講座

このような例と較べてみると，上記の文部科学省の重点施策がいかにも物足りないものであることが見て取れよう。現実に行われている公開講座の多くは，学内で行われている講義を学外者にも〈公開〉しようとするものではなく，もちろん単位が取得できたり，資格や職業に直結したりするものではない。放送大学も社会人入学も本当に〈学歴〉を求めている人々の需要に応え得るものでは必ずしもなく，現実には高級なカルチャーセンターと見なされている観さえある。それはもちろん，〈終身雇用・年功序列〉の日本の労働構造・社会構造を根本的に変えることができていないからである。中高年の〈大学卒業生〉の就職先がそうそうあるわけではなく，これらの機会で学んだことを〈趣味〉のレベル以上に生かすことは，非常に困難なのである。ここにメスを入れない限り，生涯学習は単なるスローガンに終わってしまう。大学の教育機能についての基本的な見直しを行い，社会的な合意を得ることが求められているのである。

　一方わが国の大学制度は，その研究機能の面でも再検討の余地は大きい。社会で一定の経験を積み，多くの〈問題〉に直面した人々が大学に入学し直すことは，社会科学や技術開発などの実践的・応用的な分野では特に，大学の研究機能にも一定の刺激を与えることになると思われるのだが，職業・雇用に結びつかず，高級なカルチャーセンターとしか見なされないような〈大学開放〉の機会に，こうした問題意識を持った〈社会人〉が参加してくれることは稀である。大学は豊富な〈人材〉を擁しており，公開講座のような形で市民に学習機会を提供するには実に適切な機関なのだが，残念なことに現状ではそれが大学側にはほとんどメリットをもたらしていない。したがって公開講座の担当者（講師）となる大学人は，なかば義務的に〈内容を薄めた〉講義をしてしまうことになる。これでは受講者に対しても感動的な学習機会を提供することにはなるまい。受講者と講師との双方によき学習機会となり得るような方策を考える必要があろう。

● ……… 大学施設の開放

大学図書館

大学が豊富な人材を〈開放〉して生涯学習に資する可能性はきわめて大であるが，生涯学習機会の提供という点ではもう一つ大きな可能性がある。それは大学図書館

を初めとする研究施設の公開である。自然科学系の研究施設は大学以外の場で公開利用されることは考えられないし，大学図書館には〈ほかにはない〉資料がそろっている。他のいかなる場所でも得られない学習機会を大学は提供できるのである。

　小中高のいわゆる学校開放の場合も含め，これが安易に考えられ，無制限に学外者に公開されてはならない。大学の施設設備は何をおいてもまず学内の教員・学生の利用するものであり，その利用が妨げられてはならないからである。また，こうした研修機会の提供は，あくまでも大学の自主的な判断に基づいて行われなければならない。大学教員の〈研究の自由〉を妨げることがあってはならないのである。しかしながら，大学レベルの研究，ないしはこれに準じる学習機会に対する需要は今後ますます大きくなるはずである。特に医師，弁護士などの〈自由業〉である専門職者，教員，司書・学芸員・社会教育主事，ジャーナリストなどに対する，職業上の〈研修〉機会の提供者として，大学に代わることのできるものは考えられないと言ってもよい。これまでわが国ではこうした専門職者に対する研修の制度を整えてこなかっただけに，適切な予算措置に基づいて大学施設の公開が進められれば，生涯学習に大きな展望が開かれることになろう（夏期休暇を利用した教員の研修などは少しずつではあるがすでに実現している）。

　特に大学図書館についてはその可能性は大きい。上記の英米の大学開放の例が大学図書館の利用をぬきには考えられないという点にも注目してほしい。あるいはアメリカのコミュニティ・カレッジが，充実した〈地元〉の公共図書館と，それを経由して誰にでも利用できる全米にはりめぐらされた図書館ネットワークによって支えられていることにも思いを致してほしい。さらには，日本の公開講座やカルチャーセンターの事業が〈大学レベルの〉専門的な図書館資料を伴わずに行われているという問題を意識してほしい。放送大学や通信教育も含めて，少なくとも大学レベルの学習機会を提供しようとするならば，そこには豊富な〈専門的〉資料をそろえた図書館が，利用可能な状態に整備されていなければならない。大学図書館なしには大学教育は不可能なのである。図書館なしの講座や学級は，それがどれほど優れたものであったとしても，その講師の水準を超えた学習機会となることはない。大学レベルの学習とは講師（教授）の水準を超えようとするものでなければならないのである。そういう意味で，すべての者に大学レベルの学習機会を提供しようとすることが生涯学習の目標であるとするならば，〈充実した図書館を伴った〉学習機会の整備が考えられなければならないはずである。公共図書館の整備充実と，その上での大学図書館とのネットワーク化が，生涯学習社会の実現に向けての不可欠の第一歩であると言えよう。この点についてはUNIT44で再度検討してみる。

UNIT 38 ●生涯学習機会の提供

マスメディアと生涯学習

●………第四の権力

　日本では旧来、〈教育〉ということばを狭く解釈し、〈教育する者〉と〈教育される者〉とを厳格に区別しようとしてきた。そして〈教育する者〉に国家の統制をかけ、国家が許可を与えた〈学校〉だけに〈教育権〉を与えてきた。だから私たちは〈教育〉ということばを聞くと、反射的に学校を思い浮かべてしまう。生涯学習・生涯教育の理念はこうした安易な図式を根底から覆そう、という考え方に基づいている、ということについてはすでに繰り返し述べた。そうであるならば、生涯学習社会を目指すためには、大きな〈教育力〉を実際に保持していると考えられる〈学校以外のもの〉についても視野に含めて検討していかなければならない。現在の日本で実質的に大きな〈教育力〉を保持しているものはいわゆるマスメディアであろう。私たちは毎日膨大な量の〈情報〉をマスメディアから〈提供〉されているのである。何らかの情報を手に入れる、ということはすなわち何らかの〈学習〉が行われたことである、というように考えるならば、すべてのメディアは〈教育する者〉である、ということになるだろう。生涯学習社会におけるマスメディアの意義について考察しておく必要があるはずである。

マスメディア

　民主主義の国においては、ジャーナリズムは立法、行政、司法に並ぶ〈第四の権力〉であると言われる。三権分立という原則に加えて、さらにジャーナリズムが〈権力〉から〈独立〉した機構として監視し合い、批判し合うこと、そういう〈チェック・アンド・バランス〉のシステムこそが民主主義というものである、と考えられたためである。ただし、第四の権力ということばはジャーナリズムがときに強大な権力を持ちうる（とりわけ日本ではその傾向が強い）ことに対する一種の戒めとしても考えられなければならない。ジャーナリズムを監視することは〈権力〉には認められていないので、それをすることができるのは権力を持たない読者、すなわち一般市民でなければならないのだが、実際にはジャーナリズムが強い力を持てば、権力を持たない市民がこれを監視することは困難である（そのためジャーナリズムを中立的な立場から監視するいわゆるオンブズマンの制度などが考えられている）。私たちはメディアに対して常に批判的な視点を保たなければならない。

ジャーナリズム

チェック・アンド・バランス

オンブズマン

● ········ジャーナリズムの教育力

　いわゆるアクセス権についてはすでに述べた。具体的にアクセス権を担保するために，民主主義国では〈報道機関〉，すなわちジャーナリズムに対して，市民の代表としてのいくつかの特権が認められている。取材の自由（一般市民が立ち入ることのできない場所へ〈行く〉権利，一般市民が容易に会うことのできない人に会い，インタビューを申し込む権利，および取材の結果を公表する自由）と情報源の秘匿とである。特に後者の情報源の秘匿については重要である。科学の世界では決して認められないこの権利が報道機関に認められている理由についてはしっかり考えておいてほしい。

　そしてここでも，日本のマスメディアは欧米の〈ジャーナリズム〉とは異なる〈特殊性〉を持っている。実質的に大きな力を持つ組織が，その特殊性を意識せず，あるいはその特殊性を読者に周知することなく，西欧民主主義国と〈同じ〉ジャーナリズムだと自称してきたことは強く批判されなければならない。私は生涯教育の理念が提唱され，受け入れられてきた大きな理由に国際化（グローバリズム）ということがあげられると思っている。そして日本の教育界が独特の〈官僚制〉の枠の中に閉ざされたままである，という点において世界の潮流から取り残されていく，という危惧の念を抑えきれないのだが，まったく同様に日本のマスメディアもグローバルな目で見ればいわゆる〈時代遅れ〉になり，世界の進歩について行けなくなっているように見える。そしてそういうマスメディアが〈ジャーナリズム〉を自称して，無意識・無反省に〈教育力〉を発揮していることをきわめて危険なことだと判断している。

　たとえば日本のマスメディアはさまざまな〈教育的な〉イベントを主催・後援することが通例になっている。夏の高校野球は朝日新聞，春の高校野球は毎日新聞が主体となり，「教育のため」に行われている。美術展，音楽会，各種のテーマパークなどに至るまで，全国紙，地方紙を問わずマスメディアが主催・後援するイベントは枚挙にいとまがない。あるいはカルチャーセンターや各種の講演会などのように，直接的な〈教育事業〉を展開している例も多い。近年ではNIE（Newspaper In Education）と称して，新聞を学校教育の〈中に〉取り入れさせようという運動が展開されてもいる。マスメディアは〈社会の木鐸〉であるというのであるが，本当にそう言ってよいのだろうか。

● ········マスメディアとしてのジャーナリズム

　これまでいい加減なことばづかいをしてきたが，まず，日本の〈ジャーナリズム〉が，常に〈マス〉メディアであることに注意しておいてほしい。言うまでもなく，マス（mass）とは〈大衆〉という意味である。〈人数が多い〉ということであ

る。誤解を恐れずに言うならば，マスメディアとはすなわち〈低俗な〉メディアということであり，強い娯楽性を持たざるを得ないメディアだということである。低俗だから，娯楽性が強いから〈悪い〉というつもりはない。浮世絵，浮世草子の〈浮世〉とはまさに〈通俗的な〉という意味である。浮世絵は明らかに通俗美術であり，徳川幕府によってたびたび禁止・弾圧されてきたのだが，にもかかわらず，今日その芸術性は世界的にきわめて高い評価を得ている。また，現在では日本の娯楽マンガが世界中の若者たちに大きな人気を博していることもよく知られるところである。日本文化の底流にある通俗文化は世界に誇るべきものである。

通俗文化

　だから問題は日本のマスメディアが通俗的な（低俗な）メディアである，ということ自体にあるのではない。日本のマスメディア（新聞・テレビ）が自らの〈低俗性〉に対する自覚を欠き，〈社会の木鐸〉を自称していることが問題なのである。このことについてはすでに UNIT28 で述べたが，発行部数が多いということは，すなわち社会に対する影響力が大きいということではあるのだが，一方では広告媒体とならざるを得ず，読者・視聴者に対して〈比較〉や〈選択〉をさせないように振る舞わざるを得ないという限界を持つのである。広告媒体としてのメディアは当然その〈発行部数〉によって価値が計られる。たくさんの人が見てくれるメディアが広告媒体としては価値の高いメディアなのである。そして日本のマスメディアはすでにこれ以上読者を〈増やす〉ことの不可能な，いわゆる飽和状態にある。とすればマスメディアの関心は〈読者を減らさないこと〉に向かわざるを得ない。戦時中の新聞がいわゆる〈大本営発表〉をそのまま垂れ流して，国の行く末を誤らせたと同じことが，現在のマスメディアの姿とぴったりと重なって見えるのは私だけだろうか。世論に迎合するメディアは危うい，と私は思う。

●………メディア批判の視点

　日本のマスメディアを批評し始めると紙数がいくらあっても足りないので，生涯学習社会における〈学習者〉としての市民はさまざまなメディアを〈批判的な目で比較しながら読む〉という態度を持たなければならない，ということ，そしてここでも各家庭で個人的にメディアを〈収集〉することは不可能なのだから，ひとりひとりの市民がメディアを比較しながら読むことができるためには図書館の役割が重要である，ということを述べるにとどめる。ただし，図書館員を目指すみなさんは次の点には注意してほしい。

　ひとつは図書館では〈さまざまな〉メディアを収集し，比較の対象として，選択肢として，市民に提供しなければならないのだが，このときの〈メディア〉とは上記のような〈マスメディア〉だけであってはいけない，ということである。上記のように，たとえば大手全国紙を何紙も購入することには大して意味はない（まった

くない，というわけではもちろんない）。大事なのは異なる視点，異なる立場，異なる主張のものを比較の対象として提供することなのであるから，むしろ発行部数の少ない（日本では発行部数の少ないメディアはしばしば権威に欠けると考えられているのだが），市民にとっては入手困難な，そういうメディアをこそ収集しなければならない。辞書や事典類について述べたことと同様に，西欧民主主義国においては，新聞や雑誌は〈図書館で比べ読みをする〉メディアであると考えられているのだが，日本のマスメディアは〈各家庭で定期購読するもの〉という大前提でしか捉えられていない。これが最大の欠点である。メディアの〈比べ読み〉を保証する図書館が必要なのである。国際化の進む現在なお，日本のメディアは世界から孤立した〈内向きの〉情報発信しかしていない。

　もう一点だけ，重要な指摘をしておきたい。先に私はサイエンティフィック・リテラシーということばを用いて，個人著者名の入っていない〈文章〉を信用してはいけない，という意味のことを述べておいた。とすると日本のマスメディアの記事は，そのほとんどが〈信用することのできない〉記事であるということになる。大手マスメディアは自分たちこそがジャーナリズムで，記者クラブに参加できない雑誌記者やフリーのライターなどを格下に見たがるのだが，グローバルな視点で見るならば，記者の署名入りでない記事はほとんど〈ジャーナリズム〉の名に値しない。世界的に見れば，ジャーナリストと言われる人々は原則として〈自分の責任で〉記事を書く。ジャーナリズムが権力を監視することができるのは，こうしたジャーナリストの〈自由な〉発言を，会社が組織として守ってくれるからである。個人は権力に対して無力である。個人が〈署名入りで〉発言をしたとき，これを守るのが全体としての〈ジャーナリズム〉の責任なのである。ところが日本のマスメディアは事実上強い力を持っていながら，この〈自由な発言をする個人〉を守ろうとはしない。逆にジャーナリストを〈社員〉として囲い込み，その自由な発言をむしろ封じ込める。〈社説〉に合わない言論人を排斥して，恬として恥じない。（強い力を持つマスメディアが，しばしば他のメディアの寄稿者を名誉毀損などで訴える，という例がしばしば見られるのは本当に情けない。）

　繰り返しておく。無署名の〈社説〉やコラムを信用してはいけない。それらが大学入試に〈役に立つ〉名文だ，などと思ってはいけない。それらは科学的な立場からは典型的に，〈まったく無責任な〉〈ほとんど意味のない〉悪文である。「○○の発表によれば…ということがわかった」という日本語が奇妙な悪文である，ということに気付いてほしい。「発表された」ことが「わかった」に，主語なしで直結するのはよほどの〈考えなし〉である。だからここでも図書館はあえて〈マスメディアが作り出した世論〉とは対立するような，〈署名入りの〉少数意見に十分に配慮したメディア収集を心がける必要があるのである。

UNIT 39 ●生涯学習活動と情報
学習情報の種類と範囲

●………**学習情報とは何か**

さて、文部科学省の生涯学習振興事業においては、当初「住民の学習及び文化活動の機会に関する情報」のことを〈学習情報〉と称していたことについてはすでに述べた。具体的には、これらの情報を「収集し、住民の利用の便宜に即して整理を行い、様々な方法で住民に対して提供すること、また、学習する意欲を有する住民の学習に関する相談に適切に応ずること」が、都道府県の生涯学習推進事業の筆頭にあげられていた。ここでの〈学習情報〉には次のようなものがあげられる。すなわち、①住民に利用可能な学習施設に関する情報 ②教育、文化、体育等に関する各種の団体に関する情報 ③学習機会となり得る各種の行事・イベント・集会・講座等に関する情報 ④住民の学習活動に対する指導者・助言者に関する情報 ⑤各種の情報ネットワークの利用等に関する情報 ⑥住民の学習に資するその他の情報、などである。いずれの場合にも、国や地方公共団体が提供するいわゆる公的社会教育にかかわるものばかりではなく、民間事業者の行うもの、および（そのプライバシーを侵さない範囲での）市民の自主的活動によるものが含まれ、これらを総合的に収集し提供することが求められている。

実は私自身はこうしたことばの使われ方には不満を感じている。これは、本来生涯学習において最も基礎的な機関であるはずの図書館と図書館サービスの内容とについて、まったく関心を持たない者の発想による用語法である。〈学習情報〉ということばをこのように狭く限って用いるのは間違いである。人々が求めているのは〈学習機会〉ではなく、学習そのものであるはずである。人々が求めているものは学習の機会に関する情報ではなく、学習の〈内容〉となる情報（知識や技術そのもの）であるはずである。あるいはその両方を同時に求めているはずである。これを〈学習内容情報〉と呼んでおくならば、〈学習機会情報〉と〈学習内容情報〉とを切り離して、つまり、学習内容から〈学習（機会）情報〉だけを取り出してはいけないのである。

●………**情報検索とネットワーク**

今日、文部科学省の構想した上記の〈学習情報のネットワーク化〉は雲散霧消し

てしまったと言わねばならない（UNIT41参照）。言うまでもなく，そこで〈ネットワーク化〉されるはずだった情報の多くは，今日ではインターネットで比較的容易に手に入れることができるからである。その後も生涯学習審議会の答申などにはたびたび〈ネットワーク化〉ということばが出てくるのであるが，手を換え品を換えて出てくるこうした〈ネットワーク化〉の提案には，実はほとんど完全に無視されている重要なポイントがある。それは科学の世界におけるいわゆる情報検索において，最も重視される〈書誌情報の（網羅的）収集〉という作業である。

科学の世界における情報検索（Information Retrieval：IR）には四つの段階がある。まず第一に，自分が追求している研究領域・研究テーマに関する〈先行研究〉を網羅的に知ること，具体的にはこれまでにどのような論文が発表されているのか，その〈書誌情報〉を網羅的にリストアップすることである（option Kを参照）。第二にその文献の所在を確認すること，第三に実際にその文献を入手すること，そして第四にはもちろんそれらの論文を閲読し，比較分析すること，この4段階である。これまでにたびたび述べてきた学術情報ネットワークとは，このうちの最初の3段階をネットワーク化し，研究者に対する〈サービス〉として提供しようとするものである。第一の書誌情報のリストアップは，今日ではほぼ完璧に，と言ってよいレベルにまで実現した。第二，第三のいわゆる文献探索（Document Retrieval：DR）のレベルにおける〈サービス〉も，少なくともアメリカにおいては十分に，といってよいほどに実行されている。アメリカ国内においては（カナダを含む）全国（全米）総合目録（National Union Catalog）によって，全国の公共図書館のネットワークが完成し，これがインターネットを通じて各地の大学図書館とも結ばれている。ある文献がアメリカ・カナダのいずれかの図書館にあるならば，それがどこにあるかを瞬時に見つけ出し，手近な図書館を通して入手することができる（ILL：Inter-Library Loan，図書館間相互貸出　という）。今日アメリカが世界の科学研究活動の中心となり，世界中から優秀な研究者，留学生を集めることができているのは，こうした学術情報ネットワークを〈利用し尽くす〉だけの研究環境が保証されているからである。またさらに今日では，国際的な学術雑誌の多くが〈電子ジャーナル〉という形でネット上でアクセスできるようになっており，最新の情報であれば，図書館を通さなくともその全文を入手することは可能である。

● ……… 広義の学習情報

日本の教育関係者の考える〈ネットワーク構想〉にはこのはじめの三段階が完全に欠落している。いささか皮肉を込めて言うならば，日本では〈決められたもの〉以外の文献を読んではいけない，さまざまな文献を見比べてはいけない，という〈教育〉が，生涯学習のレベルにおいても前提とされているかのようにさえ見える

のである。文献の書誌情報が入手できても，それがどこにあるのかわからないでは探しようがない。だから市民にとってもいわゆる文献目録の作成が重要な意味を持っているということに気がつかない，だからその必要性が知られない，という悪循環が生じている。結局私たちは〈比較分析〉の訓練を積み上げることができないのである。

レファレンスサービス　図書館学を学んでいるみなさんは〈レファレンスサービス〉ということばを知っているだろう。これは元々は情報を求める図書館利用者に対して，司書に質問してくれれば，大量の蔵書の中からその回答に当たる情報を，利用者自身に代わって探し出してあげましょう，というサービスであった。今日では一般的にその回答が自館の蔵書中に含まれているか否かにかかわらず，必要な文献目録の作成や他の情報機関への照会や紹介（レフェラルサービス，referral service といって区別されることがある）など，原則として公開されている情報であれば何であれ，あらゆる質問に回答するサービスと考えられており，図書館における最も基本的なサービスであるとされている。（もちろん，個人のプライバシーにかかわるもの，医師の診療行為やカウンセラーの相談業務などに相当するものなど，回答してはならない，もしくは回答することのできない質問もある。）

　このことを知っていれば，日本で提案されている〈ネットワーク化〉構想なるもののほとんどが図書館におけるレファレンスサービスの充実とそのネットワーク化を図ることで，ほとんどすべて実現してしまう内容であることに気がつかれよう。それらの構想が既存の図書館とは〈別に〉構想されていることについては私は大いに不満である。〈学習機会情報〉の収集と提供が無意味であると言っているのでは決してない。それはきわめて重要な事業である。図書館さえあればよいと言っているのでもない。技能・技術の訓練は，図書館資料を使うだけでは限界があるし，そうでなくとも講師の話を直接聞く方が本を読むより効果的である場合はいくらでもある。しかしそれだからこそ，同時にその場で〈学習内容情報〉をも入手することができる図書館が重視されなければならないのだと言うこともできよう。図書館は，広範な主題専門分野に関する資料も，新聞や雑誌も，自治体の出す広報や地域のミニコミも，その他あらゆる公開された資料を収集する機関であり，ということはそれらの資料に含まれている〈情報〉を市民に提供する機関であるはずである。文部科学省の構想した生涯学習事業の多くは図書館で可能なサービスなのである。従来の〈ネットワーク構想〉には図書館のレファレンスサービスにおける重要なテーマである参考文献調査・案内の内容が含まれていない。それが致命的な欠陥である。

●………学習の手段となる情報

　日本の〈教育〉はこの点を考え直す必要があると私は思っている。折角生涯〈学

習〉ということばを作ったのである。教える者が教えられる者に情報を〈教えこむ〉のではなく，学習者が主体的に〈学ぶ〉ことが大切なのだという認識ができたのである。講座や講演会などが大事な学習機会であればこそ，関連する情報を，もっと詳しい情報を，あるいは今聞いた話を批判する立場からの話や，反論や疑問などを，学習者は求めるべきであるし，また学習者がそうした情報を求めることが保障されていなければならない。それが UNIT 38 で述べた〈講師の水準を超える〉学習活動なのである。こうした見地から，学習者に保障されていなければならない広い意味での〈学習情報〉に，どのような種類のものが含まれるか検討してみよう。

　広義の学習情報を学習者が知りたいと思い，学ぼうとしている内容そのものにかかわる情報と，その情報を手に入れるために必要な情報とに分けて考えてみよう。前者は直接学習の目標となる目的的な情報である。図書館では利用者が〈何について〉学ぼうとしているのか，あるいは 1 冊の本が〈何について〉書かれているのかという領域もしくは分野のことを〈主題（subject）〉というので，前者を主題情報と呼んでおこう。後者は主題情報を手に入れるための手段となる情報である。先に述べたように，両者を明確に区分することはできないし，また区分すべきではないのだが，ここでは便宜上両者を分けて考えておきたい。主題情報に関しては UNIT 40 に譲り，まずは後者の，手段としての情報から先に検討しよう。

主題
主題情報

　目的とする主題情報を入手するための手段となる情報のうち，その大きな部分を占めるものが文部科学省のいう〈学習情報〉であり，すなわちここでの〈学習機会情報〉であることは言うまでもない。ただし，民間のカルチャーセンターや公的社会教育における学級・講座など，あるいは指導者・助言者の紹介など，狭い意味での〈学習機会〉で得られるよりははるかに広範囲の，対立する意見や批判・反論などを含むはるかに多種多様の，そして個人個人の求めるレベルに合わせた情報が〈本〉によって得られることは言うまでもないことである。とするならば，求めるテーマに沿った参考文献のリストを作り，これを提供することは最も有効な〈学習機会の提供〉になるはずではないだろうか。繰り返してそれがすべてではないことを強調した上で，参考文献案内を含まない〈学習情報の提供〉サービスは，その有効性に大いに疑問符がつくと指摘しておきたい。

　当然，情報量が多くなればなるほど，その中から本当に自分の求めている資料（情報）を探し出すために，一定の技術と訓練とが必要になる。すなわち図書館の使い方を学ぶことが必要になるのである。障害者や外国人などの場合も含め，すべての人に生涯学習を保障していくためには，情報リテラシーの獲得方法を含んだ形で学習情報が提供されなければならない。そしてここでも，その役割を果たしていくために最も適切なのは，充実した図書館ネットワークとそこに常駐している有能な司書なのである。

UNIT 40 ●生涯学習活動と情報
学習情報の収集と提供

●………主題情報の収集と提供

　主題情報の収集と提供ということについては，これはむしろ図書館学の各科目で学習すべきことであって，本書の中で詳しく解説する余裕はない。「生涯学習概論」の範囲内でみなさんに心得ておいてほしいことは次のことである。

　読書が学習のすべてではない。本を読んだだけではわからないことはたくさんあるし，本を読むことより効果的な学習方法もたくさんある。もちろんそれは学習者がどのような主題について学習しようとしているかによっても大いに異なってくる。ただし体育を初めとする何らかの技術・技能の習得も含めて，広い意味での読書が何の意味も持たないという学習活動はあり得ない。指導者・助言者の人柄に直接ふれて学ぶこと，〈一回性〉の体育・文化活動に参加してその場でしか得られない感動を味わうこと，仲間を作りお互いに学び合い高め合うこと，その仲間グループを組織的に発展させたり他のグループと交流を図ったりすること，ボランティア活動その他の社会活動に参加して経験を重ね，人との新しい交流を求めること，それらはいずれも本を読むことによっては代替できない学習活動である。が，それらに読書というもう一つの学習方法を組み合わせることによって，学習の効果が一段と飛躍を見せることは言うまでもない。身近に充実した図書館があり，読むべき本の選択を手助けしてくれる有能な司書がいさえすれば，読書はいつでもできる，ひとりででもできる，どのような主題についても，どのようなレベルに合わせた学習でもできる，そういう便利な学習手段なのである。

　学習者たる住民にそういう便利な学習機会を保障するためには，取りあえず十分な主題学習のための情報資料が収集されていなければならない。学習者の興味関心のあり方や，現在の知識技能の水準と到達目標などが千差万別である以上，図書館にはなるべく広範囲の多種多様な資料が集められていなければならない。逆に言えば，それこそが図書館の学習支援機関としての特徴である。公的社会教育が初級英会話教室を企画することはできても，上級レベルの講座や，たとえばケチュア語（古代インカ帝国のことば）の講座を開くことは難しいし，世界中のあらゆることばに対応できる語学学校やカルチャーセンターはあり得ない。が，図書館ではそれがある程度までは可能なのである。公民館の集会活動や博物館の特別展では不可能

な学習機会の提供が，図書館にはできるのである。

● ……… 情報の読書・教養の読書・娯楽の読書

　アメリカ図書館協会（ALA：American Library Association）では，人々の読書の形態を，情報の読書（reading for information）・教養の読書（reading for inspiration）・娯楽の読書（reading for recreation）の３種に分けて，そのいずれの形態に対しても公共図書館は十全なサービスを心掛けるべきであるとしている。情報の読書とは手に入れたい特定の情報があって〈そのために〉図書館資料を利用することであって，いわば手段としての読書であり，狭い意味での〈学習活動〉と重なり合う形の読書である。専門的・職業的な情報要求に対しても，公共図書館に一定以上の対応が迫られているということも忘れられてはならない。教養の読書とは文学作品を中心としたいわゆる〈読み物〉を，読むことそれ自体を目的として読む形態の読書であり，娯楽の読書とは言うまでもなく気晴らし・時間つぶしのための読書である。特に娯楽の読書については，これまで公共図書館のサービスが必ずしも十分ではなかったことをふまえ，この３種の読書のすべてに対応するサービスが必要であるということがこの区分の意味である。

　図書館の業務を遂行していくためには，この区分は便利な区分であり，司書がこの区分を意識して選書・集書を行うことには大きな意味がある。けれども，図書館利用者を学習者として見るとき，この３種の読書活動はいずれも広義の学習活動の一部であって，互いに切り離すことはできないということには留意しておく必要がある。それだからこそアメリカ図書館協会は，娯楽の読書をも含め３種の読書の〈すべて〉に対してサービスしなければならないと確認したのである。子どもにとっての遊びと学習とは不可分の関係にある。とすればおとなにとってもそれは同様であるはずである。娯楽と趣味，趣味と教養，教養と学問，それぞれの間に明確な差があるわけではない。体育・文化活動とはそういう学習領域なのである（この点でも蛇足を加えておく。本当にスポーツの好きな人は好きだからスポーツをするのである。スポーツのやり過ぎは体に悪いのだけれど，それがわかっていてもせずにはおれないのである。学習も同じである。やり過ぎは頭にも心の健康にも良くはないのである。日本の教育界はその点を誤解している。勉強は辛いこと，嫌なことであり，〈努力〉して辛いことをするのが良いことだ，それは〈役に立つ〉〈ためになる〉ことなのだと思い込んでいる。生涯学習の時代を迎えるためには，学習が〈楽しい〉ことであり，その〈楽しさ〉をすべての人に保障していかねばならないという認識が必要であろう）。だからそのすべてに対応することのできる，豊富で多様な読書材の収集と提供とが，図書館には求められる。公的社会教育の役割はこうした図書館資料の存在を前提とした，さまざまな学習機会の提供でなければなら

情報の読書
教養の読書
娯楽の読書

ないのである。

●………選択肢の提供

そうは言っても，どれほど充実した図書館であれ，一つの図書館でありとあらゆる主題情報についての図書を，利用者ひとりひとりのすべての学習要求に応えられる形で収集するわけにはいかない。だから図書館では，専門的な訓練を受け，市民から一定の権限を付託された専門職員（司書）が，市民からの信頼を前提にして責任ある資料選択を行わなければならない。いかにすればそれが可能であるのかを学ぶことが〈図書館学〉の核心である。主題情報（を収めた資料）については，少なくとも特定の地域，特定の図書館だけを前提にしている限りにおいては，すべてを〈網羅的〉に住民に提供することはできないので，資料の収集と提供は〈選択的〉にならざるを得ないのである。本来この点を補うのが次節以下で述べるネットワーク化の事業なのであるが，カリキュラムの決まっている学校教育とは異なり，生涯学習機会の提供という立場に立つ限り，情報提供サービスの主目的は利用者である住民に対して〈選択肢〉を提供することであるということは忘れられてはならない。

利用者に選択肢を与えるという視点に立つと，情報提供サービスにおいてあらかじめ選択してはならない，すなわち網羅的な情報収集を心掛けなければならない分野があるということが明らかになる。たとえば〈学習機会情報〉については，学習者に自分が求めている学習機会をきちんと提供することができるためには，これを網羅的に収集しなければならない。あらかじめ誰かがこれは適切，これは不適切と〈選択〉してしまって，適切と思われるものだけを住民に提供したとしたら，それは住民に自由で主体的な学習を保障することにはならない。〈自由〉とは選択肢の多寡にかかわる概念である。そしてすでに述べたように，選択肢とは可能性のことである。可能な選択肢が〈すべて〉与えられていて初めて，私たちは自分の可能性を選択することができる。それが自由ということである。たとえ善意に基づくものであったとしても，これは無理だろうとか，これは望まれてはいないだろうとか，担当者が勝手な判断に基づいて市民に提供する前にあらかじめ選択してしまっては，市民の自由は妨げられる。あるいはこれは低俗，これは不謹慎，これは反社会的，などという判断もすべて市民の自由に委ねられるべき判断であって，それらが選択肢として与えられなければ市民が〈自主的〉な判断をすることはできないのである。

同様のことは学習機会情報についてばかりではなく，政治的・社会的に重要なイシューについても言える。私たちが多数決で決めていかなければならない事項については，私たちが決定できる〈すべての〉論点が選択肢として与えられていなければならない。議論が行われ多数決による決定が行われる以前に，それが多数意見であるとか少数意見であるとかといったことに惑わされて，収集の段階での選択が行

われてはならないのである。このイシュー，このトピックについては情報収集を行うと決めたならば，〈その問題〉にかかわる情報はもれなく収集されなければならない。網羅的収集の必要な情報と，選択的収集を行わざるを得ない情報と，その区別を明確につけられることが，情報提供サービスにかかわる専門職員に求められる最も基礎的な資質である。

● ……… 学習需要と情報収集

　市民に選択肢を提供するということは，収集され提供された選択肢としての情報が〈利用される可能性がある〉ということであって，それが必ず利用されるとは限らない。これが生涯学習における最も大切な点である。たとえば義務教育においては，用意されたカリキュラムは必ず消化されなければならない。教科書に含まれている情報は〈すべて〉子どもたちに教えられなければならない（私自身がそう思っているわけではない）。ところが生涯学習においては，提供されている情報を受け取るか受け取らないか，そのうちのどれを選びどれを選ばないかはすべて利用者たる住民の恣意（しい）に委ねられている。くどいようだがそれが自由ということであり，生涯学習は住民の自由を最大限に保障するものでなければならないのである。

　したがって，学習情報の収集に当たっては，それが網羅的に収集すべき情報であればもちろん，選択して収集せざるを得ない情報であっても，〈今，現にある〉学習需要，情報ニーズにとらわれすぎてはいけない。収集され提供されなければならないのは〈利用されるかもしれない〉資料であって，それはすなわち〈利用されないかもしれない〉のである。もちろん住民の学習需要を知り，これに応えることは生涯学習にとって最大の課題である。今，現にある学習要求に応えられないでは，生涯学習の推進も何もあったものではない。しかしまた，今，現にある学習要求に応えているだけでは，新しい理念の実現に向けて道を切り拓いていくことはできない。供給が需要を生み出すことがしばしばある，ということについてはすでに述べた。そのことも勘案した上で，学習情報の提供サービスにおいては，住民の選択可能性を最大限に保障するような，そういう収集と提供のあり方が考えられなければならないのである。

選択可能性

UNIT 41 ●生涯学習活動と情報
学習情報のネットワーク

●········〈全域サービス〉の必要性

　次に少し視点を変えて,〈すべての住民〉に学習情報を提供する方法について検討してみよう。本書ではこれまでにも何度か,地域住民の〈身近に〉学習施設を整備して,日常生活の中で十二分な学習機会を提供していくことの必要性について力説してきた。これまでの例では,こうした地域住民の身近な学習施設としての役割を担ってきたのは主として公民館であった。あるいは,公民館が教育委員会の所管になる社会教育施設であり,厳格に社会教育法の規定に従って運営されなければならない施設であるために,これとは別に首長部局の所管になる〈市民センター〉〈地区センター〉〈町内会館〉〈自治会館〉などという名称の(法に定めのない)施設を設置して,より多目的的で柔軟な利用に供しようとする例も,特に都市部では少なくない。とりわけ町内会館とか自治会館とか称するものについては,一部自治体における公民館と同様に数多く設置されて,地域に密着した住民の学習施設としての役割を果たしている場合が多く見られる。しかしながらこれらはいずれも,通常は〈人と資料〉を伴わない〈からっぽのハコ〉であって,図書館が提供するような多様な学習情報を住民に提供することはできない例が多い。

　生涯学習振興法ではこの点の反省に立って,学習機会に関する情報についての総合的な収集を図り,これをコンピュータネットワークにのせて,上記の各施設やその他の公的施設等の〈住民の身近な場所〉に端末機を設置し,〈いつでも誰でもどこでも〉学習情報を入手できるようにしようという構想が提示されており,これを学習情報のネットワーク化と称していたが,インターネットの普及によってこの構想自体は無意味なものになった,ということはすでに述べた(考えようによってはこの構想はほとんど実現した,と言ってもよいのかもしれない)。公民館や上記のような公的施設が十全に整備されている地域では,それは確かに生涯学習推進体制の第一歩となり得る施策であると言える。が,ここでも繰り返しておかなければならない。この構想にはまず,住民の情報検索とその利用に関して援助(assisstance)を与えるための〈人〉の配置の計画が抜け落ちていた。第2に学習の機会に関する情報のみのネットワーク化が提唱されていて,実質的に住民の学習内容そのものにかかわる,広い意味での学習情報,すなわち書誌情報の収集・提供(参考文献目録

の作成サービス）が考慮に入れられていなかった。つけ加えるならば，〈人と資料〉を伴わない〈施設〉には通常十分な財政措置がとられない（だからこそ逆に，行政は多くの〈経常費〉を必要とする学習施設を作りたがらないのである）。

　一方図書館は，これらの欠点を補い，真の意味での学習情報ネットワークを作り上げる可能性をもった施設であるのにもかかわらず，未だに多くの自治体で地域密着の施設としてよりはむしろ，〈そこへ人を集める〉センター型の施設としてしか考えられていない。居住地の遠近にかかわらず，地域（市町村）の全住民に平等なサービスを提供することを，図書館などでは〈全域サービス〉と言い，分館の設置，ブックモビル（自動車図書館）の巡回，配本所・停本所の設置などさまざまな活動が展開されてきてはいるが，完全な全域サービスの体制ができていると自信を持って言える地域はまれである。地域のすべての住民に〈日常的な〉サービスを行うことのできる学習施設として，図書館ネットワークの整備が望まれる。

全域サービス
分館
ブックモビル
配本所・停本所

● ……… 広域サービス

　言うまでもなく，今日では市民の〈学習機会〉は居住地内にとどまってはいない。

　たとえば市立の図書館においては，通常はその市内に在住の者および市内へ通勤・通学している者が主なサービス対象（貸出登録を受け付ける者）となるのだが，市立の施設であるからその市の住民にしかサービスしない，というような態度では生涯学習の理想は実現されまい。交通の発達した今日においては，近隣市町村のみならず，相当に遠距離にある学習機会であっても，これを利用することにさしたる困難はない場合が多いのだし，あるいはたとえば交通の便によっては，自分の住んでいる市内の学習機会の利用よりも他の市町村の機会を利用する方が便利であるという場合さえ少なくはないのである。だからとりわけ学習機会に関する情報は，当該の市町村の範囲を超えて，広域的に収集され，提供されなければならない。あるいはさらに，都道府県の範囲を超えての収集・提供が必要である（都道府県単位の情報収集ネットワークができあがれば，これを相互につなぐことは容易である）。学習機会・学習施設の利用者にとっては行政区画の境界線はほとんど意味を持たないのである。従来社会教育は，市町村教育委員会の専権的な事業として展開されてきたが，これを広域的に連携させ，相互の交流を図り，協力と統合の体制作りをしようということが，生涯学習振興法の目的の一つであった。そしてここでも，この目的が生涯学習の時代を見通した妥当な目標であると言えるだけになおさら，人と資料の後ろだてのない〈生涯学習の機会に関する情報〉だけのネットワーク構想の問題が指摘されなければならないであろう。

　さらに，インターネットの普及によって，人々が手に入れることのできる情報は，〈全国〉に広がってしまった。いや，日本全国のみならず，全世界に広がってし

インターネット

41．学習情報のネットワーク　205

まった，といわなければならない。「生涯学習の機会に関する情報のネットワーク」は，もしかしたら全世界規模で実現されてしまったとも言えるのである。少なくともいわゆる商業ベースで実施されている学習機会については，今日ではそのほとんどがインターネットを通じて情報を入手することができる。チケットを購入し，予約を入れることも手軽にできてしまう。〈お取り寄せ〉という形でさまざまな〈モノ〉さえも手に入れられてしまう。だとすればこれからはインターネットでは手に入れることができない情報について考えなければなるまい。生涯学習振興法が想定していなかった分野における新しいネットワーク構想が必要とされるに至ったのである。それは一体どのようなものであるのだろうか。

●………情報ネットワークの構築

情報ネットワーク　　情報ネットワークとか情報システムとかといったことばは，もうすっかり私たちの日常生活の中に定着してしまった。来るべき社会が生涯学習の時代となるのであれば，それは同時に情報ネットワークによって支えられた社会になるはずである。私たちが本当に生涯学習の理念の実現に向けて，具体的な振興策を立てていこうとするならば，まずは〈いつでもどこでも誰でも〉利用することのできる地域情報ネットワークを構築し，次いでこれらを相互につなぎ合わせて広域的な，あるいはむしろ全国的・国際的なネットワークに組み立てていくことが必要である。このことに異存はあるまい。

しかし，生涯学習振興法だけではない。これまでの官僚主導のネットワーク構想にはすべて共通する重大な欠陥がある。一つはすでに繰り返し述べた通り，いずれも単なる〈情報〉のネットワークであって，その情報ネットワークを支える施設や，〈モノ〉としての資料の収集・蓄積・充実の計画を欠いたまま構想されていることであり，今一つはこれらが個別具体的な〈機能〉を予定してしか構想されていないことである。方向としては間違っていない具体的な施策が〈部分的に〉実現されてしまうことによって，かえって全体的なシステム化の事業を妨げ，生涯学習の時代，情報ネットワークの時代，国際的な統合と協力の時代の到来をより先へ追いやってしまうのではないか，日本は世界のこうした大きな潮流から取り残されてしまうのではないか，私はそういう危惧の念を抑えることができないのである。

具体的に例をあげて説明してみよう。インターネットを使えば，今日では誰もがスポーツ施設，文化施設，保養施設などの利用状況等をいながらにして知り，どこからでも自由に予約ができるようになった。そこで何が起こっているか考えてみてほしい。使いやすく便利な施設には予約が殺到する。予約チケットでもある種の商品でも，発売直後に〈完売〉になるような例も少なくない。そしてそういう場合

情報弱者　　であれば，インターネットを使いこなせないいわゆる〈情報弱者〉はこの〈予約競

争〉から完全に取り残されてしまう。それが商業ベースに立った〈受益者負担〉を前提とするものである限り，〈採算のとれない分野〉での情報は，ますます情報弱者にとっては〈入手しがたい〉情報にならざるを得ない。生涯学習という理念に沿った形でこうしたシステムが機能するためには，誰でも利用できる十分な数の公共施設が身近にあって，〈その上に〉遠隔地のものをも含めた情報ネットワークが構築されなければならない。情報システムの利用の仕方を〈いつでも誰にでも〉指導し，援助することのできる〈人的援助〉のシステムを伴って構築されなければならない。それらを欠いた〈便利な情報システム〉はかえって事態を悪くしてしまいかねないのである。

　そもそも情報システムというものがもてはやされるのは，それが〈汎用（はんよう）性〉を持っているからである。インターネットがかくも普及することができたのは，それが〈何にでも使える〉システムだからなのである。特定の機能を前提に，特定の目的を持って構築されたシステムは，その目的と機能との範囲内でしか利用できない。住民の誰にでも使うことのできる生涯学習のための情報システムは，特定の機能に沿って設計されたものではなく，汎用性を持つものでなければならないのである。それはそもそも生涯学習という理念が，市民の主体性に委ねられた恣意的な活動であるからである。学習を志す市民にはそれぞれ特定の目的があるはずである。しかしその目的や到達目標はひとりひとり皆〈違う〉のである。その点こそが，銀行のATMシステムや，飛行機会社・鉄道会社の発券・予約システムなどと〈学習情報システム〉との最大の相違点なのである。多種多様な目的・目標へ向かって，それぞれの市民を導くことのできる手引きとして，情報システムは構築されなければならないのであって，そのうちの特定の目的を行政が指定し，その目的に沿ったシステムを構築してしまったのでは，それは生涯学習の理想を逆行させることになる。汎用性のある情報システムは本来，行政が管理・統制することができない〈自由な〉システムである。だからこそ，行政はこうした〈自由な〉システムを作りたがらない。私の言いたいことはそういうことなのである。

> 汎用性

> 学習情報システム

UNIT 42 ●生涯学習活動と情報
図書館のネットワーク化

●………ネットワークによる〈連携〉

ネットワーク

　ネットワークということばは，今日ではごく常識的なことばになってしまった。多くの人が何気なく使い，何となくわかっているつもりになっている。ネットワークということば自体が使われないまでも，たとえば国や各自治体の『子どもの読書推進基本計画』などには（学校図書館や公共図書館などの）〈連携〉ということばが頻出している。この〈連携〉ということばの中には，多分〈コンピュータ・ネットワークを通じて〉という含意が込められているであろう。しかし，図書館学を学ぶみなさんは心得ておいてほしい。現在の日本における〈貧弱な〉図書館同士が〈連携〉したところで，できることは限られている。〈汎用性〉のある図書館ネットワークとして機能することはできない。あるいは逆にそうした汎用性のある図書館ネットワークの成立をむしろ妨げるような働きをしかねない。

連携

　ここでも例を挙げてみよう。上記の『子どもの読書推進計画』における学校図書館と公共図書館，場合によっては大学図書館をも含めた〈連携〉を考えてみればよい。ここで考えられているのは，あくまでも狭義の〈読書〉に限った，つまりは汎用性のない，特定機能の〈連携〉に過ぎない。つまり蔵書目録の検索システムを作り，〈この図書館〉にはない読書材を別の図書館から借り出すことができるような，あるいは公共図書館から学校図書館への〈団体貸出〉の制度を拡大していくというような，そういう〈小さな〉連携に過ぎない。そしてここで連携していくはずの公共図書館は全国にたった３千余りしかない。しかもそれは人口の少ない地方へ行けば行くほど，実に貧弱な蔵書をしか持っていない。学校図書館は小・中・高校のすべてに〈ある〉のだが，これがまた，その多くは〈図書館〉の名に値するとは思えないような実に実に貧弱なものである。基本的には公共図書館も学校図書館もいわゆる〈読み物〉ばかりをそろえた〈貸本屋図書館〉でしかない。そのことによって，日本の図書館はどれも〈同じような〉蔵書構成にならざるを得ない。より小さな図書館に〈ある〉資料は，より大きな図書館にはほとんど必ず〈ある〉と言ってよいのである。これらの図書館が連携したときに，そこから得られるメリットはいかなるものであるか，あるいはそこから生じるデメリットはいかなるものであるか，しっかりと検討しておかなければならない。

団体貸出

●⋯⋯⋯**ネットワークの落とし穴**

　〈貧弱な〉図書館同士が連携し，ネットワークを作ることの意味はほとんどない（本当は「まったくない」と言いたいのだが，ここではあえてほとんどない，と言っておく）。上記のような〈ネットワーク〉が，身近に数多く建設された〈充実した〉図書館を欠いたまま，貧弱な図書館同士の間でできあがったとしよう。そうなれば人々は図書館からはますます遠ざかっていくであろう。そしてそのことはかえって生涯学習の時代を遠くしてしまうであろう。身近に充実した図書館が建設されないままに，相互協力・相互貸借のシステムが完成してしまえば，地元の小さな図書館は次第に利用されなくなり，遠くの〈大きな〉図書館に相互貸借の申し込みが殺到し，利用が集中するようになるだろう。現に今，国立国会図書館がそうであるように，利用の集中する大きな図書館はきわめて〈利用しにくい〉図書館になってしまうであろう。もし仮に大学図書館が地域の公共図書館と相互協力の体制を作ったとするならば，利用申し込みの殺到する（国文学や歴史などの特定の分野に集中するはずである）大学図書館は学内の利用に対応できなくなるだろう。

　これらの大きな図書館では，当然殺到する相互貸借の依頼に忙殺されることになる。アメリカでは図書館間での相互貸借（ILLサービス）のための図書の郵送は，貸出の際にも返却の際にも無料である（切手を貼らなくてよい）が，日本ではこの郵送費が馬鹿にならない。大きな図書館では，ふくれあがる事務作業量と経費の負担に早晩耐えきれなくなるはずである。そしてもちろん，これらの〈負担〉は自館と自館の利用者には何のメリットもない。大きな図書館から小さな図書館に相互貸借の申し込みをするチャンスはほとんどないはずだからである。大きな図書館にメリットがなく，負担ばかりが増大していけば，いずれこうした大図書館から先に（国立国会図書館などはその立場上簡単に離脱できないだろうが）この〈ネットワーク〉から離脱しようとするだろう。大きな図書館が抜けた後に残るものは何か，想像することはたやすい。

　そして一方では，新しい図書館はなかなか建設されないことになるだろう。小さな図書館は（言うまでもなく現状では，予算規模の小さい自治体には充実した図書館を作る余裕がない）蔵書を充実していくことを〈サボる〉ようになるだろう。さしあたって〈間に合っている〉のだから新しい図書館は不要だろう，学校図書館をひとつひとつ充実させていく意味はないではないか，隣の町にそこそこの図書館があるのだから，遠くの町からでも相互協力で〈お取り寄せ〉ができるのだから，そういう言い訳が今から聞こえるようである。かくして多分，これらの〈相互協力〉のシステムは早晩崩壊するであろうし，崩壊しないのであれば無意味なシステムとして忘れられていくであろう。

相互貸借

●⋯⋯ネットワーク形成への覚悟

　さらに見落としてはいけないことがある。ネット上ではすでにいくつもの書店がシェアを拡げている。現在では入手困難になったいわゆる古本の類も，ネット上では相当の確率で入手可能である。いわゆる電子書籍の市場も急速に拡大している。もちろんこれらは有料であり，利益が出るからこそさまざまな企業が参入するのである。いわゆるネット・オークションなども含めて，通常の〈読み物〉であれば，有料で利用できる可能性はどんどん大きくなっていくはずである。そしてその可能性が広がれば広がるほど，大きな需要が見込まれる〈通俗的な〉（ここでも繰り返しておく。通俗的だから〈悪い〉という意味では決してない）ものについては，その単価はどんどん低下していくはずである。ごく常識的な意味で，ネット書店や電子書籍を利用できる人にとっては，それこそ上記のような中途半端な〈ネットワーク〉は不要なのである。

　ネットワークとは〈網の目〉という意味である。ひとつひとつの〈網の目〉が有機的につながり合って大きな全体システムを形成すること，これがネットワークというものである。そこではその網の目のひとつひとつが〈自律的に〉機能していなければならない。簡単なことである。図書館で言うならば，ひとつひとつの図書館が，新しい本を購入するたびにその目録情報をネットワーク上に公開し，廃棄図書・紛失図書が出るたびにその目録情報をネットから削除しなければならない。他館へ相互協力の申し入れをすることはもちろんだが，他館から申し入れがあった場合には〈速やかに〉適切な対応をしなければならない。ひとつの網の目がその作業を怠り，その網の目が綻んでしまったら，その綻びはあっという間に全体に波及する。少なくともひとつひとつの網の目にネットワークを機能させるための専門職員がいて，一定の予算が計上されて，網の目に決して綻びを入れないという覚悟が示されなければならない。ネットワークとは，単なるホームページの集合体ではない。参加するのも退会するのも自由なソーシャル・サイトでもない。ネットワークの維持には意外に多くの労力と予算と，それを維持し続ける覚悟とが必要なのである。

●⋯⋯ネットワークの意義

　「読書活動の推進」だけを目標としたネットワーク（連携）にはほとんど意味はない。いわゆる読み物の提供だけを考えたネットワークは無駄であり，対費用効果はむしろマイナスであると言わねばならない。もしこのような形でのネットワーク化が志向されるのだとしたら，それは明らかにあらゆる意味での〈格差〉を是正しようとする方向性を持つものでなければならないからである。ネット書店や電子書籍を利用することのできない人に，有料利用に大きな負担を感じる人に，近くに大きな書店や公共図書館のない過疎地の子どもたちに，障害者に，日本語がよくわか

らない人々に，そういう〈採算のとれない〉ケースについてこそ，本当の意味でのネットワークが必要である。そしてそういうネットワークは明らかに〈高くつく〉のである。安易に「公共図書館と学校図書館との連携」などと言ってはいけない。

とりわけ UNIT 41 で述べたように，その地域の住民のすべてに，必要とするあらゆる主題に対して，十分な比較分析の材料を提供し，十分な選択肢を与えようとするならば，むしろ決してこのような中途半端なネットワークを構想してはならない。ネットワークの網の目を形成するひとつひとつの学校図書館，公共図書館，大学図書館がそれぞれ十分な蔵書を持ち，利用頻度の高いものについては決して他の図書館に頼らぬよう心がけ，どんなに小さなものでもよいから他の図書館から頼りにされるような独自の〈コレクション〉を作り上げ，相互貸借を申し込む場合には大きな図書館に負担が集中しないよう，なるべく小さな図書館へ申し込むように心する，もちろんネットワークの維持管理に万全を期し，そのための予算と人手とがすべての網の目に確保されている，そういうネットワークをこそ作り上げなければならない。

改めて言うまでもないが，ネットワークの網の目は小さければ小さいほどよい。高校の数の半分しかない日本の公共図書館では，その網の目からこぼれ落ちてしまうしまう人が非常に多くなる。学校図書館は数だけはたくさんあるけれども，蔵書内容が貧弱であるという以上に，あくまでも〈学内利用〉が優先であるから，その学校に縁のない人が利用するには多くの困難がある。文部科学省は学校図書館の〈地域への開放〉を推奨しようとしているが，学内の需要にさえこたえられない図書館を学外へ開放してはならない。それは本末転倒である。大学図書館についても同様である。学内の資料要求にこたえられない図書館が安易にネットワークに参加してはいけない。貧弱な図書館がネットワークに〈頼った〉サービスをしてはいけない。図書館ネットワークは〈頼りになる〉図書館同士が，〈より頼りになるように〉形成しなければならないのである。

もう一点，大事なことをつけ加えておく。UNIT30 において，私は「インターネット・リテラシーを身に付けるための練習場としての図書館」の必要性についてふれた。「これが読みたい」という本が特定されている場合はともかく，ネットワークが形成され，その中に含まれている検索可能な情報が増えれば増えるほど，慣れない者にはその情報検索は難しい。インターネットを使いこなしていくためには，慣れない者に対してトレーニングの機会が提供されなければならない。日本の教育にはこの視点が欠けている。巨大な情報システムを誰でもが使いこなせるように，〈そのための〉ネットワークをこそ一刻も早く形成すべきである。

UNIT 43 ●生涯学習活動と情報
インターネット時代における生涯学習

●………インターネットの利用促進

インターネット

　インターネットと教育の関係についても，これまでに繰り返し述べてきたのだが，ネットワークの形成という見地から，改めていくつかのことを指摘しておきたい。それというのも，少なくとも今までのところ，日本ではインターネットが世界を変える力を持っているというその本質的な部分において，一般的な理解が進んでいないように思われるからである。図書館におけるインターネットの利用に関しても，それはもっぱら蔵書目録の公開だとか，ホームページによる広報活動だとか，相互協力活動を含む各種の文書のやりとりだとか，といった一定の分野に限ってしか活用されていないように思われる。インターネットによって，膨大な量の情報を手に入れることができる，ということはすなわち，インターネットは重要な生涯学習機会そのものでもあるということであろう。だとすれば，市民への情報提供機関である図書館は，市民に対してインターネットの利用を促進し，支援する役割をも果たしていかなければならないはずである。

　それなのに，日本の教育界ではインターネットのマイナス面ばかりがしばしば強調される。ネット上の情報は玉石混淆であるから，むやみに未成年者がアクセスするのは感心しないなどと言う。冗談ではない。あらゆる情報は玉石混淆なのが当たり前である。これまでもたびたび述べてきたように，玉石混淆の中から〈玉〉を選び出す訓練をさせずに，玉石混淆のものには近づけないようにしようという発想が間違いである。あるいはそのように言う人々は，自分の発言が〈玉〉であると思い込んでいるのかもしれないが，その考えこそが間違いである。何度でも言う。科学と民主主義の原則に立てば，検定済みの教科書や政府の発表や，いわゆるマスメディアの情報こそがむしろ〈石〉である可能性の方が高いのである。

開かれたメディア

　インターネットの最大のメリットは，世界に向けて〈開かれた〉メディアであるという点にある。開かれているということは誰でも自由にアクセスすることが可能である，という意味にほかならない。世界中の情報を受信することも，世界中に向けて情報を発信することも〈自由に〉できるのである。自由には危険が伴うのは当たり前である。市民を危険から遠ざけようとすることは市民の自由を奪うことである。私たちは民主主義社会の市民として，自由を求め，危険を引き受ける覚悟を持

つべきであると私は思う。

●………**インターネット・リテラシーの育成**

　UNIT28以下に解説した本当の意味でのリテラシーを身に付けた者にとっては，インターネットは実に便利なメディアとなる。逆に権力の側から見ればそれは実に恐ろしいメディアだということでもある。世界中の〈個人〉に対して〈開かれている〉ということは，情報の管理や統制が不可能，あるいは困難であるということにほかならないからである。政府やマスメディアがネット犯罪の危険を叫び，教育関係者が青少年への〈悪影響〉を訴えるのは，情報を独占できなくなることへの恐怖感に発しているのではないかとさえ感じられる。

　インターネットを使ってメールのやりとりをしたり，ゲームやネットショッピングを楽しんだり，あるいはごく一般的な意味でブログやツイッターでの情報の授受を行ったりすることは，従来行われてきた人々の活動の，いわば延長線上にあることで，それだけでは〈革命的〉なことであるとは必ずしも言えない。私たちにとって本当に重要なことは，〈今ここにいない人〉とのコミュニケーションが自由自在にできるようになった，ということである。すでに述べたように，今ここにいない人とは，〈過去の人を含む世界中の人〉を意味している。だからこれからの私たちは，今ここにいない人とのコミュニケーション能力，すなわちサイエンティフィック・リテラシーを身に付けなければならない。それなのに日本の教育は相変わらず〈話しことばに限りなく近い現代日本語でのコミュニケーション能力〉や，せいぜいで〈英会話能力〉の育成にばかりこだわっていて，自分の置かれている〈状況を超えて〉通信する能力を育てようとしていない。〈仲間内で〉しか通用しないことばでの情報のやりとりに夢中になるのではなく，〈誰にでもわかることば〉を使うようにしよう，という覚悟を決めた上でのコミュニケーションを志すべきである。その意味で，日本では，〈（官僚のことばを含む）政治のことば〉〈マスメディアのことば〉そして〈教育のことば〉が最も〈よくない〉ことばである。つい，同じことを繰り返してしまったけれど，うっかりしていると日本語そのものが（つまり，日本語を母語とする者全員が）インターネット時代の〈情報弱者〉になってしまうのではないか，という危惧の念を抑えきれない。機械の操作に不慣れな者，という意味での情報弱者の問題も重要ではあるが，その点での技術革新はめざましい。いずれ問題は小さくなって行くはずである。しかしこの〈リテラシーの欠如〉という意味での情報弱者には，自分が〈弱者〉であるという自覚がない。自覚のない者に〈対策〉を講じることはできない。改めて各自の問題として考えておいてほしい。

インターネット・リテラシー

●……インターネット利用における費用負担

　もうひとつ深刻な問題がある。私は〈過去の人を含む世界中の人〉という言い方をしたが，これには，ディジタル記号に変換されてインターネット上に公開されているものに限っては，という限定句をつけなければならないということである。ネット上で情報発信をしようとしない人のメッセージをネットから入手することはできない。それは当たり前のことである。上記のようにブログだとかツィートだとかといった形でネットに載っている情報の多くにはそれほどの価値はない。無料のサイト（の多く）にはそれなりの情報しか含まれていないはずである。そして，有料のサイトであったとしても，多くの人が見てくれる〈通俗的な〉（何度でも繰り返すが，通俗的だから悪いというのではない）サイトの料金は低廉になっていくだろうし，広告媒体としての価値が認められればその傾向はいっそう強まるはずである。その意味ではインターネットはこれまでのあらゆるメディアに比べて，最も〈貧者に優しい〉メディアになってゆくだろう。いわゆる低開発国での携帯電話の普及がめざましいこともよく知られている。

　しかしそこには，日本人の多くが気がついていない深刻な問題が潜んでいる。たとえば，〈昔の人が書いた本〉をネット経由で入手するためには，〈誰かが〉それをネットに載せてくれなければならない。誰がそれをしてくれるのか，その誰かに誰が報酬を支払うのか，という問題である。このことをボランティアに任せてはいけない，ということは理解されるだろう。自分が気に入ったものだけを選定してネットに載せるのではいけない，という意味である。インターネットの最大の利点は，開かれたメディアであるということである。あらゆる意味での〈管理統制〉を超えることができるメディアであるということである。あらゆる意味での管理統制を超えるためには，実はそのことを保証するための組織的な活動が必要で，ということはその組織的活動のための人手と費用とが必要なのである。

　具体的な例を挙げよう。UNIT28以下の数節において，いわゆる学術情報ネットワークについて解説した。このシステムにおいては〈書誌ユーティリティ〉といわれる組織的な活動が前提とされている。書誌ユーティリティとは特に決まった定義のあることばではないのだが，いわゆる書誌情報を収集し，加工・編集して提供・サービスする機関を指している。たとえば医学に関する学術情報システムを考えてみよう。このシステムが機能するためには，まず世界中から一定の水準を満たした〈医学的な見地から価値ありと認められる〉学術論文を，なるべく網羅的に収集することが必要である。つまり世界的に見て〈権威がある〉と認められた医学専門雑誌をもれなく収集し，そこに掲載されている論文をひとつひとつ取り上げてリストアップしなければならない。通常はさらにこれを精選して，特に重要と思われるものについて抄録（abstract，要約・梗概）を作成し，これを編集した抄録誌

書誌ユーティリティ

抄録
抄録誌

(abstracts journal) という形で利用者に提供する（option K 参照）。この仕事にどれほどの費用と労働力がかかるか考えてみてほしい。世界中から数千に上るタイトルの医学専門雑誌を定期購読という形で収集するのにかかる費用（専門雑誌は読者が少ないので必然的に単価は高くなる），およびこの膨大な数に上る論文を閲読し，抄録を作成すべきか否かを判断し，精選された論文にひとつひとつ抄録を作成するための費用である。医学の専門論文を閲読し，抄録を作成するためには医学の専門知識を持った人が必要である。高給を取る専門家を数百人単位で常時雇用しておかなければ書誌ユーティリティは機能しないのである。

●………図書館における利用無料原則の大義

とするならばその費用を誰かが支払ってくれなければ，この仕事を継続していくことはできないということは自明のことである。今日では抄録誌の多くは電子ジャーナルの形で流通しているけれど，これを〈無料の〉サイトに提供することはできない。一概には言えないけれど，個々の抄録誌を定期購読するには年間数十万円から数百万円の契約料が必要である。世界中の図書館（もちろんその多くは大学図書館，専門図書館）がこれだけの費用を負担してくれているからこそ，この仕事が継続でき，そして利用者は図書館に行きさえすれば〈無料で〉これを参照できる，これが学術情報システムといわれるものの概要である。

電子ジャーナル

学術情報システム

日本ではこのことに対する理解がほとんど得られていない。もっとわかりやすい例で考えてみてもよい。ある人が長年の研究結果を本にして出版する（ネット上に公表する）ことを考えてみよう。そのことに対する正当な報酬が得られなければ，そうした研究はなし得ない。そしてその研究が専門的なものであればあるほど，その読者は少ないであろう。読者が少なければ少ないほど，その読者に対して高額な〈読書料金〉が設定されなければ，著者が〈正当な報酬〉を得られないことは理の当然である。するとこれまた当然に，その高額な費用を負担しきれない者はその本を〈読む〉ことができなくなってしまう。だから，こうした図書に対しては図書館がその高額な報酬を支払わなくてはならない。図書館がその高額な費用を負担することによって，利用者（すべての市民）は無料でそれを読むことができる，これが西欧民主主義国における図書館の最大の意義である。図書館は〈受益者負担〉であってはならないのである。ネットワークにおいてもまったく同様である。生涯学習の理念が実現されるためには，〈誰にでも〉あらゆる資料，あらゆる情報にアクセスする道が開かれていなければならない。少数者しか利用しない特別な，すなわち高額料金の必要な情報こそが大きな意味を持つのである。安上がりの図書館には意味がない。図書館は巨額の予算を持つべきである。「図書館に予算を下さい」と説得する義務が図書館員にはあるのである。

UNIT 44 ●生涯学習活動と情報
学校図書館と大学図書館

●………学校図書館の理念

図書館ネットワーク　以上のような観点から、望ましい図書館ネットワークを形成していくことについて考えておきたい。みなさんは一応、公共図書館の「司書」資格を取るために学習されているはずだが、この図書館ネットワークを形成するためには、学校図書館や大学図書館の現状と問題点について知っておく必要がある。これらとの連携が求められているからである。まずは学校図書館について解説しよう。

学校図書館
学校図書館法　1953（昭和28）年に施行された『学校図書館法』（最新改正平成19年）には、学校図書館が「学校教育に欠くことのできない基礎的な設備である」(第1条)として、小学校から高等学校まで（特別支援学校、中等教育学校を含む）のすべての学校に「学校図書館を設けなければならない」（第3条）と定められている。また、

司書教諭　学校図書館には「司書教諭を置かなければならない」（第5条）との規定があり、その学校に勤務する〈教諭〉のうち、「司書教諭講習」において5科目10単位の学校図書館学科目を履修した者を司書教諭に「充てる」ことが必要であるとされている。これらの規定はいわゆる戦後教育改革において、アメリカ流の考え方に基づい

学習情報センター　たもので、1冊だけの教科書に頼った教育ではなく、〈学習情報センター〉として機能する学校図書館を前提に、子どもたち自身が調べ、比べ、まとめ、そして発表と討論をしてゆく、そういう教育を目指して定められた規定である。

　しかしながら、こうした考え方は日本の学校には定着しなかった。〈学習情報センター〉としての学校図書館を作り上げていくためには、それなりの費用と人手が必要である。その手当をせずに、ただ「学校には学校図書館を設けなければならない」という法律だけが作られたために（近年の生涯学習関連の諸法規とまったく同様に）、この定めは有名無実のものとなり、とりわけその附則において「当分の間学校図書館には司書教諭を置かないことができる」という一文が明記されてしまったことによって、普段は人（責任者）のいない、〈本の物置〉を学校では「図書館」と呼ぶのだ、という考え方を定着させてしまった。この附則は50年近くそのまま生き続けた後にようやく「改正」され、現在では一定の規模以上の学校では司書教諭の配置が義務づけられるに至っているが、それでもなお11学級未満の学校には配置猶予が認められている。

●………学校図書館の現実

　これが日本の行政の一番〈いけない〉ところである。学校図書館は「学校教育に欠くことのできない」ものであると言っておきながら，実際には「学校図書館がなければ成り立たない」教育など〈まったく〉行われていない。「学校図書館には司書教諭を置かなければならない」という条文に，「当分の間置かなくてもよい」という条文を並記して，50年もほったらかしにする。学校図書館が民主主義の担い手を育成するために不可欠な，情報の収集と比較分析の練習場として，子どもたちにいわゆる〈調べ学習〉をさせるための場であることを無視して，〈読書指導〉に特化した指導方針を平気で掲げる。国会で成立した〈法〉の理念を顧みず，単なる〈文部科学省告示〉に過ぎない「学習指導要領」を優先して教育の〈現場〉を統制する（最初に〈告示〉された学習指導要領には「これは目安であって，強制力を伴うものではない」旨が明記されていた）。学校図書館にそれなりの予算があり，豊富な蔵書を持っているならばそれだけで，少なくとも子どもの〈読書活動〉を支えるためには十分なはずなのに，まるでこんな法律などなかったかのように『子どもの読書活動推進法』などという〈余計な〉法律を作ってしまう。一体，「生涯学習社会の実現」という理念はどこへ行ってしまったのだろうか，私にはわからない。

> 学習指導要領

　繰り返しておくが，貧弱な予算，貧弱な蔵書しか持たず，利用者の援助・サービスに当たる人のいない（司書教諭が発令されている場合であっても，ほとんど負担軽減措置が取られていないので，授業中・会議中などには図書館に〈いる〉ことができない例が多い）図書館では，ネットワークの網の目を形成することはできない。『図書館法』にも『学校図書館法』にも，両者が〈連携・協力〉すべきことは定められているが，これでは連携のしようがない。たった3千の公共図書館が4万の学校図書館を一方的に〈支える〉だけのことである。本当に〈支える〉ことができるのかどうか，しっかりと考えてほしい。あるいは本当に支えることができるためにはどれほどの費用と人手が必要なのか，検討してほしい。ただことばの上でだけ，〈連携〉だの〈ネットワーク化〉だのと言うことがどれほど虚しいことであるか，図書館学を学んだみなさんには気付いてほしいのである。

●………図書館利用のトレーニング

　さらに重要なことがある。私はインターネットの時代において，本当の意味での〈情報活用能力〉の育成のための〈練習場〉としての学校図書館が重要であると思っている。これもすでに述べたけれど，情報を収集し，比較分析を行い，そして取捨選択を行うことができるためには，〈大きな〉図書館が必要である。このためには図書館は大きければ大きいほど〈よい〉のである。それなのに図書館が大きくなればなるほど，それは〈使いにくい〉図書館になってしまう。大きくて使いにく

> 情報活用能力

い図書館を，どうすれば少しでも〈使いやすく〉することができるか，これが〈図書館学〉というものの最も基本的な立場にならなければいけない。小さな図書館の経営に必要な知識・技術は，それほどの専門性を必要としない。司書教諭にとって必要な図書館学の〈専門性〉は，より大きな図書館のそれと比べれば小さなものでよいのである。

　しかし，そこにはひとつ非常に大きな落とし穴がある。生涯学習という見地に立てば，ひとりひとり，すべての子どもたちが将来大きな図書館を，あるいは最終的には全世界規模で成立しつつある図書館ネットワークを，〈使いこなせる〉ようになるために，より小さな図書館で〈図書館の使い方〉を練習しなければならない，ということである。司書教諭はこの〈図書館の使い方〉を指導するコーチになる必要があるのである。小学校でせめて2～3万冊規模の図書館を使いこなす練習をすれば，中学校で5万冊規模の図書館を使いこなすことができる。中学校で5万冊規模の図書館を使いこなす練習をすれば，高校で，あるいは公共図書館で，10万冊，20万冊の図書館を利用することも容易であろう。高校で20～30万冊規模の図書館を使っていれば，百万冊を超える蔵書を持つ大学図書館の利用はうんと楽になる。百万冊超の図書館利用者は，先に述べたサイエンティフィック・リテラシー（メディア・リテラシー，インターネット・リテラシー）を身に付けていると自信を持って言えるであろう。

　この点も日本の教育が認識していない大きな弱点である。大学進学率が過半数を超えた現在，大学図書館の使い方を指導しない高校教育は，いわば欠陥商品であると言わざるを得ない，と私は思う。

　ここでも必要なことはいわゆる読書指導ではない。子どもたちを読書に誘うことが重要でないとは言わないが，それはむしろ〈学校で〉行うよりは〈私的な〉場で行うべきことである。学校で指導・育成すべきはまず何よりも，本来の意味でのリテラシーである。読み物ばかりをそろえた図書館ではいけない。古い本ばかりの図書館ではいけない（〈調べる〉ことができるためには，少なくとも小・中学校にはむしろ〈古い〉本があってはいけない）。「図書館では静かにしなさい」などという指導をしてはいけない。多くの学校教育関係者の図書館に対する〈常識〉が間違っているのである。学校図書館は読書のための施設ではなく，子どもたちの学習の場であり，生涯学習活動を続けていくためのトレーニングの場でなければならないのである。

●………大学図書館の問題

大学図書館

　大学図書館においても問題は深刻である。アメリカにおける大学図書館は通常，学部学生用の図書館（undergraduate library）と大学教員や大学院生のための図

書館（garaduate library）が区別されている。教育用と研究用，というように考えてもよいだろう。教育用の図書館において重要なのは当然，ゼミや講義のための〈参考書〉である。そこでも〈教授の水準を超える〉ための多様な〈比較の対象〉や〈選択肢〉がなければならないということが前提であるが，その上に，学生の数に合わせた〈複本〉がなければならない，ということを指摘しておく。日本の大学図書館には（学校図書館でも同様だが）複本がない。最初の一人が借り出した参考書は，〈ほかの人〉はそれが返却されるまで参考にすることができないのである。これで授業が進められるはずはない。ましてや，前節で述べたように，こんな図書館が学外に〈開放〉されてはいけない。ゼミの人数分の複本をそろえて始めて，ある専門テーマについてのさまざまな視点や学説を比較するという，専門的な勉強が可能になる。選択肢の収集を学生に委ねてはいけないのである。

> 複本

　研究用の図書館を考えても日本の大学図書館は総体的にとても貧弱である。何度でも言わなければならないが，利用者のために〈本を買ってあげる〉ことが図書館というものの本質的な機能である。図書館にはそのための十分な予算がなければならない。それなのに日本の教育界はその予算をけちり続けてきた。大学教員がそれぞれに必要とする専門書，学術書をまかないきれない図書館が普通なのである。とするならば，図書館における集書は〈教員任せ〉にせざるを得ない。「私はこれがほしい」「私にはこれが必要だ」という教員の要求にこたえきれないのだから，たとえば「去年はこの学科の要求に応えたので，今年はこちらの学科に手厚く」といったような，その場しのぎの集書にならざるを得ないのである。司書の出る幕はほとんどない。大きな図書館ほど図書館学をしっかり学んだ専門家が必要なのに，そうした司書の仕事は単なる〈整理屋〉になってしまうのである。

　もちろん，いわゆる文系の研究者の多くは，大学図書館が当てにならなければ，必要な本を自分で購入せざるを得なくなる。それぞれの専門によって必要な本は当然違う。そのうちの一部が大学図書館に，一部は研究者の自宅に，というような〈集書〉が行われれば，図書館の蔵書は〈コレクション〉としては成り立たない。その研究者が退職した後に残されるのは，ほかの研究者にはほとんど役に立たない〈死蔵図書〉になってしまうのである。

　問題点ばかり指摘した形になってしまった。生涯学習社会を目指し，そのための図書館ネットワークを作り上げていくためには，公共図書館，学校図書館，大学図書館が〈協力体制〉を作ることが必要である。そして日本の教育行政においては，生涯学習の分野では今のところ，公共図書館がリーダーシップを取らざるを得ないだろう。学校図書館，大学図書館が抱える問題点を，図書館学を学ぶみなさんが認識しておかなければならない，という見地からの指摘である。

UNIT 45 ●生涯学習活動と情報
生涯学習機関としての図書館ネットワーク

●………**教育（学習）と図書館**

　多種多様な目的を持つ私事としての学習に対応できるシステムは，豊富な資料を備え，有能な司書を配置した図書館のシステムしかあり得ない。アメリカを中心に発達した情報システムが，いずれも巨大な図書館を背後に控えたシステムとして構築されていること，あるいはインターネットの有効性が喧伝されるのは，それがこうした情報システムや書誌ユーティリティがインターネットを通じて〈誰にでも〉利用可能になったからである。逆に日本の学校教育に限界が見え，批判が集中しているのは，あらかじめ範囲の決められた〈役に立つ〉情報だけを与えようとするからである。範囲の決まった情報はその範囲内から出題されると決まっている試験には有効かもしれないが，それ以外では役に立たない。職業生活においても家庭生活においても，学問の世界においても趣味の世界においても，必要な知識や技術にはあらかじめ決まった範囲などあり得ない。あるいは定まった〈常識〉の範囲を超えようとすることこそが真の意味での学習なのであって，それは小学生の学習であろうと成人の学習であろうと変わりはない。社会の変化が緩やかで，進むべき道と行く先とが目に見えていた時代には有効であった教育方法が，もはや限界に近づいているのである。

　日本の教育関係者，特に文部科学省の教育行政が深刻に反省しなければならないのはこの点である。ひとりの子どもの人生についても，一つの企業体の業績についても，あるいは国家や国際社会の行く末についても，私たちの未来は決まっていない。私たちは未来を見通す能力を持ってはいないのである。そうであるならば，自分の人生は自分で決めなければならない。見えない未来を他人に決めさせてはいけないし，見えない未来を決めてしまう権利は教師にも学校にも，もちろん文部科学省や国家にもないはずである。あらかじめ範囲の決められた教科書に依拠した教育から，多種多様な資料を備えた図書館を前提にした教育のシステムへの転換を一刻も早く成し遂げなければ，私たちはこの激動の時代に取り残されてしまうであろう。

●………**身近の図書館**

　生涯学習機関としての公共図書館の特徴とその必要性については，これまでに繰

り返し述べてきたが，ここで改めて，これがネットワーク化され，生涯学習のためのサービス機関として完成された理想の姿を提示しておこう。このような理想の実現に向けて何がなされなければならないのか，自分自身としてどのような貢献ができるのか，そのことについてはみなさん自身が考えてほしい。なお，〈完成された理想の姿〉と書いたけれども，人々の学習活動が続く限り図書館に〈完成〉はあり得ない。あり得るのは完成へ向かっての絶えざる努力だけであることは承知しておいてほしい。また，理想の姿とは言っても，これはアメリカ，イギリス，北欧諸国などですでに実現されているものをモデルにしている。決して夢物語ではないのである。もしみなさんが，これを夢物語に類することだと感じられるのであれば，そしてこんなことはとても無理だと考えて，その実現へ向けての努力を諦めてしまうのであれば，それは日本の社会が永遠に生涯学習社会とはなり得ないということを意味していよう。そのことだけは忘れないでほしい。

　生涯学習社会を迎えるためには，まず何をおいても身近に充実した図書館がなければならない。幼児や高齢者が歩いていける距離に一つずつ図書館を作るとすれば，日本でいえば小学校区に一つ，つまり全国で2万館以上の図書館が必要である。現在日本の公共図書館数は3千館あまりであるから，その約7倍である。中学校区に一つとすれば約半数ですむが，その場合には幼児や高齢者の利用は相当に不便になる。日本の〈地域〉がおおよそ小学校区単位で考えられている実状にかんがみ，小学校区に一つの図書館が〈理想〉であると言っておこう。1館当たりの蔵書規模は最低5万冊，わが国の1年間の新刊図書発行点数はここ数年間は8万点内外，平均単価は約2千円であるが，そのうちの10分の1を地域住民の〈選択肢〉として提供するとすれば，約1千5百万円の資料購入費が毎年必要となる。もちろんそのほかに，重要な政治的・社会的イシューの〈選択肢〉として政党の機関誌等を含む主要な新聞雑誌類を〈そろえて〉いなければならないし，議会や行政資料を含む地域情報の資料は〈網羅〉されていなければならない。ビデオ，CD等の視聴覚資料とそのための機器類，一定台数以上のコンピュータ端末機も必須である。

［傍注：小学校区の図書館］

　もちろんこれは最低基準である。大都市で比較的近くにも図書館があるような場所では，相互協力の体制を作って多少はこれを下回ることも可能であるが，過疎の町村などではむしろこの基準を上回る図書館が必要である。この点で，これまでの日本の行政施策の〈常識〉をひっくり返しておかなければならないということは繰り返して強調しておきたい。むろん，地域の実状に応じて，利用しにくい地域の住民に対してはより小規模の分館を作ったり，各種の〈出張サービス〉が可能になるような施設整備をしたりしていく必要がある。また，地域内の他の住民利用施設，各種の教育文化事業，地域内の市民の自主活動グループやボランティア活動，学校，幼稚園等にかかわる情報収集と相互の連絡調整・連携協力などは，当然これら地元

［傍注：出張サービス］

の図書館の役割である。

● ────── センター図書館

　高校の数だけ，すなわち全国に5千余館あれば申し分ないが，せめて上記の市町村立図書館のうちの2千館，すなわち人口5万人に1館は，より専門的な学習・情報の要求に応えることのできる蔵書規模数十万冊の中規模図書館であるべきである。その様態は地域の実状に合わせてまちまちであってかまわないが，地域の産業界や教育界，医師・弁護士等々の専門的職業人，学生，外国人，障害者などの〈受益者の少ない〉情報要求にもある程度以上の対応ができ，地域の学習センター・情報センターとしての役割を果たしていくためには，最低数十万冊の蔵書規模は必要である。当然人口5万人以上の市では，複数の市立図書館のうちの一つないしはそれ以上が，中央図書館としてこのセンター機能を担わなければならない。

中央図書館
センター機能

　都道府県立の図書館ならびに政令指定都市の中央図書館は，蔵書規模が百万冊を大きく超えることが望まれる。上記の中・小規模図書館のネットワークができていれば，都道府県立図書館はいわゆる広域サービスの拠点として，それら中・小規模の図書館に対する〈図書館の図書館〉という役割に特化することができる。地域住民への直接的なサービスを他の図書館に任せてしまえば，利用頻度の少ない専門的な資料や特殊な資料だけを収集して相互貸借機能を充実させたり，あるいは一種の保存図書館としての機能を果たしたりすることができる。そうなれば，大学図書館や専門図書館などとも，その図書館の利用者の利用を妨げることのない相互協力の体制ができあがる。こうした図書館は集客に便利な場所にある必要はないから，郊外に増築の可能な巨大な施設を作っておけばよい。地元密着型の小規模図書館の蔵書は，いわゆる郷土資料を除いては比較的に画一的であってよいが，中・大規模のセンター型図書館の蔵書はそれぞれに特徴のあるユニークなものであることが望まれる。そうすれば相互協力の実は非常に大きくなるからである。

図書館の図書館

保存図書館

● ────── 全国システムから国際ネットワークへ

　国立国会図書館，国立情報学研究所（NII：National Institute of Informatics）などの機能と役割はさらに充実させられなければならない。これらのナショナル・センターは，全国の図書館を一つのネットワークに組み上げていくための中枢神経に相当し，ネットワークの構築と運営とにかかわる具体的な作業を担当すると同時に，国際的な窓口機関として機能しなければならない。

国立国会図書館
国立情報学研究所
ナショナル・センター

　すべての図書館の蔵書が統一された方法で目録化され，オンラインに載せられて〈全国総合目録〉が組織され，公開されなければならない（そのためには相当の費用と覚悟とが必要であるということは忘れないでほしい）。これができて初めて，

全国総合目録

私たちは地元の図書館を通じて全国の（そして世界中の）図書館資料を自由に利用することができるようになる。アメリカ（カナダを含む）ですでに実現されているシステムでは，全米の公共図書館蔵書が検索可能になっており，地元の図書館を通じてすべて無料で相互貸借サービスを受けることができる。こうした情報検索のネットワークはインターネットを通じて一元化されるはずであるから，すべての住民は地元図書館の端末機から必要な情報に自由にアクセスできることになる。もちろんそのためには地元図書館に有能なサーチャー（情報検索専門家）としての司書が常駐していて，いつでもその援助を受けられることが必要である。人的サービスの実際については UNIT 46 で述べる。

サーチャー

　これだけの図書館ネットワークができあがれば，市民の生涯学習はほぼ保障されることになる。図書館では体育・文化活動の〈する〉活動の部分には直接的なサービスはできないが，これ以外は何にでも使える汎用性のあるシステムになるはずである。繰り返し述べたように，図書館は豊富で多様な資料を伴っているので，直接的な学習活動そのものを提供することができるのである。特に，1万を超える図書館網ができあがれば，日本の出版文化やメディア状況に大きな影響を与え，間接的にも市民の文化活動を支えていくことになるだろう。図書館が出版物の購入先として，全体で千から2千の発行部数を保障することができれば，これまでは採算のとれなかった専門書などの出版も大いに刺激されるだろうし，スポンサーに頼らないメディア経営も可能になる。地方では入手しにくかった出版物が全国的に流通し，市民ひとりひとりに十分な〈選択肢〉を与えることができるようになるだろう。『文字・活字文化振興法』の理念もあっさりと実現できてしまう。このことが市民の学習・文化活動に与える影響は絶大であるといえる。

文字・活字文化振興法

　従来の社会教育は図書館を中核として連携・統合が可能になり，地域住民の学習活動をしっかりと支えるものになるはずであるが，それよりも重要なことは，こうして形成された図書館ネットワークが学校教育をも支えることができ，真の意味での生涯学習の理念の実現に寄与することができるということである。豊富な資料を備えた地域の公共図書館が，それぞれの学校図書館を通じて，学校教育全体を支援することが可能になるのである。放送大学や通信教育なども一層の発展を見ることができる。就職・進学関係の情報を網羅的に収集し，提供することもできる。企業秘密にかかわる部分を除いた経済・産業情報の提供によって，地域経済の活性化にも有効であろうし，いわゆる情報公開を進める効果もあろう。市民の自主的活動やボランティア活動に寄与する面も大である。そしてこれらのことのすべてが〈生涯学習社会〉という壮大な理想の実現そのものであり，その実現によって日本は世界の〈尊敬と信頼〉に価する社会となることができるのである。

UNIT 46 ●生涯学習活動と情報
生涯学習支援のための図書館サービス

●………**資料と情報の収集活動**

　さてそれでは，こうした図書館ネットワークができあがったとして，その専門職員である司書が住民の生涯学習を支え，支援するために，どのような仕事をしなければならないかを具体的に解説してみよう。

　まずは何をおいても，司書の最も基本的な仕事は，利用者のために資料を買い集めてあげること，すなわち資料の収集であるという点が強調されなければなるまい。資料とはさまざまな形で情報を〈モノ〉の上に固定したもののことであるから，資料の収集はすなわち情報の収集であり，資料の提供とはすなわち情報の提供ということでもある。だからこそ，他のどんな機関よりも図書館は生涯学習の支援機関として優れているのである。すでに述べたように，学習とは何らかの形での情報獲得の過程であり，人々は図書館を利用することによって直接，ほとんどの形態の学習活動を〈実践〉することができるのである。

　ただし，図書館が住民の生涯学習活動を保障する機関となるためには，さまざまな人々がそれぞれに必要としている情報要求に対して，その選択肢となり得る情報を〈すべて〉提供しなければならない。誰かがあらかじめ「これがよい」「これが面白そうだ」というような形で選定したものだけを提供するのであれば，図書館が生涯学習を支える意味はない。図書館にはあらゆる分野，あらゆるテーマに関する資料が収集されていなくてはならない。だからこそ，どんな過疎地の図書館であっても，どんなに利用者の少ない図書館であっても，一定規模以上の蔵書は必要なのである。受益者負担の原則にこだわるならば，図書館はその意味では実に不効率な施設と言える。しかし見方を変えれば図書館が〈何にでも使える〉汎用施設であることから，この欠点はいくらでも補いがつく。あるいは生涯学習という壮大な理想の実現を考えれば，その対費用効果は計りしれない。そのことは何よりも図書館先進国の現実が如実に示している。この程度の財政負担を惜しんでいては，日本はいつまでたっても情報後進国の汚名を免れ得ない。もちろんそのための理解を求め，議会を説得し，住民の合意を得ようとすることも司書の重大な職務である。

資料の収集

● ········ **資料と情報の提供サービス**

　選択収集すべき情報の種類と選択の基準についてはすでに述べたので，次に収集した資料と情報を具体的に住民に提供することについて考えてみる。この時に留意しなければならないことは，図書館は基本的に住民の個人利用のための施設であるということである。日本の教育はこれまですべて，集団教育を原則としてきた。個人指導とか自習とかいうことばもある種の集団を前提にして用いられることばであった。学校教育であれ社会教育であれ，〈ひとりで自由に好きなことを学ぶ〉機会はほとんど与えられてこなかったし，それが教育的な営為であるとは考えられてこなかった。だから私たちは〈ひとりで学ぶ〉ことに慣れておらず，そのことの楽しさに気付いていない。これまで知らなかったことを知り，これまでできなかったことができるようになる，その楽しさと感動とを教える教育がなされてこなかったのである。

　図書館は豊富な資料・情報に直接接することによって，この学ぶことの楽しさと感動とを〈教える〉ことのできる場である。が，それができるためには，ひとりで学ぶことに慣れていない，学ぶことの楽しさ（と苦しさと）を〈まだ知らない〉人々にそれを〈教える〉ことから始めなければならない。1冊の本を読んで「ああ面白かった」と心の底から思うことができるためには，その本が本当に自分の求めていた本でなければならないのであって，強制的に与えられる学校の教科書が面白くないのは，それが必ずしも自分の求めていた本ではないからなのである。したがって，司書はまず，図書館に行けば「自分の求めている本」「学ぼうとしていることに関する情報」が〈何でもある〉ということを住民に知らしめる必要がある。図書館が人と本との出会いの場所であること，たくさんの資料が読者を待っていること，そこでは人は誰でも自由に読みたい本を〈選び択る〉ことができること，人々にそれを教えるところから司書の〈サービス〉は始まるのである。

　人々になにかを〈提供する〉とはそういうサービスである。図書館は知識のデパートである。あるいは専門店の立ち並ぶ大きなモールである。売れ残る品物もある，何も買わずに帰る客もいる，それでよいのである。司書の仕事はまずしっかりとした〈品揃え〉をすること，そして人をとにかく呼び込むこと，気軽に商品を手に取り，品定めをすることのできる〈雰囲気〉を作っておくことである。それさえできれば，後は利用者が自由に無料のショッピングを楽しむことになるはずである。

● ········ **アドバイザーとしての司書**

　ところが，日本では多くの人が，自分の求めている本を探し，選び，出会うという主体的なプロセスに慣れていない。特に学校教育が，知識や情報を〈与える〉こと，与えられた知識を〈覚える〉ことのみを重視した教育方法を採用してきたので，

> 個人利用のための施設

探す，見つける，(いくつかの異なる情報を) 較べてみる，選ぶ，などという主体的な行為を行うのには，それらに慣れるまでに十分な他人の手助けが必要であろうと思われる。5万冊の本の中から自分の求めるものを見つけだすのには相当の訓練と慣れとが必要なので，途中のプロセスを手伝ってくれる人がいなければ，かえって学習意欲を減殺してしまいかねないのである。

アドバイザー　だから司書は十二分の商品知識を持った，親切なショッピング・アドバイザーでなければならない。利用者の相談にのり，利用者の探しあぐねているものを利用者自身に代わって探し出してやり，「こんなものもありますよ」というような形で目の前に提示する，ときには利用者自身が自分の〈求めているもの〉を把握しかねているような場合さえあるので，その人と一緒になって求めるものを探してみる，そういう〈サービス〉ができなければいけない。本来〈教師〉という仕事はそういう仕事のはずであるのだが，わが国では教師ということばを使うと誤解を招きかねないので，ここではアドバイザーと言っておく。有能なアドバイザーは自分の趣味を客に押しつけるのではなく，逆に客の好みをうまく引き出してやることができるはずである。司書は社会教育専門職員であると規定されてはいるが，図書館はサービス機関であり，司書はその意味での〈接客業〉である。プロのウェイターが客の好みをうまく聞き出して，シェフの作る料理との〈出会い〉を演出するように，司書は著者の書いた本と読者との〈出会い〉のチャンスを作ってやることができなければならないのである。レストランのウェイターとの違いは，彼が自分の店の料理さえ知っていればよいのに対して，司書は〈あらゆる〉著者，〈あらゆる〉資料について知悉（ちしつ）していなければならないということである。その意味で司書はきわめて大きな専門性を持っていなければならないのである。

●………サーチャーとしての司書

ということは，司書は〈利用者の求めに応じて〉膨大な量の図書資料の中から必要な情報を探し出して，利用者の目の前に差し出してやるという職責を有しているということである。司書はウェイターのように客にサービスすべき料理のすべてを知り尽くしていることはできない。自分の不確かな記憶に頼ってのサービスは許されないのである。だから司書は利用者の求めがあったならば，まずは自分でその情報を探してみなければならない。ある特定の本を探している読者にならば，ある程度はその場での対応もできるだろうが，ある主題について学習しようという利用者に対しては，その学習に〈役にたつ可能性のある〉資料・情報を〈取り揃えて〉差し出さなければならない。日本の学校で行われているように，1冊の教科書，1冊の参考書を提示しただけでは司書の仕事は全うできないのである。

自館の蔵書の中から必要な情報を探し出して，利用者の質問に回答するサービス

をレファレンス・サービス（reference service）という。自館には所蔵されていない資料や情報を探し出すために他の図書館その他の機関・施設に問い合わせをしたり，利用者にその情報を持っていそうな機関を紹介したりするサービスをレフェラル・サービス（referral service，照会・紹介サービス）という。特にさまざまな情報システムを使いこなして，専門的な特定情報を利用者に代わって探索・検索する専門技術者をサーチャー（searcher）という。これからの司書は世界中の情報システムを自由自在に検索し，利用者の手元に必要な情報を届けることができなくてはならないのである。

レファレンス・サービス

レフェラル・サービス

サーチャー

●………図書館サービスの拡大

生涯学習は地域住民のすべてに保障されなければならない。図書館に気軽に出かけていくことのできない人々に対して，図書館が〈出張〉して行うサービスをアウトリーチ・サービス（out-reach service）という。遠隔地に住んでいる人々に対するいわゆる全域サービスについてはすでに述べたが，病院の入院患者，刑務所の受刑者など，あるいは乳幼児，高齢者，障害者など，気軽に外出のできないシットイン（sit-in，引きこもり）といわれる人々にはさまざまな場合があるので，これらの人々に対するきめ細かな配慮が必要である。目の不自由な人に対する特別な資料（点字図書，録音図書，拡大図書など）の収集と提供など，いわゆる障害者サービスについても，その充実・拡大が図られなければならない。生涯学習の理念にとって最も大切なことは，すべての人がその外的条件にかかわらず，まったく平等な学習機会を提供されるべきであるということなのである。

アウトリーチ・サービス

障害者サービス

同様に〈現にそこに住んでいる〉人のすべてに，それぞれの言語による学習資料（情報）を提供しようというサービスを多文化サービスという。これもすでに述べたことだが，一つの社会の中にそれぞれに異なるいくつもの母語が共存する〈多文化社会〉は，すでに世界中でむしろ普通のことになりつつある。この点で日本は世界に大きく遅れをとっていると言わざるを得ないので，図書館における多文化サービスの充実は焦眉の急務であると言えよう。

多文化サービス

子ども会，読書会，講演会，展示会，あるいは映画会やレコードコンサートなどのいわゆる集会活動，市民のさまざまな自主グループの育成・交流等にかかわる活動，会場提供サービスなどについてはいちいち述べないが，図書館が何にでも対応できる資料を伴った施設であることにかんがみ，その特性を生かして他の施設・機関との連携・協力を図り，市民の学習活動に最大の貢献ができるよう企画・計画が立てられるべきであろう。もちろん，以上のすべてのサービス活動について，必要十分なPR活動が伴っていなければならない。

PR活動

●——— option K

図書館ネットワークと「書誌ユーティリティ」

　option F で述べたように，科学者たちはその priority（先取権）をめぐって日々熾烈な競争をしている。これはヨーロッパの古くからの伝統で，〈これまでに誰も書いたことのないこと〉を書いて発表することこそが〈新発明〉〈新発見〉なのである。だから，学者たちは古くから，〈これまでに出版された本〉を網羅的に収集し，これを読み，そこに〈書かれていること〉を知っていなければならなかった。つまり学者とは文字通りの意味で〈何でも知っている人〉のことだったのである。

　イギリス生まれの科学史家で数理物理学者でもあったプライス（Derek John de Solla Price, 1922-1983）という人が，酔狂にもいわゆる科学雑誌の数を数えている（ものの数を数えることが異常に好きな人だったらしい）。科学雑誌は 1665 年，イギリスとフランスとで同じ年に〈学会誌〉が刊行されたのがその始まりであるとされている。この時代の学会（イギリスの場合は有名な英国王立学会，The Royal Society）は国ごとに単一の学会であって，今日のようなさまざまな〈専門領域〉がまったく区別されていない。学者はまさに〈学者〉としか言いようのない人のことで，この学会誌に掲載された論文の内容はすべて，〈読んで知っている〉ことが学者の条件であった。もちろんここで言う〈学問〉がはじめから〈国境を越えて〉考えられていた，ということについても改めて認識しておいてほしい。「よその国の学者の書いた論文は読んでいない」という言い訳は通用しないのである。

　さて，1665 年に〈2〉という数から出発した学術雑誌（プライスは科学雑誌ということばを使っているが，ここでは学術雑誌と言いたい）は，その後ゆっくりと数を増やしていく。国ごとの学会が一つずつ，それぞれの学会誌を刊行し始めるのである。1750 年頃までにようやく学術雑誌の数は 1 桁増えて 10 を超える。10 タイトルの雑誌を毎号読んでいくことはそう困難なことではない。ヨーロッパ諸国では図書館の伝統があるから，大学図書館や学会の図書館がそれらを定期購読してくれさえすれば，一人ひとりの学者が次々に刊行される学術雑誌の毎号をチェックしていくことは十分に可能であった。もちろん裕福な学者であれば，個人でこれらを定期購読することも多かったであろう。ましてやこの時代までは，本（論文）を読むことそれ自体が〈研究活動〉であったから，学者にとってはこれらの学会誌に目を通すことこそがその本分であったと言うこともできる。

　ところが 1750 年頃から学術雑誌は急速にその数を増やし始める。〈2〉が〈10〉になるのに 80 年ほどかかっているのに〈10〉が〈100〉になるまでには 50 年しかかかっていない。これは学問が〈専門分化〉を始めたからである。英国王立学会の例で言えば，まず今日で言う文科系の学会と理科系の学会とが分離して，それぞれの学会誌を別々に刊行するようになる，理科系の学会はあまり間をおかずに物理化

学系の学会と医学生物学系の学会とに分かれる,というような次第である。かくして学術雑誌の数は急速に増えていくのである。

　もう一点重要なことがある。18世紀,特にその後半は今日〈博物学の時代〉と言われている。新たに〈発見〉された世界中の〈未踏の地〉,すなわち西欧世界に対してこれまで記録として公刊されていなかった地域の動植物,地理,気候風土,そこに住む人々の歴史,民俗習慣,ありとあらゆることを記録し,〈新しい知識〉として公表していくこと,それが学者の仕事になったのである。いわゆる実験科学が始まるのはもう少し後の時代であるが,この〈探検博物学〉の時代において,「学者とは書斎にこもって本を読み,沈思黙考する人」という旧来のイメージは一新された。研究活動とは〈本を読むこと〉ではなく,フィールドへ出て〈調査活動〉を行うことになったのである。言うなればこれまでは研究と読書とがイコールであったのに,研究と読書とが切り離されてしまったのである。学者にとってはフィールドに出ること,実際の調査活動に従事することこそが本分であると考えられるようになった,ということである。

　にもかかわらず,学者は本を,学術雑誌を読まなければならない。自分の赴くフィールドが〈これまでに書かれたことのない〉地であることを,自分が見つけた動物や植物が〈これまでに発表されたことのない〉新種であることを,常に確認していなければならない。江戸時代に来日したヨーロッパの学者,たとえばツュンベリー（Carl Peter Thunberg, 1743-1828）もシーボルト（Philipp Franz Balthasar von Siebold, 1796-1866）も,一般には植物学者としての業績で知られてはいるが,同時に医者でもあり民俗学者でもあり,日本のありとあらゆることに対して関心を持って調査,観察をしている。まさに文字通りの意味での〈博物〉学者なのである。フィールドでの〈実地調査・観察〉が学者の本分となれば,他の人の書いた論文を読むこと,すなわち〈文献調査〉は学者にとってはいわば〈余計な仕事〉にならざるを得ない。にもかかわらず彼らはこの100を超えるに至った学術雑誌の毎号にきちんと目を通していなければ,学者であると自称することはできないのである。言うまでもなく,ツュンベリーの著作もシーボルトの著作も,西欧世界においては広く読まれており,たとえばツュンベリーの著作を通して,当時の日本の学者中川淳庵（1739-1786）や桂川甫周（1751-1809）といった人の名も知らされていく。やはりこの時代までは,学者とは〈何でも知っている人〉だったのであり,少なくとも〈書かれて公表されていること〉についてはすべて読んで知っていることが必要であるとされていたのである。

　もちろん,100を超える学術雑誌の毎号に目を通すことは容易なことではない。この時代から少しずつ,学者たちにも〈専門分化〉の意識が生じ,自分の専門に近い領域の論文は詳しく読むが,専門外の論文についてはざっと目を通しておけばよい,というようなことにもなるのだが,それでも次々に出版される大量の文献をきちんと追跡していくことは非常に困難な作業になってくる。19世紀に入るとこの傾向はいっそう顕著になり,1830年頃には学術雑誌の数はついに300に達する。

プライスに言わせれば，この時点で，つまり学術雑誌の数が 300 を超えたときに，これに目を通すことは「個人の能力を超えた」のである。これらの文献調査に時間を取られれば取られるほど，自分の本来の〈研究活動〉に割ける時間は少なくなってしまう。学者が学者でなくなってしまうということでもある。それなのに，一方では社会的な学者の意味は重要性を増し続けていく。同じ時代の日本では，学者は，少なくとも西欧流の〈博物〉学者は，常に在野の人であり，一種の道楽者であって，ときには強い弾圧さえ受ける，そういう立場に置かれていたのに対して，西欧では学者の〈研究活動〉こそが国際競争を勝ち抜き，強い国家を維持していくために絶対的に必要であるとされていたのである。だから，国家は学者の研究活動を支援しなければならなかった。学者にとって避けることのできない文献調査活動を，できる限り組織的な活動で補い，個人としての学者には，そのエネルギーをできるだけ具体的な〈研究（実地調査）活動〉につぎ込んでもらうべきだ，と考えられたのである。こうして登場したのがドキュメンテーション，今日いうところの書誌ユーティリティ活動である。

　ごく大雑把に言えば，上記の 300 を超える学術雑誌のすべてを組織として定期購読し，そこに掲載されている論文を専門分野別に仕分けしてリスト化し，そのうち特に重要と思われる論文についてはアブストラクト（abstract, 抄録・梗概）を作成して，これ自体を一種の学術雑誌として定期刊行していく，という作業である。19 世紀には今日いうところの実験科学・応用科学も一斉に花を開いてゆく。実験・応用を前提とした科学はある程度客観的にその重要度（論文に含まれる originality）を判定できるので，重要なもの（originality の高いもの）を精選し，選ばれたものについてだけ抄録付きのリストを作る，という抄録誌（Abstracts Jounal）の形が取られるが，筆者の好きな博物学の分野では重要度の高さについての判断基準がなく，たとえば新種の発見という論文の内容を要約圧縮することができないので，国際動物学会と大英博物館自然史部との共同編集による Zoological Record などは，該当する論文を精選せず，網羅的に書誌情報だけをリスト化する索引誌（Index Jounal）という形を取る。いずれにせよ，なるべく網羅的に世界中の〈学術論文〉に関する情報を一覧化し，このリストに頼って学者が自分の読むべきものとそうでないものとを判別し，読んでおくべきものだけを選んで読む，そうでないものについては抄録を読むことでそのおおよその内容を知っておけばよい，とそういうふうに自分の〈研究活動〉をコントロールできるようになったのである。

　上記のドキュメンテーション（書誌ユーティリティ）の活動が開始されるのはわが国の幕末期に当たる。プライスの指摘によれば，最初のアブストラクト誌の刊行は 19 世紀の前半であるとされているが，現在も刊行中のものとしては，たとえば上記の Zoological Record は 1865 年，有名な Chemical Abstracts は 1907 年に刊行が開始されている。欧米では科学技術の発展が〈産業〉の発展につながり，熾烈な国際競争が行われるようになった時期である。言うなれば，〈科学〉という巨木が〈技術〉という花を咲かせ，〈産業〉という果実を実らせつつあった時代である。こ

のことに気付いた日本人は，開国以降きわめて積極的に欧米の〈科学技術文明〉を取り入れようと努めた。しかし，私たちはその見事な花や果実に目を奪われてしまったが故に，科学という巨木には〈図書館〉という根と，書誌ユーティリティという太い幹とがあって，これによって支えられているということを見落としてしまった。科学者たちに研究活動に専念してもらうこと，それが国家社会の発展に直結するのであるから，その研究に欠かすことのできない先行研究論文をなるべく網羅的に収集して，どの学術雑誌の何年何月号の何ページにこの分野のこういう論文が掲載されているという〈書誌情報〉のリスト化を図ること，これが書誌ユーティリティの活動であり，「この論文が読みたい」「この論文は読んでおかなければならない」という学者個人の要望に対して，〈その論文〉を具体的に提供することが図書館の活動である。どちらが根でどちらが幹かはさほど問題ではないけれど，少なくともこの両者がなければ，プライスが言うように科学はすでに〈個人の手には負えない〉ものになっていることだけは確かである。科学技術立国を目指すのであれば，ここに相応の〈公費負担〉を考えなければなるまい。

　Zoological Record は今日約 4500 タイトルの学術雑誌，一般雑誌の他，主要な単行書等も収録対象として編集されている。動物学の分野では今日でも学術雑誌以外の専門書・単行書がそれなりの意味を持っているからである。動物学という専門分野に限ってさえ，4500 タイトルの学術雑誌を定期購読しなければならぬ，という現実を直視すべきである。プライスはこの学術雑誌の数を数えるという破天荒な論文を書いた（一体どうやって勘定したのだろうか？）1960 年当時，学術雑誌の数はすでに 10 万タイトルになんなんとしており，アブストラクト誌の数がすでに 300 を超えていて，これをチェックすることはすでに人智を超えていると指摘しているが，それからさらに 50 年を経た今日，学術雑誌は多分 100 万の桁を軽く超えていると考えられており，今後もその傾向が継続していくはずである。Zoological Record は現在 20 セクション，27 分冊，年によって違いがあるが，おおよそ年間 100 万円ほどの契約料である。かつて「学術雑誌総合目録」で調べたところでは，日本でこれを全巻セットで定期購読している機関（図書館）はわずか 10 館，図書館予算が大幅に削減されている今日ではその数はさらに減少していることであろう。これが果たして教育先進国を自負する国であろうか，経済大国を自称し，科学技術立国を目指す国のあり方であろうか。私にはそうは思えないのである。

　言わずもがなのことをつけ加えておきたい。今日コンピュータの普及によって書誌ユーティリティの活動も図書館の活動も，かつてに比べればはるかに容易になった。しかし繰り返しておきたい。この活動はコンピュータはもとより複写機すらなかった時代に，つまりはすべて人手に頼って始められ，継続されてきた仕事である。それも一定以上の専門的知識のある人にしか遂行し得ない仕事である。みなさんの夢にふさわしい仕事であると思ってもらうことができたら嬉しいのだけれど。

UNIT 47 ●学習者と図書館員
学習者としての図書館利用者

●………〈学習者〉という概念

　繰り返し述べてきたように，図書館のサービス対象となる人々は，その地域の〈すべての住民〉である。おとなも子どもも，男も女も，障害者や外国人も，遠距離通勤のサラリーマンも定年退職後の高齢者も，あらゆる住民が図書館を利用して学習する権利を持っている。だからこれまでに一度も図書館を利用したことのない者（潜在利用者）も，図書館の立場からすれば立派な〈利用者〉であると考えなければならない。利用者（user）とは図書館という店の客（client）である。客の選り好みをする店は繁盛しない。店を繁盛させるためには常に新しい客を店に引きつける工夫と努力をしなくてはならない。つまり図書館員は，地域住民のことを知らなければならない。人々が何を求めているのか，何を欲しているのか，それらの要求がどう変化していくのか，そういういわばマーケッティング・リサーチを欠かしてはならないのである。そういった視点から図書館利用者の本質に迫ってみよう。

潜在利用者

　生涯学習の視点からみれば，まずすべての住民は〈学習者〉であるということが重要である。それはすべての人々が学習の権利を持っているという意味ばかりではない。すべての人が現実に学習への欲求を持っているのだという認識を持たねばならないということである。村井実という教育学者が「人はみな『善く』なろうとしている」というほどのことを言っている。どんなに〈悪い〉人の場合でも，彼の「善さ」の基準は社会の通念から外れているかもしれないが，それでも彼なりの「善さ」を求めているのだ，というのである。善くなろうとすることがすなわち生きるということなのである。〈学習者〉という概念もこれと同様の考え方である。人はみな，学びたいと思っている。善くなるため，善く生きるためには人はみな学習する必要があるのである。学ぶということは外界から何らかの情報を取り入れることである。「善くなる」とはこの取り入れた情報に基づいて自分を変えていこうとすることである。人が自己変革を遂げていく過程が〈発達〉ということである。そして，人は死ぬまで発達を続けることができるのだという認識が，生涯教育・生涯学習という理念を生み出したのである。不治の病に倒れた者も，死を目前に控えた者も，それぞれの立場でそれなりの「善さ」を求め続けているのであり，そうである以上，彼らもまた発達途上にある学習者なのである。生涯学習にかかわる専門

学習者

発達

職員にはまずこの厳粛な認識が必要である。

● ………**教育と学習**

　ここでの〈学習〉ということばを〈教育〉ということばとの対比で用いていることに注意してほしい。〈教育する〉は他動詞で，教育する者と教育される者とを区別する立場からのことばである。これに対して〈学習する〉は自動詞であって，〈私〉個人の中で完結している。他者とも社会とも直接には関係しない（関係する必要がない）。だから学習には客観的な目的がなくてもよい。少なくとも他人にそれを説明する必要はない。結果を気にする必要もない。「何故山に登るのか」と問われて「そこに山があるからだ」と答えた登山家がいた。ファーブルは『昆虫記』に「私は虫の生活を知りたい。何のためでもなく，ただ知りたい。」と書いている。それが学習ということである。あるいは学習はそれでかまわないのである。

　他動詞である〈教育〉には目的が必要である。教育を受ける者にとっても教育をする者にとっても，無目的な教育はあり得ない。そしてこのとき安易に〈公としての社会〉が前提にされると，しばしば差別的な〈教育目標〉が設定されてしまうという危険性についてはすでに述べた。目的・目標が設定されれば当然に結果（効果）の評価が必要になる。その教育がいかなる〈役に立った〉かが評価されねばならなくなるのである。その結果〈役に立たない〉教育は行えなくなる。偶然に頼った無目的，無意図的な教育は不可能になってしまうのである。

　しかし，考えてみてほしい。善くなろうとして自己を変えていくことが発達であるとすれば，本当に人間を〈変える〉ことができるのはむしろ偶然の機会であることの方が多いということを。意図的な教育の場で得られる感動よりは，無意図的な〈出会い〉によって得られる感動の方がしばしば大きいということを。あるいは幸福よりは不幸によって人はより鍛えられることができるということを。蛇足を加えるならば，このような〈偶然の〉体験は，ある程度以上は読書によって代替できる。自分を鍛えてくれるから，と不幸な経験を待ち望むのは愚かなことかもしれないが，読書という行為の中で不幸を〈実感する〉ことはできるのである。

　司書は社会〈教育〉の専門職員であると規定されているのだが，だからといって安易に「自分は教育者である」と考えないでほしい。図書館の利用者は〈教育される者〉ではなく，〈学習者〉である。みなさんの従事しようと志した職業は，教育ではなく，学習を求めている人々への〈サービス〉である。特定の意図，特定の目的を持って学習を志す者ももちろんいるけれど，少なくともその意図や目的はひとりずつみな〈違う〉。そしてその学習者の人生を本当に変えることのできる〈感動〉は，多くの場合みなさんが意図して〈与える〉ことはできない。読書とはそういう〈出会いの感動〉を求める行為である。感動が得られるかどうかは読んでみなけれ

> 感動

ばわからない。ある人に感動を与えた書物が別の人にも感動を与えるとは限らない。それはすべて書物と読者との〈出会い〉にかかっている。図書館員がしなければならないことはこの出会いの場を作ること，あるいはこの出会いの可能性を最大限に保障していくことである。そのことさえしっかりと認識できたならば，すでに十分に司書の資格を手にする権利があると私は思っている。

● ……… **学習者の多様性**

　学習者に対する資料・情報の提供サービスが司書の使命であるとするならば，この使命を果たすために最も重要なことは，学習者の多様性に対する認識である。図書館利用者である学習者にはさまざまな人が〈混じって〉いるのである。私は先に図書館をデパートにたとえ，司書をその店員にたとえ，客である利用者を知らなければならないと記した。しかし，あえて誤解を恐れずに言うならば，客である利用者を知り過ぎてはいけない。デパートの店員ならば客の消費・購買に関する特性のみに注目して，客の〈類型化〉をすればよい。それが客を〈知る〉ということである。ところが今述べたように，図書館利用者を安易に類型化することは許されない。もちろん，字の読めない子どもから高齢者まで，年齢別に必要なサービスは異なってくる。性別，職業別，学歴別，居住地別，あるいは図書館の利用目的別など，さらには障害者とか外国人とか，各種の〈類型化〉を行わないでは十分なサービス計画は立てられまい。しかしそれでもなお繰り返しておかなければならない。どんなに精密な類型化が可能であったとしても，その〈類型〉に含まれるひとりひとりの利用者はみな違う。特に個人利用施設としての図書館の特徴は，少数者の学習要求に対応することができるという点にある。だからこそ，学校を中心とした画一的な〈一般教育（普通教育）〉を補うことができるのである。そしてすでに述べたように，少数者とはそれぞれに〈違う〉からこそ少数者なのである。障害者も外国人も専門家もそれぞれに異なる〈障害〉や〈外国語〉や〈専門〉を持っているのであって，これを類型化することは無意味であり，それら多様な人々の〈異なり〉を知ることなどできはしないのである。これが司書に求められる2番目に大切な認識である。

● ……… **図書館利用への動機付け**

　最後に，学習者のすべてが図書館へ来てくれるわけではないという認識をも司書は持っていてほしい。図書館は義務教育の学校のような強制力を持ってはいない。学習者が具体的な図書館利用者となるためには「図書館へ行ってみよう」という動機が必要なのであり，図書館が住民の学習にサービスすることができるためには，図書館利用の習慣のない学習者に〈動機付け（motivation）〉を与えることが必要

類型化

少数者の学習要求

動機付け

なのである。

　図書館の利用者になるためにはまず最初に〈読書〉への動機付けが必要である。テレビを見るのには特に動機は必要ではない。テレビの視聴はまったく受動的・消極的な形でも可能である。そしてもちろん，そこにも出会いと感動の可能性は多分にある。ところが読書はそうではない。〈読む〉という行為はまったく受動的な形では行えない。読者の方から主体的に書物に働きかけなければならないのである。まだ一度も読書によって感動を得たことのない者にとっては，だから読書という行為は結構〈しんどい〉行為である。その〈しんどい〉行為へ学習者を誘うためには，誘う側にも相当に〈しんどい〉工夫と努力が必要になる。この意味では幼い子どもにお話を聞かせたり，紙芝居や人形劇などの形で〈物語〉や〈絵本〉の楽しさを教えることは比較的にたやすい。低年齢の子どもを読書に誘う方法はなくはないのである。ところが一定の年齢を超えた学習者に対しては，強制力を持たない図書館はこのための適切な方法論を持ってはいない。とにかく読むという行為を通じて何らかの感動を，面白かったという実感を得てもらうよりほかにはないのである。図書館にできることは，とにかくより多くのチャンスを作れるような図書の収集に努めること，そして図書館自体に魅力的で居心地のよさそうな雰囲気を作り上げ，適切なPRをしていくことである。

　逆に一度でも読書から大きな感動を得た学習者にはそれほどの働きかけをする必要はない。そうした人はもう一度その感動を得たいと思うだろう。図書館に十分な量の多種多様な資料があり，そこにはそうした大きな感動を得る可能性がつまっているということさえわかれば，利用者はむしろ図書館から離れられなくなる。そうした学習者には，むしろお節介にならぬよう，利用者の〈求めに応じた〉サービスを心掛ければよいのである。ただし，一つだけ注意しておかなければならないことがある。読書への動機付けと図書館への動機付けとは同じではない。図書館の発達した欧米諸国ではreader（読者）とuser（図書館利用者）とはほぼ同義である。ところが日本では読書人と称されるような人はむしろ図書館利用者ではないことの方が多い。あるいは著作や研究のために公共図書館を使う人は多くない。そうした人にとって図書館は魅力ある場所ではないのである。これは図書館が未発達で，そうした人々のためには図書館が役に立たなかったからでもあるのだが，それよりもむしろ，これまでの図書館が官僚的で押しつけがましく，懐疑的・批判的になりがちな〈知識人〉とはあい容れない雰囲気を持っていたからでもある。足しげく図書館へ通ってきていた学習者が，たった一度不機嫌で横柄な司書に出会って二度と来館しなくなってしまう，といったことがないように，図書館はあくまでも学習者へのサービス機関であるということを肝に命じておくこと，これが三つ目の留意点である。

UNIT 48 ●学習者と図書館員
学習技能としての図書館活用

●………図書館活用の技能

　これまで,読書好きな人が図書館へ出かけようとしなかったのは,図書館に〈求める〉本が見つからないことが多かったからである。読書が好きになってしまった人は大量の書物,多種多様な書物の中から自分の読むものを選び出すことのできる人であるし,またそうした選択をせずにはおれない人である。いわばお仕着せの定食には満足できないのである。こういう人々へのサービスは,とにかく多種多様の資料を取り揃えておくことしかない。繰り返しになるが,何度も図書館へ通った人が,求めるものがなかった一度の〈挫折〉で,その後来館しなくなる可能性さえ少なくない。「ないものは取り寄せます。相互貸借もできます。」という万全のサービス態勢を作っておくことが実際的なサービス内容ということになる。

　ところが逆に読書に慣れていない者,図書館利用の経験を積んでいない者にとっては,大量の蔵書はむしろ二の足を踏ませる原因になる。〈敷居が高い〉と感じてしまうのである。日本の教育は,〈与えられた〉情報を処理する能力を育てることにはある程度成功したのだが,大量の情報の中から自分の〈求める〉ものを〈探し出し〉たり〈選び出し〉たりすることの能力は育ててこなかった。これらの作業には相当の技能的訓練を必要とするのである。技能的訓練と言ってもそれほど大げさに考える必要はない。それは要するに自動車の運転と同じで,慣れてしまえばほとんど無意識に行うことができる。ただし,運転を知らない者はどうしてよいかわからないし,初心者はこわごわと運転することしかできない。そして幸か不幸か,図書館利用には免許証がいらない。図書館ではまったく運転を知らない者から,専門の司書をはるかにしのぐ腕を持ったカー・レーサーまで,ありとあらゆる人がドライブを楽しむことができる。学習者にとって,図書館は教習所でもあり道路でもありサーキットでもある。したがって司書は,教習所の教官からサーキットのメカニック担当員まで,サービスマンとしてのあらゆる仕事をこなしていかなければならないのである。

●………〈探す〉技能・〈選ぶ〉技能

　司書はこうしてさまざまな形でドライブを楽しもうとする学習者のサービスマン

であるのだが，学習者は自分でもいくつかの〈技能〉を身につけておかなければドライブを楽しむことはできない。もちろん教習所の教官でもあり，相談係でもある司書に援助を仰ぐことはいつでもできるのだが，それにしても身につけ，できれば慣れておきたいテクニックはいくつかある。

　まず必要なことは目的地を決めることである。自分が何を求めているのか，それが決まらなくては，いかに有能な司書であってもサービスすることはできない。当たり前のことのようだが，慣れない者にとっては実はこれが結構難しい。特にわが国では，本屋へ行くのも図書館へ行くのも「何か面白そうなものはないかな」という探し方が多く，明確な目的を持っている場合の方がむしろ少ない。この場合には本棚を端から順に目で追っていって，めぼしいものに〈当たり〉をつけていくわけだが，こういう情報の探し方を順次検索（sequential access）という。1冊の本を初めから順に読んでいって目的の情報を探し出す場合もこれにあたる。ただし，分厚い本を読んでいったり，大きな図書館の書架を端から端まで見ていったりするのは大変であるから，目当ての情報や読んでみたくなりそうな本の所在について，おおよその見当をつけることが必要になる。利用者が見当を付けやすくするために，おおよその所在を示そうとするものが図書館における〈分類〉であり，これは図書館を1冊の巨大な書物であると考えれば，その〈目次〉に当たるものである。本の目次を見ることと，図書館の分類表を参照し，案内表示（サイン）にしたがって所定の書架を探していくこととは同じ意味の作業である。ただし一部の専門図書館や大規模図書館を除けば，日本中の図書館は同じ分類表（日本十進分類表）を用いているから，使い慣れれば非常に便利である。

　順次検索は，探索すべき情報源が大きくなればなるほど手間と時間がかかり，面倒にはなるが，特別な技能を必要とするわけではないので，初心者には便利な方法である。図書館側では目立つ場所に全体の分類一覧を掲示しておく，できるだけ分かりやすい案内表示を心掛ける，特に初心者の探しやすさを意識して，〈児童室〉や新刊書やベストセラーなどを集めた〈ブラウジング・コーナー〉などの特別室を設置する，等々の工夫をすればよい。

　〈探す〉ことにも慣れは必要だが，それよりももっと深刻に〈選ぶ〉ことには熟練が必要である。本は読んでみないと面白いか面白くないかはわからない。書名やファイルの見出しや目次から，そこに含まれている情報の内容を正確に判断することはできない。繰り返しておくが，日本の教育では選択の能力を育てようとしていない面があるので，図書館では選択能力の不足した利用者が多いということを常に念頭において，探しやすさ・選びやすさの工夫を凝らすとともに，懇切丁寧な相談受付の態勢をとっておく必要があろう。

［欄外］順次検索／分類／サイン／ブラウジング

●………〈調べる〉ための技能

　　　いわゆる〈読み物〉を求める学習者が必要とする技能はそれほど多くない。ところがある特定の情報，特定の分野に関する知識を求めて，いわゆる〈調べもの〉のために図書館を利用しようとする学習者には，これに比べてはるかに多くのさまざまな技能が必要になる。〈読みもの〉のサービスを主とする図書館を貸出図書館（lending library）といい，〈調べもの〉のサービスに力点をおく図書館をレファレンス・ライブラリー（reference library，参考図書館，調査図書館）というが，日本の公共図書館は多く貸出図書館であって，専門的なレファレンス機能を果たしてきてはいない。したがってまた，専門的な情報検索を図書館に求める人が少なく，このことがまた図書館のレファレンス機能を低下させるという悪循環を繰り返してきた。生涯学習時代を迎えるためには，図書館がレファレンス機能を充実していくとともに，すべての学習者がある程度の情報検索技術を持ち，図書館利用を通じてその技能に熟達していく必要があろう。ここでは司書は初心者のための指導教官にならなければならないし，またときには運転を代行する実際の運転手（サーチャー）にもならなければならないのである。

　　　調べもののために順次検索の方法をとるのは，多くの場合不効率である。ある情報を手にいれるのに，見当をつけた本を初めから読んでいったり，コンピュータのファイルを一つずつ順に開いていったりすることには非常に多くの手間と時間がかかる。そこで用いられるのが〈索引（index）〉である。辞書・事典を引いたり，索引を用いてある情報の含まれるページを直接開いてみたりする情報検索の方法をランダム検索（random access）または直接検索（direct access）という。図書館の目次が分類であるとすれば，図書館の索引は目録である。図書館が学習者に情報提供サービスを行おうとすれば，当然そこには大量の情報が収集され，蓄積されていなければならない。そして保管されている情報量が多くなればなるほど，当然その中から〈必要な〉情報を探し出すことは困難になる。それは図書館に限らず，どのような情報システムでも同様である。大量情報の中から特定の情報を検索するには，かなり高度なテクニックを必要とするのである。

　　　国語辞典・外国語辞典，地名事典や人名事典，あるいは図書館の著者目録や書名目録の引き方は比較的に簡単で，ある程度までは学校で習っているはずである。それらは調べるべき情報が先に〈ことば〉として与えられている。そのことばの〈読み〉や〈つづり〉がわかりさえすれば，後はその〈排列順〉を知りさえすればよい（インターネットを利用する場合には排列順を知る必要さえないし，また近年ではそのことばを〈しゃべる〉だけでも検索可能な技術も普及している）。実際にはさまざまな問題があるし，もちろん慣れることも必要であるが，多くの人が基礎的な技能は持っていると考えてよい。それよりも難しいのはいわゆる主題検索（特定の

主題に関する情報検索）である。具体的に言うならば，百科事典の引き方である。百科事典や専門事典（語学の〈辞典〉を〈ことば典〉というのに対して〈こと典〉といって区別する）を引くためには，まず自分の知りたい情報が具体的にどのような見出し語の元に収められているか，それを想像しなければならない。目次は順に見ていけばよいのだが，索引はまず〈求める情報を示すことば〉を思いつかなければならないのである。

● ……… **主題検索と〈ことば〉の問題**

　ここでその主題検索の具体的方法を述べる余裕はない（UNIT26以降の数節を参照されたい）。しかし繰り返して，教科書のみに依拠した日本の教育が，この主題検索の技能訓練をほとんど無視してきたことは強調しておきたい。情報検索のためにコンピュータを使う場合にも，誰かに質問をする場合にも，司書にサーチャーとしての代行検索を依頼する場合にも，とにかくまずは知りたいことを〈ことば〉に表現しなければならない。思いついたことばが不適切であれば索引はひけないし，質問しても求める答えは得られない。一般向けの百科事典の見出し語と専門事典の見出し語とが同じでないように，専門的な分野にはそれぞれの分野に特有の専門用語の体系がある。特にこうした専門用語には広義のことば（上位語）と狭義のことば（下位語）との階層構造がある。自分の知りたいことを適切なことばで表現するのは，意外に難しいのである。

階層構造

　すべての学習はここから始まる。図書館は知識の宝庫であるが，それらはすべてことば（文字）として蓄えられている。ビデオや写真でさえ，大量に集められれば〈見出し語〉なしには探し出すことはできない。コンピュータに蓄えられた情報はもちろんすべてデジタル情報であり，ことばを使わなければ検索不可能である。そしてこのときに用いられることばは，曖昧な〈話しことば〉ではなく，厳密な〈書きことば〉でなければならない。話しことばと書きことばとは使い方が違うということについてはすでに述べたが，書きことばを使いこなせるということがすなわちリテラシーであり，求める主題が専門的になればなるほど，学習者はリテラシーを高めていかなければならない。そして図書館には，初心者も熟練者も，専門的知識を求める者も一般的知識を求める者も，対等・平等な学習者として来館する，いわば幼稚園児と大学院生とが一緒に学習している学校のようなものであるし，またそうでなければならない。どうすればこれほどまでに多様な〈学習者〉に，それぞれに必要十分なサービスが可能になるか，それを考え，実行していくことが司書の最も厄介な任務なのである。

UNIT 49 ●学習者と図書館員
生涯学習時代の図書館員の資質

●………専門職（profession）としての司書

　これまでにいくつかの視点から，学習者と学習情報との本質について述べてきた。図書館とその専門職員としての司書の役割やサービス内容についても，折にふれて必要と思われることは述べてきたつもりであるが，最後にまとめとして生涯学習時代における図書館員について，そのあるべき姿を検討しておきたい。

　私が最も主張しておきたいことは，生涯学習時代を実現し，市民の学習を支えるためには，市民の健康を支える医師や，市民に法的保護を保障する弁護士のような，本来の意味での専門職者（professional）が必要であり，充実した図書館ネットワークを前提にした図書館員（司書）はこれに最もふさわしい職であろうということである。

専門職者

　間違えないでほしい。専門職者とは単なる専門家のことではない。古典的な意味では，専門職とは聖職・医師・弁護士の三つの職業に限って用いられることばであった。profess とはもともと（自己の信仰を）告白するという意味のことばであり，現在では広く，主張する，明言するなどという意味で用いられている。だからprofess する者が professor（教授）であり，大学教授は研究者として「私はこう思う」ということを公言すべき職である。これに対して profess を受ける者がprofessional であり，その職業が profession と呼ばれるものである。間違えないでほしいと言ったのはこの点である。専門職者とはまず何をおいても，不特定多数の人のさまざまな〈悩み〉を打ち明けられ，それを聞き取って相談にのり，その上で自らの専門的立場からの適切な助言を与え，〈その人〉の悩みの解決のために全力を尽くすことを自らの使命とする職業人なのである。西欧社会では〈ことばの違う者〉が混じり合って暮らしていることが多かった。だから本当に困ったときに，〈誰でも〉自分の言うことを聞いてくれ，相談に乗ってくれる専門職者が必要だったのである。

　そうだとするならば，医師の元を訪ねる患者に医学の知識がないように，図書館を訪れる学習者にも資料探索・情報検索の十分な知識や技能がないということを前提に，司書はまず来館した学習者の〈打ち明け話〉をきちんと聞き取ることができなければならない。それらの人々の中には子どもや外国人などのように，自分の

思っていることを上手に話すことのできない者もたくさんいる。どんな利用者が来ようとも分けへだてなく接することができ，その〈悩み〉を聞き取ることができる，あるいは誰とでも一定のコミュニケーションをとることができ，必要な会話を交わすことができる，そして〈その人〉のために自分の全力を尽くして問題の解決に当たる。これが専門職者に求められる第一の〈資格〉条件である。それは多分，教養ということばで表現される資質であろう。プロフェッショナルとはまず，豊かな教養を持つ人間でなければならないのである。

> 教養

●………専門家（expert）としての図書館員

> 専門家

　具体的な問題の解決のためには，当然それなりの専門的知識が必要である。医師には医学の知識が，弁護士には法律の知識がなければならない。しかもこれらの専門職者を訪ねる人々は通常はその専門知識を持たない人々である。ここでも多くの日本人は誤解をしているのであるが，たとえば専門職者としての医師の元を訪ねる患者には，まず〈どこが悪いのか〉を診察してやらねばならないはずであり，それをしてくれるのが医師なのである。日本の大病院のように専門の〈科〉ごとに受付があって，診察を受ける前に患者が自分で受付の〈科〉を決めなければならないようでは専門職の名に価しない（元来英語の doctor とはこうした内科の診察医を指しており，問診を必要としない外科医は surgeon と呼ばれて，専門職としては認められていなかった）。だから，専門職者には〈その分野〉の全体にかかわる広範な専門知識が必要とされる。医師の免許にも弁護士の資格にも特定の〈科〉はないのである。

　医師にとっての医学，弁護士にとっての法律学に相当するものが司書にとっての図書館学である。図書館学の中核をなすものは図書館資料についての研究である。近年では〈資料〉についての研究と，資料に含まれる〈情報〉についての研究との境界が曖昧になり，図書館学と情報学とを総合的に捉えらようとする図書館情報学などの呼称も一般的になってきている。いずれにせよ，図書館員は資料と情報とにかかわる広範な専門的知識を持っていなければならない。あらゆる分野における資料について，その生産と流通と利用のされ方の全体を知っていなければならない。言い換えれば，読書と情報探索との両面において，学習者たる市民を，たとえどんな初心者であってさえも，その人ひとりひとりの求める資料に案内できるだけの知識を持っていなければならないのである。

> 図書館情報学

　前記のように，資料と言い情報と言っても，それを〈創る〉のは人間であり，人間の創るものに絶対はありえない。だからこそ，私たちは資料を，情報を，〈集め〉なければならないし，比較検討して適切と思われるものを選び択らなければならない。図書館員の仕事は最大限の資料の収集である。図書館に資料が〈収集され〉て

いればこそ，学習者がさらにその中から自分なりの収集と選択を行い得るのである。利用者の〈ために〉資料（と情報と）の収集を行うことができること，これが司書に求められる第2の資格条件である。（家庭で不要になった本の寄付を求めたり，それに応えて本が集まったりすることが〈美談〉として報道されるのが私には不思議でならない。）

主題専門家

●………主題専門家（subject specialist）としての図書館員

そうは言っても，実際にはあらゆる分野のあらゆる情報・資料について十分な知識を持つなどという超人的な能力を司書に期待するのは現実的ではあるまい。医師や弁護士にも，広範な全体的知識の上に，それぞれ自分の専門とする特定の〈科〉があるように，図書館員もそれぞれ自分の専門とする主題分野を持つべきである。わが国では司書資格は原則として大学を卒業した者にしか与えられないし，アメリカにおいては4年制の大学を卒業した後に，いわゆる大学院コースで図書館学を学ぶのが通例になっている。これはいずれも，それぞれの専門分野を修め，特定の主題専門分野の十分な基礎知識を身につけ，さらにつけ加えるならば，卒業〈論文〉を執筆して，情報収集と資料の〈生産〉を実地に経験することが司書の必要条件であると考えられた故である。（理想的には，近年の学問・研究の発展に伴い，さらに高いレベルの専門性が望まれよう。）

先にたとえたように，図書館には幼稚園児から大学院生や専門研究者までもが通学してくる。これらの学習者を，特にそれぞれに異なる専門分野の情報を求める上級レベルの学習者のすべてに，ひとりでサービスすることはできない。規模や種類によって一様ではないにせよ，図書館は基本的にはあらゆる専門〈科〉を取り揃えた大病院を目指すべきであって，当然そこにはそれぞれの主題専門性を持つスタッフが，チームを組んで配置されていなければならないであろう。少なくとも，中学・高校の各教科にそれぞれの専門の教諭が必要であるのだから，生涯学習をしっかりと支えていくためには，それ以上の主題専門性が司書には必要とされることになるだろう。これが司書の資格要件の第3点である。特に現在の図書館員にはいわゆる文化系の人が多いので，自然科学系のスタッフを充実させる必要があると思われる。

●………科学と民主主義

以上の3点について，しっかりとした認識を持ってくれれば，それ以上の資質についてはくどくどしく述べるまでのことはない。情報検索のための具体的な知識と技能（既述のように，専門的な学術情報は，今日ではほとんど英語で書かれている），コンピュータの操作，公務員としての一般的な行政・財政に関する知識，児

童・外国人・障害者などに対するサービスの具体的内容などなど，図書館学で学ぶべきことはきわめて広範囲におよぶが，それらはいずれも上記の基本的な三つの資質・資格条件に付随するものだと考えてよいだろう。それらの具体的・専門的な知識については図書館学の各科目で十分に学んでほしい。

　最後につけ加えておきたい。初めに紹介したユネスコの『公共図書館宣言』にあるように，図書館は民主主義に奉仕すべき機関である。民主主義の基礎は科学主義である。科学とは人間（個人）が直接〈観察〉したことだけを〈事実〉として認識し，この事実のみに基づいて世界を解釈していこうとする態度のことである。このとき人間はすべて全能ではあり得ないから，一つには世界の〈全体〉を見通すことはできないし，今一つにはすべて人間の観察には〈間違い〉が含まれていると考えなければならない。したがって科学は，世界を見通していくためにまずは世界を人間の観察可能な〈部分〉に分解（分節化）し，観察の結果を〈ことば〉にして記録し，これを収集し，あらためてことばによる世界の再構成を図ろうとするのである。これ以外に我々が世界の〈全体〉を知るすべはない。ところが，人はむしろすべて間違える。嘘をつく能力も持っている。集められた記録に間違いが含まれていたら世界の再構成は不可能になる。しかも我々はその間違いを正すことさえできない。自分自身が間違えている可能性を捨てられないからである。だからすべての記録は公開され，点検され，批判され，比較され，そして積み重ねられ，保存され，さらなる批判にさらされなければならないことになる。

［欄外：民主主義　科学主義］

　このことが民主主義の原則と一致していることは言うまでもない。むしろ常に誤りを犯す人間個人の判断を政治的権力の基礎としなければならぬ，ということが国民主権という意味であるとするならば，その判断は公開され，点検され，批判され，比較され，保存され，さらなる批判にさらされなければならない。これが言論の自由ということの内容なのであり，民主主義の基本原則なのである。民主主義を標榜する社会においては，主権者たる市民の判断材料となるべき発言（あえて情報と言わずにおく）はすべて，公開され，保存され，相互批判と討論のために市民に提供されなければならないのである。

［欄外：言論の自由］

　そう考えるならば，科学においても民主主義においても，図書館がその基礎を支えるために不可欠な社会装置であるということは言をまたない。図書館の活動は科学そのものでも，民主主義そのものでもない。司書は直接的に科学の研究や政治活動に携わっているわけではないのである。しかし，図書館がなければ科学も民主主義も成り立たない。図書館は科学と民主主義に仕え，これを支える〈土台〉である。そのために図書館員が果たさなければならない役割は何か，言論の自由と情報公開の制度とを守り育てていくために何をしなければならないか，これが図書館学を学ぶみなさんに対する私からの課題である。

UNIT 50 ●学習者と図書館員
生涯学習時代の図書館員の養成と研修

●………**図書館と司書資格**

　UNIT 49 で述べた図書館員に必要な資質（資格条件）に基づいて，生涯学習時代における図書館員の養成と研修のあるべき姿についての私見を紹介して，本書の締めくくりとしよう。

　まず確認しておいてほしいことがある。今日では一般的に，広義の図書館を5つの種類（館種という）に区分する。一国を代表し，その国の出版物を網羅的に収集・保存し，全国書誌を作成して書誌情報の国際流通を図り，図書館情報ネットワークのナショナル・センターとしての役割を果たす国立図書館（日本では国立国会図書館がこれにあたる），大学・短期大学等に付置される大学図書館，小・中・高等学校に付置される学校図書館，特定の専門分野の資料を集中的に収集する専門図書館（その多くは企業・組合等の付属図書館），そして市民一般に公開されている公共図書館，の5種である。ただし『図書館法』は公共図書館を規定するもので，法律上は〈図書館〉とは公共図書館を指し，〈司書（補）〉はその公共図書館の専門職員であると定められているものである。ほかに法律上に規定のある専門職員としては，『学校図書館法』に定められた学校図書館の専門職員である〈司書教諭〉がある。

　本書でも生涯学習を具体的に支える社会機関として，公共図書館を中心に解説をしてきたが，特に図書館ネットワーク・情報ネットワークの必要性を論ずる立場からは，公共図書館だけを独立したものとして考えることができないことは当然であり，館種を超えた相互協力・ネットワーク化が図られなければならない（UNIT43，44 参照）。生涯学習時代を支える仕事は公共図書館だけでは不可能であり，そもそも生涯学習の理念は学校も大学も社会教育も，そして職場や家庭や地域や，さまざまな学習機関・学習機会をすべて統合的に捉え直そうという理念であったのであるから，社会教育施設としての公共図書館のみを論じていたのでは生涯学習の理念は達成されないのである。

　とするならば，〈司書〉の資格についての再検討が必要になってくるだろう。特に私が前節で述べたことは，すべての館種の図書館員に共通する資格条件として論じたつもりである。公共図書館職員は，不特定多数の利用者にサービスしなければ

館種

国立図書館
大学図書館
学校図書館
専門図書館

公共図書館

司書資格

ならないという意味でそれなりの特別な資質を必要とするとは言えるのであるが，だからといって公共図書館専門職員だけが〈司書〉であり，大学図書館や専門図書館の職員はそれとは〈異なる〉職種であるとは言えないのである。図書館員が〈資料と情報に関する専門家〉としての資質を要求される職業であるならば，来るべき生涯学習社会においては，大学図書館や専門図書館の職員経験が公共図書館職員に求められることになることも大いに予想される。生涯学習社会における図書館員は〈館種を超える〉ことができなければならないと思われるのである。また，今日では情報は世界規模で流通してる。図書館に勤める者はすべて，世界規模の〈図書館ネットワーク〉の一員として仕事をするのだ，という覚悟をする必要があろう。

● ……… 〈司書〉の養成

繰り返しておくと，現行の日本の制度では〈司書〉は公共図書館に勤務する社会教育専門職員であると規定されており，その資格は大学のいわゆる〈司書課程〉，または大学が文部科学省の委嘱を受けて行う〈司書講習〉において，一定の〈図書館に関する科目〉を履修した者に与えられることが原則になっている。2011年度から司書科目のカリキュラムが改定されたので，現在の情勢は流動的であるが，全国で200余りの大学がいわゆる司書課程を設置しており，合計では毎年7千人から1万人程度の司書資格取得者がいるものと推定されている。

この制度にはいくつかの欠点があるが，そのうちの最大のものは関係各機関の責任体制，もしくは役割分担が不明確であるということである。だからたとえば，司書資格を持つ者はいわば大量生産されるのに対して，司書としての就職先は極端に少ない。資格を持ちながら就職のチャンスが少なければ，資格は有名無実となり，〈権威〉に欠けるものとなって，社会的な信用度は低くならざるを得ない。あるいは大学の図書館学教員は，大学図書館や専門図書館をも視野に入れた広い意味での図書館学教育を目指しているのに，文部科学省の策定するカリキュラムはあくまでも公共図書館司書の養成科目であって，そこにずれが生じる。また，司書課程を持つ大学の多くは専門教育課程とは別の，いわば〈わき道〉のコースとして設置しており，しばしば専門課程よりも〈低いレベル〉とみなされている。そして公的社会教育を管轄する行政においては，図書館と図書館学に対する認識度がきわめて低く，その専門性と重要性とが十分に理解されていない。

市民の学習をその最も基礎的な部分において支えるものは図書館であり，その図書館は有能な司書の活動によって支えられているとするならば，名実あい伴った生涯学習の時代を迎えるためには，図書館と図書館員とが市民の学習を保障する機関としての信用度を高め，市民によって〈社会的権威〉を認められたものとならなければならないと私は思う。今日では専門職と呼ばれる職業は多岐にわたるが，それ

社会的権威

らに共通するものは一般的な社会的信用と，その信用に支えられた権威である。図書館員が専門職として社会的な認知を受けるには，日本ではまだ多少の時間がかかるのかもしれない。

●………図書館協会の役割

司書資格に社会的権威を持たせるためにはいくつかの方法が考えられる。制度的に手っとり早いのは学校の教諭に倣うことであろう。つまり，法律によって「自治体は公共図書館を設置しなければならない」「公共図書館には司書をおかなければならない」「司書資格のない者は生涯学習のための職員とはなり得ない」というような規制をしてしまうことである。しかしこの方法には私は賛成しない。法律による規制はかえって生涯学習時代の到来を遠ざけるとさえ思っている。繰り返し述べてきたように教育・学習の活動と官僚制とはあい容れない本質を持っていると思われるからである。あるいはそのことによって新たな〈ムラ〉が形成されかねないと思うからである。

ところで，専門職と呼ばれる職業にはもう一つ顕著な特徴がある。それはその職業に従事する者が専門職者団体（professional association）と呼ばれる自律的な団体を作っていることである。図書館員についていえばアメリカの ALA（American Library Association），イギリスの LA（Library Association）などがこれにあたる。これらの国には日本の文部科学省に相当する国の役所がないから，図書館員すなわち司書の養成にかかわる権限と責任はすべて，専門職者団体としての図書館協会にある。わかりやすく言えば，司書資格とは要するに図書館協会の会員であるということであり，協会の会員でなければ図書館の専門的な仕事には従事できないということである。これらの団体は，一種の職能組合として〈その専門的職業〉を自らの会員で独占することを許されており，当然これと引き換えに，その裏付けとなる社会的信用の獲得と権威の維持のための諸施策を実行する責任を負っている。大学における図書館学カリキュラムも図書館協会の設定する基準に従っていなければならないのである。（先に述べた科学の世界における peer review の原則を思い出してほしい。）

大学に対して必要な単位を指定し，単位取得者に対して特定の資格を認定する権利を accreditation というが，欧米ではこれらの専門職者団体が有しているこの accreditation を，日本では文部科学省が独占する形になっており，日本における図書館員の団体である日本図書館協会（Japan Library Association：JLA）は，専門職の資格と養成の制度に関する権限をほとんど持っていない。初めに述べたように権限のないところに責任は生じ得ない。日本図書館協会では，「図書館の自由に関する宣言」「図書館員の倫理綱領」など，図書館員の職務の遂行に関する重要な

方針を決定しているが，結局はこれらも単なる任意団体の内部規定に過ぎず，社会的な強制力を持っていない。学校教育に関しても同様のことが言えるのだが，生涯学習社会の実現のためには，制度上の権限を有する文部科学省および各教育委員会，実際に教育と養成を行っている大学と図書館学に関する学会，図書館員の団体である図書館協会，この3者の間での役割分担と明確な責任体制の確立が必要であろうと思われる。

　私見では，文部科学省に集中している〈権限〉を分散させ，地方教育委員会，日本図書館協会，大学等に少しずつ委譲していくことが望ましいと思われるが，権限が与えられれば責任が生じる。そしてその権限と責任とは社会的信用と，それから生じる社会的権威とに裏付けられていて初めて有効なものになる。大学と学会のことについてはふれられないが，図書館が社会的な信用と権威とを認められるためには，そこに勤務する職員のひとりひとりが，図書館に与えられている責務を自覚し，理想の実現へ向かって誠実に職務を遂行していくよりほかに道はあるまい。その意味で日本図書館協会の果たすべき役割はきわめて大きい。協会が必要な権限を委譲するにふさわしい機関であると認知され，司書が〈自らの責任において〉生涯学習を支えることができるようになったときこそが，生涯学習時代の幕開けと言えるのではないかと私は思っている。

●………**学習者としての図書館員**

　生涯教育の理念は，教育の全般にかかわる大きな制度改革の提唱であったわけだが，制度の改革は一朝一夕には成し遂げられない。だが，だからといって手をこまねいていたのでは，いつまでたっても理想の実現には至るはずがない。教育とは理想を見据えた実践活動である。未来の理想に向かって現在の実践活動を継続させていく，そういう営為なのである。生涯学習社会の実現という理想に向かって，すべての教育に携わる人々が，今という時点での努力を重ねていくことが必要なのである。

　そして生涯学習という理想が，すべての人々がその一生を通じて学習活動を継続していくこと，すべての人々に生涯を通じての学習機会を保障していくことだとするならば，その理想の実現に向けて，図書館員自らが〈生涯学習〉を実践していくことが求められよう。生涯学習という理念の実現を自らの使命と考える人々こそが市民のモデルとしてこれを実行しなければ，いったい誰が後に続くことができるだろうか。大学を卒業した，司書の資格を取得した，図書館に就職した，それは決して終点ではなくむしろ出発点である。社会状況の急激な変化はとどまるところを知らない。特に出版，マスメディア，科学技術等々，図書館と情報にかかわる分野における変化はまさに日進月歩と言ってよい。そうした変化に対応しながら，すべて

の学習者に必要十分なサービスをしていくためには，図書館員自身が学習者として日々の研鑽を積んでいくことが求められるのである。

<small>研修</small>　　図書館員にとって，現状では制度的な研修の機会は十分に与えられているとは言い難い。生涯教育の理念に従うならば，〈仕事〉と〈研修〉とは交互に行われるべきであり，一定の職業的経験を積んだ後に，たとえば改めて大学や大学院での学習・研究の機会を持ち，職務上の問題意識を掘り下げ，自らの仕事を原理的に見直すことができれば，そしてそれを再び自らの職場に持ち帰って仕事に生かすことができれば，図書館という職場の社会的権威を高めることができるだろう。あるいは，他の館種の図書館や関連する他の学習機関における経験も，図書館員にとっての大きな財産となるだろう。こうした形で〈ソト〉の風を絶えず入れ続けることが，〈図書館ムラ〉を作らないためにも重要であると思う。しかしながら，終身雇用を前提とする社会システムの全体が変わらなければこうした機会を得ることは困難である。そればかりか，終身雇用・年功序列の社会の中で，社会的な認知度の低い職業が〈専門職制〉を主張することはかえってその地位の低下を招きかねない。

　問題は多いが，図書館をめぐる情勢は確実に変化しつつある。少しずつではあるが，いわゆるOJTの機会についてはもちろん，サバティカル（研修のための有給休暇）や各種の人事交流など，研修制度の充実が図られつつある。そして何よりも，コンピュータ技術の進展と情報の世界における急速な国際化の進展とによって，十分な研修制度なしには図書館の仕事は遂行できないという現実がある。ゆっくりとではあるかもしれないが，否応なしに制度自体もまた改革されていくであろう。日進月歩の社会変化とそれよりも一歩も二歩も遅れて実現されていく制度改革，その隙間を埋めることのできるものはみなさん自身の学習者としての自覚と努力しかない。みなさんの目指す道が大きく開かれることを願って本書の締めくくりとしたい。

参考文献

　ここでは一般的な学習のための参考書をあげることはあえて避けた。「はじめに」および「UNIT0」で述べているように，一般的な概説書としてよりはむしろ，筆者の個人的な主観に基づく記述を心がけたためである。したがって以下の参考文献はすべて，本文中で引用・言及したもの，もしくは具体的に引用してはいないが，記述の根拠として筆者が利用したものである。冒頭の数字は UNIT を，アルファベットは option をそれぞれ示している。

1 　モーリン・ドベス（堀尾輝久・斉藤佐和訳）『教育の段階：誕生から青年期まで』岩波書店，1957
4 　米本昌平『遺伝管理社会：ナチスと近未来』弘文堂，1989
5 　フィリップ・アリエス（杉山光信・杉山美恵子訳）『子供の誕生：アンシャン・レジーム期の子供と家族生活』みすず書房，1981
　　羽仁五郎『教育の論理：文部省廃止論』講談社，1981
　　ナイルズ・エルドリッジ（渡辺政隆訳）『進化論裁判：モンキー・ビジネス』平河出版社，1991
　　兼子仁『教育権の理論』勁草書房，1970
7 　ルース・ベネディクト（長谷川松治訳）『定訳・菊と刀』社会思想社，1967
　　R.H. ロービア（宮地健次郎訳）『マッカーシズム』岩波書店，1984
　　高島俊男『漢字と日本人』文藝春秋社，2002
　　村井実全訳解説『アメリカ教育使節団報告書』講談社，1981
8 　横山宏，小林文人編著『社会教育法成立過程資料集成』昭和出版，1981
9 　波多野完治『生涯教育論』小学館，1973
　　波多野完治『続・生涯教育論』小学館，1985
　　ポール・ラングラン（波多野完治訳）『生涯教育入門』（第1部・第2部）全日本社会教育連合会，1984（再版）
　　エドガー・フォール他（フォール報告書検討委員会訳）『未来の学習』第一法規，1975
10 　J. A. コメニウス（井ノ口淳三訳）『世界図絵』平凡社，1995
　　デューイ（宮原誠一訳）『学校と社会』岩波書店，1967
　　デューイ（松野安男訳）『民主主義と教育』（上・下）岩波書店，1975
　　イヴァン・イリッチ（東洋・小澤周三訳）『脱学校の社会』東京創元社，1977
　　イヴァン・イリッチ（松崎巖訳）『脱学校の可能性：学校をなくせばどうなる

　　　　か』東京創元社，1979

　　　　エットーレ・ジェルピ（前平泰志訳）『生涯教育』東京創元社，1983

　　　　A.トフラー（徳山二郎訳）『未来の衝撃』中央公論社，1982

12　橘木俊詔『格差社会：何が問題なのか』岩波書店，2006

D　西川長夫他編『多文化主義・多言語主義の現在：カナダ・オーストラリア・そして日本』人文書店，1997

16　テンニエス（杉之原寿一訳）『ゲマインシャフトとゲゼルシャフト：純粋社会学の基本概念』（上・下）岩波書店，1957

20　小川利夫『社会教育と国民の学習権』勁草書房，1973

　　　　堀部政男『アクセス権とは何か：マス・メディアと言論の自由』岩波書店，1992

26　吉田民人『自己組織性の情報科学：エヴォルーショニストのウィーナー的自然観』新曜社，1990

27　オルテガ（会田由訳）「司書の使命」『オルテガ著作集8　小論集』所収，白水社，1970

　　　　リチャード・ルビンジャー（富澤凡子訳）『日本人のリテラシー　1600-1900年』柏書房，2008

　　　　水村美苗『日本語の亡びるとき：英語の世紀の中で』筑摩書房，2008

29　マーティン・ファクラー『「本当のこと」を伝えない日本の新聞』双葉社，2012

G　平嶋義宏『生物学名概論』東京大学出版会，2002

H　『学術用語集動物学編』大日本図書，1954

　　　　『学術用語集動物学編（増補版）』丸善，1988

J　岡村道雄『旧石器遺跡捏造事件』山川出版社，2010

　　　　泊次郎『プレートテクトニクスの拒絶と受容：戦後日本の地球科学史』東京大学出版会，2008

K　D.プライス（島尾永康訳）『リトル・サイエンス　ビッグ・サイエンス：科学の科学・科学情報』創元社，1970

47　村井実『教育からの見直し：政治・経済・法制・進化論』東洋館，1992

　　　　村井実『人間の権利』講談社，1996

索 引

和文索引では，固有名詞（人名・書名・法令名等）を中心に，比較的特殊な用語のみを索引語とした。一般的な用語については，その用語の定義に相当するような箇所のみを指示してある。それ以外の用語解説については，目次によって該当箇所の見当をつけていただきたい。

指示ページの後にハイフン（-）の付いているものは，そのページ以降をも参照されたい。

【アイウエオ順】

〈ア〉
アウトリーチ・サービス　227
アクセス権　103, 132
アメリカ人化　62, 70
アメリカ図書館協会　201, 246
アリエス，フィリップ　32
イリッチ，イヴァン　56
オルテガ・イ・ガセー　130

〈カ〉
学芸員　180, 182
学者連携事業　183
学習権　102, 132
学習権宣言　102
学習指導要領　33, 217
学習情報　196-
学術情報システム（ネットワーク）　144, 214-
学術用語集　154-
学制　38
学制の目的　39
学校図書館　183, 216-
学校図書館宣言　→ユネスコ学校図書館宣言
学校図書館図書整備5か年計画　166
学校図書館法　216, 244
カナダ多文化主義法　69
菊と刀　42
義務教育令　38
教育基本法　14, 29, 46
教育権　34-, 37
教育使節団報告書　44
教育勅語　28
教育令　41
ギルド　22, 25
継続教育　13, 15, 62
ゲゼルシャフト　85
ゲマインシャフト　85
憲法　→日本国憲法
公共図書館宣言　→ユネスコ公共図書館宣言

工場法　38
公民館　163, 180
公用語　129
高齢化社会　96-
高齢社会　96-
国語　68
国際教育年　50
国際動物命名規約　150
国民　177
国民健康法　29
国立国会図書館　222
国立情報学研究所　222
国歌・国旗法　171
子どもの誕生　32
子どもの読書活動推進基本計画　170, 208
子どもの読書活動推進法　104, 162, 170
コミュニティ・カレッジ　189
コメニウス，J.A.　54-

〈サ〉
サーチャー　227
査読　148
ジェルピ　50
司書　180-, 244
司書教諭　183, 216, 244
司書の使命　130
絞り込み検索　144
市民　177
社会教育局　13, 73
社会教育施設　180-
社会教育主事　163, 180-
社会教育審議会　72
社会教育専門職員　163, 180-
社会教育団体　47, 75, 163
社会教育法　14, 47, 165, 180
集会活動　163, 181, 185
住民　177
生涯学習　158
生涯学習局　13, 73
生涯学習施設　163, 180-

生涯学習審議会　*159, 161*
生涯学習振興事業　*196*
生涯学習振興法　*76, 165, 204, 205*
生涯学習センター　*181*
生涯学習の基盤整備について　*76*
生涯教育　*13, 50, 158*
生涯教育について　*72, 158*
生涯教育入門　*50, 53*
生涯発達　*92, 106*
小中学校学校図書館図書整備増強費　*166*
消費者保護教書　*103*
情報格差　*143*
情報検索　*197*
情報源の秘匿　*141, 193*
情報弱者　*213*
抄録　*214-*
食育基本法　*29*
書誌ユーティリティ　*147, 214-, 230-*
青少年保護育成条例　*104*
成人教育　*15*
全域サービス　*205*
先行研究　*146-*
全国（全米）総合目録　*197*
先取権　*146-*
専門職（者）　*240*
〈タ〉
大学開放　*188*
脱学校の社会　*56*
多文化サービス　*227*
多文化主義　*65, 68-, 100*
知的自由に関する宣言　*43*
地方生涯教育基本構想　*159*
中央教育審議会　*72, 76*
超高齢社会　*96*
通俗教育　*15, 62*
ディジタル・デバイド　*143*
デューイ，ジョン　*53, 56*
寺子屋　*25-*
ドキュメンテーション　*147, 230*
独立行政法人　*169*
図書館間相互貸借　*197*
図書館に関する権利宣言　*40*
図書館の自由　*43*
図書館の情報化の必要性とその推進法策について　*161*
図書館の設置及び運営上の望ましい基準　*162*
図書館法　*14, 161, 180, 217, 244*

図書館法（英国）　*38, 78*
図書憲章　*132-*
トフラー，アルビン　*57*
〈ナ〉
日本国憲法　*34, 101*
日本図書館協会　*246*
〈ハ〉
博物館　*163, 182*
博物館法　*14, 180, 182*
パターナリズム　*28*
波多野完治　*72*
発達課題　*92, 109-*
発達段階　*108-*
反証可能性　*149*
フォール報告書　*51*
普通教育　*92*
プライス　*228*
文献探索　*197*
ベネディクト，ルース　*42*
報徳教　*116*
母語　*18, 110, 127*
ボランタリー・アソシエーション　*184, 186*
〈マ〉
マッカーシズム　*43*
マン・マシン・システム　*143-*
未来の衝撃　*57*
民衆教育　*15, 62*
娘宿　*21*
村井実　*232*
文字・活字文化振興法　*28-, 162, 171, 223*
森有礼　*39*
〈ヤ〉
ユネスコ学校図書館宣言　*40, 243*
ユネスコ公共図書館宣言　*40, 133*
読む権利　*133*
〈ラ・ワ〉
ラングラン，ポール　*13, 50, 53, 54*
リカレント教育　*52, 58-*
利用無料の原則　*161*
臨時教育審議会　*73, 76*
レファレンスサービス　*198, 227*
レフェラルサービス　*198, 227*
ルソー，ジャン・ジャック　*32*
若者宿　*21, 24-*

【アルファベット順】
abstract　*214, 230*

abstracts journal   *215, 230*
accreditation   *246*
adult education   *15*
ALA: American Library Association   *201, 246*
Americanization   *62, 70*
charity school   *38*
Chemical Abstracts   *230*
citizen   *177*
continuing education   *15*
Comenius, Johan Amos   *54-*
Deschooling Society   *56*
development   *105-*
developmental tasks   *110*
Dewey, John   *53*
diversity   *65*
DR: Document Retrieval   *197*
education permanente   *13*
English Only   *70*
English Plus   *70*
expert   *241*
the Factory Law   *38*
fairness   *62*
further education   *15, 62*
Future Schock   *57*
Gelpi, Ettore   *50*
Gemeinschaft   *85*
Gesellschaft   *85*
graduate library   *219*
guild   *22*
how to learn   *57*
ILL: Inter-Library Loan   *197, 209*
Illich, Ivan   *56*
illiteracy   *126-*
index   *238*
index journal   *230*
IR: Information Retrieval   *197*
inhabitant   *177*
JLA: Japan Library Association   *246*
LA: Library Association   *246*
learning skills   *146-*
Learning to Be   *51, 124*
lending library   *238*
Lengrend, Paul   *13, 50*
Library Act   *38*
life-long education   *13, 50*
life-long learning   *13*

literacy   *126-*
man-machine system   *143-*
mother toungue   *18*
motivation   *234*
multiculturism   *65, 100*
nation   *177*
national language   *68*
National Union Catalog   *197*
native language   *68*
NIE: Newspapaer In Education   *193*
NII: National Institute of Informatics   *222*
NPO: non political organization   *65*
Off-JT   *59*
OJT: On the Job Training   *59, 82, 184*
originality   *146-, 230*
Ortega y Gaset, José   *130*
out-reach service   *227*
peer review   *148-*
people's education   *15, 62*
the Poor Law   *38*
the Poor White   *78*
popular education   *15, 62*
Price, Derek John de Solla   *228-*
priority   *146-, 228*
profession   *240*
professional   *188, 240*
professional association   *246*
random access   *238*
recurrent education   *52*
reference library   *238*
reference service   *227*
referral service   *198, 227*
resident   *177*
scepticism   *149-*
searcher   *227*
sequential access   *237*
Siebold, Philipp Franz Balthasar von   *229*
social education   *15*
subject specialist   *242*
Thunberg, Carl Peter   *229*
Toffler, Alvin   *57*
type specimen   *150-, 155*
UED: University Extension Department   *189*
undergraduate library   *218*
young adult   *118*
Zoological Record   *230-*

索 引   253

執 筆 者 紹 介

朝比奈　大作（あさひな　だいさく）
　　所　　属：元横浜市立大学
　　関心領域：学校図書館，生涯教育，博物学
　　主要著作：『図書館用語集』（共編著，日本図書館協会，1996，改訂版）
　　　　　　　『学習指導と学校図書館』（編著，樹村房，1999）
　　　　　　　『読書と豊かな人間性』（編著，樹村房，2002）

視覚障害その他の理由で活字のままでこの本を利用できない人のために，日本図書館協会及び著者に届け出る事を条件に音声訳（録音図書）及び拡大写本，電子図書（パソコンなど利用して読む図書）の製作を認めます。ただし，営利を目的とする場合は除きます。

図書館員のための生涯学習概論
JLA 図書館情報学テキストシリーズⅢ　別巻

1998年1月28日　［シリーズ第1期］初版第1刷発行
2013年2月28日　［シリーズ第3期］初版第1刷発行ⓒ
定価：本体1,900円（税別）

著者……………………朝比奈大作
シリーズ編集……………塩見昇・柴田正美・小田光宏・大谷康晴
発行……………………社団法人 日本図書館協会
　　　　　　　　　　　〒104-0033　東京都中央区新川1丁目11-14
　　　　　　　　　　　TEL 03-3523-0811 （代）
　　　　　　　　　　　〈販売〉TEL 03-3523-0812　FAX 03-3523-0842
　　　　　　　　　　　〈編集〉TEL 03-3523-0817　FAX 03-3523-0841
印刷……………………藤原印刷株式会社
ブックデザイン…………笠井亞子

JLA201229
ISBN978-4-8204-1224-3　　　　　　本文用紙は中性紙を使用しています。　　Printed in Japan.

JLA 図書館情報学テキストシリーズ Ⅲ

●シリーズ編集● 塩見　昇・柴田正美・小田光宏・大谷康晴　B5判・並製

1巻	図書館概論	塩見昇編著	1,995円（税込）
2巻	図書館制度・経営論	永田治樹ほか編著	
3巻	図書館情報技術論	大谷康晴編著	
4巻	図書館サービス概論	小田光宏編著	
5巻	情報サービス論	小田光宏編著	1,890円（税込）
6巻	児童サービス論	堀川照代編著	
7巻	情報サービス演習	大谷康晴・齋藤泰則共編著	
8巻	図書館情報資源概論	馬場俊明編著	1,995円（税込）
9巻	情報資源組織論	柴田正美著	1,890円（税込）
10巻	情報資源組織演習	山中秀夫・和中幹雄共編著	
11巻	図書・図書館史	小黒浩司編著	1,365円（税込）
12巻	図書館施設論	中井孝幸編著	
別巻	図書館員のための 生涯学習概論	朝比奈大作著	1,995円（税込）

1～10巻, 別巻は50ユニット，約260ページ
11, 12巻は25ユニット，約150ページ

JLA 図書館情報学テキストシリーズ（第1期［※印］・第2期［※印以外］）
継 続 刊 行 中 で す

① 図書館概論　新訂版　　　　塩見昇編著
② 図書館経営論　　　　　　　永田治樹編著
③ 図書館サービス論　　　　　小田光宏編著
④ 情報サービス概説※　　　　小田光宏編著
⑤ レファレンスサービス演習※　大串夏身編著
⑥ 情報検索演習　　　　　　　大谷康晴編著
⑦ 図書館資料論　　　　　　　馬場俊明編著
⑧ 専門資料論　新訂版　　　　三浦逸雄・野末俊比古共編著
⑨ 資料組織概説　　　　　　　柴田正美著
⑩ 資料組織演習　　　　　　　吉田憲一編著
⑪ 児童サービス論　　　　　　堀川照代編著
⑫ 図書及び図書館史［品切］　小黒浩司編著
（別巻）図書館員のための 生涯学習概論※　朝比奈大作編著

B5判／並製
1, 3, 4, 7, 9, 10巻は1,890円（50ユニット，約260ページ）
2, 5, 6, 8, 11, 12巻と別巻は1,260円（25ユニット，約150ページ）　　※価格は税込